ロシア（1991年）
1:38,000,000
0 500 1000km
北
ゼムリャ
フランツァヨシファ
バレンツ海
ノヴァヤゼムリャ
カラ海
ヤマル半島
ノルウェー
スウェーデン
フィンランド
ムルマンスク
コラ半島
白海
ヘルシンキ
タリン
エストニア
ラトビア
リガ
リトアニア
ビリニュス
ロシア連邦
バルト海
ドイツ
ポーランド
ワルシャワ
ベラルーシ
ミンスク
ブレスト
アルハンゲリスク
北ドヴィナ川
オネガ湖
ラドガ湖
サンクトペテルブルク
プスコフ
ノヴゴロド
ヤロスラヴリ
トヴェリ
スモレンスク
モスクワ
ニジニノヴゴロド
リャザニ
トゥーラ
カザニ
ペルミ
ウラル山脈
オビ川
ロシア連
西シベリア低地
イルティシ川
エカテリンブルク
チェリャビンスク
ウファ
サマーラ
タンボフ
ヴォロネジ
クルスク
サラトフ
オレンブルク
オムスク
ノヴォシビルス
リヴィウ
キーウ
ハルキウ
ウクライナ
キシナウ
モルドバ
オデーサ
セヴァストポリ
アゾフ海
ドン川
ヴォルゴグラード
ロストフ
ヴォルガ川
アストラハン
黒海
グルジア
（サカルトヴェロ）
カフカス山脈
グロズヌイ
トビリシ
アルメニア
エレバン
アゼルバイジャン
バクー
カスピ海
トルコ
シリア
イラク
カザフスタン
アスタナ
カラガンダ
アラル海
ウズベ
バルハシ湖
アルマティ
ビシュケク
キルギス
イシク・クル湖
キスタン
アフガニスタン
10°
20°
30°
40°
50°
60°
70°
80°

YAMAKAWA SELECTION

ロシア史 上

和田春樹 編

山川出版社

[カバー写真]
サンクト・ペテルブルクにある
エルミタージュ美術館の本館
(ロマノフ朝時代の冬宮殿)

『山川セレクション　ロシア史』への序文

本書は二〇〇二年に出版された『新版　世界各国史二二　ロシア史』のハンディ版『山川セレクション　ロシア史』である。執筆者のなかでは、第一章「キエフ・ルーシの時代」を担当した細川滋が二〇一二年に亡くなったので、第二章の執筆者栗生沢猛夫に校閲をお願いした。ロシア史におけるこの時代をどう扱うかはすでに久しく問題とされてきた。『新版　世界各国史二〇　ポーランド・ウクライナ・バルト史』(一九九八年刊)にはウクライナ史の側からの新しい叙述も出されている(中井和夫執筆)。しかし、検討の結果、本書では細川滋の叙述をもとのまま生かし、誤植などの最小限の訂正をほどこすにとどめることにした。それから、第八章「ロシア革命とソ連邦の成立」は、各国史版では、石井規衛と和田春樹の共同執筆となっていたが、このセレクション版では、本来のかたちである石井規衛の単独執筆に戻し、大幅に修正補足を加えてもらった。さらに巻末に第十、十一、十二章の執筆者塩川伸明が「補章　周辺諸国の動向」を書き添えて、ロシアの現在の国際的立場を明らかにするように努力した。そのような意味で、本書は各国史版に必要な改訂を加えた『ロシア史』の新版ということになる。

各国史版の『ロシア史』は、ソ連共産主義国家体制が打倒され、ソ連邦を構成した一五国家のうち一四の国が独立分離したあとに最終的に残った国、ロシア連邦の出発までを叙述した。このたびはプーチン大統領のロシア連邦が独立分離したウクライナに攻め込んで始めた戦争が開始一年で危機的な転機を迎えているところまでを叙述した。

ロシアの歴史は、キエフ・ルーシに始まり、その後の分裂を経て、十二世紀におこったモスクワの飛躍と膨張により、十六世紀にカザン・ハン国を倒し、シベリアに攻め込む一方、ヴォルガ川を南下して、国土を拡大した。十七世紀にキエフまでのウクライナ人地方を獲得し、十八世紀末までにクリミア半島と新ロシア地方、さらにドニエプル川右岸(西岸)地方を奪って、ロシア帝国の国土を完成させたのである。十九世紀の六〇年代に大改革が進み、鉄道網の建設が一通りでき上がった。十九世紀の最後の四半世紀には、皇帝一家はお召列車に乗って、首都ペテルブルクを出発し、モスクワ、ついでハリコフに下り、アレクサンドロフスク(現ザポロージェ)を通過して、クリミア半島のセヴァストーポリにいたって、海路ヤルタのリヴァジヤ宮に入った。あるいは、モスクワからキエフに下り、そこからオデッサにいたり、海路ヤルタへ向かった。皇帝の毎夏のお召列車の旅はロシア帝国の領土認識を臣民たちに植えつけた。

一九一七年の革命がロシア帝国を解体させたが、北のフィンランド、西のポーランド、バルト三国の独立分離を受け入れただけで、ロシア帝国の領土は新生社会主義ソ連にほぼ受け継がれた。ソ連はソヴィエト社会主義共和国連合の略称であり、当初の構成主体はロシア、ウクライナ、ベラルーシ、ザカフカース連邦の四共和国であった。いずれも、独立のソヴィエト共和国だとされていたが、すべてがソ連共産党の指導統治下にあり、実質的にはひとつの国だった。一九八〇年代末のペレストロイカ革命がソ連共産党の支配を転覆し、ソ連国家を解体させた。ロシア共和国が主権宣言し、ウクライナ共和国が独立を宣言した。他の共和国が続き、すべての構成国が独立した。ここにいたって、ロシア史はロシア共和国、いまはロシア連邦に収斂する。その痛みのなかからプーチンの戦争が起こされたのである。

二〇二二年二月二十四日に始まったロシアのウクライナ戦争は旧ソ連邦領土内で起こった戦争としてロシア史に決定的な衝撃を与えている。かつナチス・ドイツの侵略戦争以来の深刻なヨーロッパ戦争であり、この戦争に米英などNATO諸国、EU諸国が制限的にではあれ実質的に参戦している。ロシアにたいする批判、反感、憎悪がこれほど高められ、強められたことは歴史上なかった。ロシア史にたいする関心が弱まり、ロシア文学、ロシア音楽にたいして関心をもつことすら恥ずべきことであるかのような空気が世界的に流れている。いま人々はこぞってロシアの侵略性の歴史的な根源をロシア史の中に見出そうとしている。

強力な国家こそがロシアの問題を解決するという観念がロシアの支配者をとらえてきたのはたしかである。他方で、民衆はプラウダ(正義・真実)の世を求め、知識人は精神と肉体の解放を求めて国家権力に闘いを挑み、強力な国家をいく度も転覆させてきた。ロシアの歴史は強力な国家の軸と精神解放の軸のあいだで揺れ動き、もがき苦しんできた人々の歴史である。兄弟殺しの戦争を発動したプーチンが強力な国家の軸を代表しているのは明らかだ。これにたいして精神解放の軸を動かす知識人と民衆の姿はすでにロシア史の現在に登場している。ロシアはその苦しみと模索のなかでどこに向かい、人類史に何を与えるのだろうか。

二〇二三年三月

和田　春樹

ロシア帝国 ヨーロッパ・ロシア(1881年)

目次

第六章──ロシア帝国の発展　224　和田春樹

下巻目次

山川セレクション

ロシア史 上

序章　「ロシア」の成り立ち

1　名称と版図

ロシアとは何か

ロシアはスラヴ人の国である。このロシア（Россия, Rossiia）という名称が最初に使われたのは、十五世紀末だともいわれるが、ファスメルの語源辞典によれば、一五一七年のモスクワ勅書が最初であり、イヴァン雷帝の時代に定着を始めたとある。それ以前には、ルーシ（Русь, Rus'）、ルーシア（Русия, Rusiia）が使われていた。ロシア人はロシア語では、最初から「ルースキー」（русский）と呼ばれている。

だが、この「ルース」（рус, Rus）はギリシア語で「ノルマン人」、アラビア語で「スペイン、フランスにいるノルマン人」を指すことばなのである。つまり「ロシア」とは語源的にいえば、「ノルマン人の国」ということになる。民族的には紛れもないスラヴ人の国がどうしてそのような名をもつにいたったのか。

スラヴ人の故地はドニエプル、プリピャチ、ヴィスワ、ドニエストルの四つの川に囲まれた森の世界だと考えられている。そこから、スラヴ人は南と東北と西に拡大し、南スラヴ、東スラヴ、西スラヴとなったのである。スラヴ人はインド＝ヨーロッパ系に属し、森を切り開いて焼き畑農耕や牧畜を営んだ。漁労や養蜂もおこなっている。社会的には氏族的な部族をなしており、祖霊信仰をもち、雷神ペルーンを最高神とする神々を崇拝していた。彼らが六世紀にはバルト海のほとりからドニエストル川までの地の主人公であった。

七世紀、スカンディナヴィア半島に住むノルマン人が南下し、この世界に進出してくるようになった。彼らは海からきて、川を進んだ水上武装集団としてヴァイキング、ヴァリャーグとも、ルースとも呼ばれたのである。彼らは交易にも熱心であった。このノルマン人たちがヴォルガ川の河口に首都をもつユダヤ人商人の帝国、ハザール王国の勢力を退けて、スラヴ人たちの支配者となったと考えられる。

神話はこれをスラヴ人の選択として説明している。『過ぎし歳月の物語』（『原初年代記』）は、八六二年の項につぎのように書いている。北のイリメニ湖畔の町ノヴゴロドのスラヴ人はヴァリャーグと戦って、彼らを追い出したが、自分たちの内部の対立を解決できなかった。そこで、自分たちを統治して、すべてのことを公正に裁いてくれる公（クニャージ）を探そうということになった。代表はヴァリャーグ、ルース人のもとへ赴き、つぎのようにいった。「われらの国は大きくて、豊かだ。しかし、秩序がない。きたりて、公として君臨し、われらを統治せよ」。このことばを聞いたリューリクが兄弟たちとともにスラヴ人の地へくることに同意した。リューリクは衛士隊とともにノヴゴロドに入り、兄弟たちはさらにそこから各地へ向かった。彼らが公として統治する地がルーシの国と呼ばれるにいたった。

この伝承をめぐっては長い論争があったが、今日ではほぼそのまま受け入れられている。ノルマン人はイギリス、フランス、シチリアでも王朝を開いている。ノルマン人征服の地のひとつがノルマンディと呼ばれたように、征服者は支配する民に同化し、征服者の名称が被征服者に移ったのである。こうしてルース人に征服されたスラヴ人の地が「ルーシ」「ルーシア」となり、ついに「ロシア」となったのである。

だから、ロシアという国名自体がこの世界の混合性をあらわしているのである。

膨張し、縮小する版図

年代記の記述によれば、リューリクの部下であるアスコリドとジルが南に下り、ドニエプル川の右岸の町キエフを統治するようになった。キエフはハザール王国の西の砦であったといわれる。さらにリューリクは死に臨んで、幼い息子イーゴリを親戚のオレーグに託した。オレーグは八八二年にイーゴリをともなって南下し、アスコリドとジルを殺して、キエフを支配するにいたった。こうして北から南まで統一ルーシの国ができたとされる。キエフが中心となったため、キエフ・ルーシという。この国は軍事的に成長し、ビザンツ帝国から正教信仰を受容した。

大公たちが分裂すると、十二世紀にはキエフ・ルーシは没落し、今度は北のウラジーミル、続いてモスクワの大公国が台頭した。モスクワの名が年代記にあらわれた最初は、一一四七年のユーリー・ドルゴルーキーがモスクワで宴会を開いたとの記録である。十三世紀にはモンゴル帝国の襲来があり、ウラジーミルもモスクワもモンゴルに服従しながら、覇権を争っていくことになった。分裂の過程で東スラヴ人の言語的統一は失われ、モスクワ中心の大ロシア人、キエフ中心の小ロシア(ウクライナ)人、西部のベラルーシ(ベロルシア)人の三つに分かれた。

モスクワ大公国の力は増し、十五世紀末のイヴァン三世の時代に、滅亡したビザンツ帝国最後の皇帝の姪を妻とし、帝国の紋章、双頭の鷲を自らの紋章にするにいたった。十六世紀、イヴァン雷帝の時代にはヴォルガ川のほとりのカザン・ハン国を破り、ヴォルガ川をアジア人の川からロシア人の川に変えるとともに、ヴォルガをこえて、シベリアに進出を始めた。そして十七世紀にはポーランド、リトアニアの支配下にあったウクライナを併合するにいたるのである。

ロシアという国名が正式に生まれたのは、十八世紀初めのピョートル一世の時代で、ロシア帝国の成立が宣言されたのである。当時のロシア帝国はウクライナ、バルト地方を含むヨーロッパ・ロシアとシベリアからなっていた。以後の膨張のなかで、フィンランド、ポーランドが獲得されていく。さらにカフカースでは南カフカース(ザカフカース)のグルジア(グルジアはロシア語、現地語ではサカルトヴェロ。日本の外務省は英語由来のジョージアの呼称を使用)とアルメニアという二つのキリスト教国をそれぞれ一八〇一年と二八年に簡単に併合したのだが、北カフカースのチェチェンなどのイスラム系山岳民族を相手とするカフカース戦争は一八一六年から六一年まで実に四五年を要したのである。その後、中央アジアへの侵略が進められた。ロシア帝国の版図は十九世紀末にもっとも広くなったのである。

一九一七年の革命でロシア帝国は崩壊した。十月革命後にロシア社会主義ソヴィエト共和国の成立が宣言された。フィンランド、ポーランド、バルト三国は独立した。内戦がついにソヴィエト権力側の勝利に終わったのち、一九二二年にいずれもロシア共産党が指導する四つのソヴィエト共和国、ロシア、ベロルシア、ウクライナ、ザカフカース連邦の代表たちが集まって、ソヴィエト社会主義共和国連合(ソ連)を結成した。その後中央アジアのソヴィエト化、極東共和国の合併などにより、領土はさらに広がった。最終的には一九三九年に西ウクライナを併合し、四〇年にはバルト三国の併合とルーマニア領ベッサラビア(モルドヴァ)の占領で一五共和国の連合となった。結局、ソ連はロシア帝国からポーランドとフィンランドを除いただけの領土をもつにいたったのである。この意味でソ連はロシア帝国の継承者であった。

第二次世界大戦で勝利者となったソ連は、西ではドイツ領ケーニヒスベルク(カリーニングラードと改称)、東では日本領の南サハリン(樺太)、クリル諸島(千島列島)を獲得した。だが、革命七〇年を迎えるころに始まったペレストロイカは、一九九一年のクーデタと革命、ソ連の解体に行き着いた。バルト三国がまず独立し、ほかの共和国は独立したうえで、独立国家共同体を形成した。ソヴィエト社会主義共和国連合が幕を閉じたあとは、ロシア・ソヴィエト社会主義連邦共和国、改称後はロシア連邦が継承国家となった。

ロシア連邦の現在の版図は十七世紀前半のモスクワ大公国に東シベリア極東をあわせたものといったところである。ロシア連邦の人口中、大ロシア人は八割を占める。しかし、残り二割は多くの民族からなり、連邦内の共和国は二〇を数える。ロシア連邦もソ連同様、多民族国家である。しかもロシア人はカザフスタンの人口の三割、ウクライナの人口の二割を占めるなど、旧ソ連のいたるところに生きている。

だから、ロシアを考えるときには、ロシアと名乗る国を考えるのは当然だが、その国自体に固有の領土というようなものはなく、絶えず膨張を続け、ロシア人を中心にロシア語で結びつけられた諸民族の世界であることを理解する必要があり、また同時にロシア人の世界が今や縮小したロシアと名乗る国の外にも広く存在していることを忘れてはならない。

2 風土と言語

風土

ロシアの国土の特徴は、その限りない大地の広がりにある。バルト海のほとりから太平洋の岸まで平原が続いている。その平原は大部分が森とステップ(草原)であり、周辺に極北の凍土(ツンドラ)と南の砂漠がある。高い山は平原の南の果てのカフカースにしかない。

森は東スラヴ人のふるさとであり、彼らは森を切り開き、焼き畑農法で農業に従事した。東スラヴ人が森のなかから出ると、そこにステップが開けていた。ステップはロシア人にとって限りない探求の場であった。「広大な世界を想う気持ち」「広大な空間を前にした喜び」がロシア人の心性を特徴づけていると文芸学者リハチョフは述べている。それはステップを見るロシア人の気持ちである。しかし、同時にステップは古くは騎馬民族が襲来する前庭であり、二十世紀には外敵の戦車が突撃してくる場所であった。ステップは安全保障上の不安の源でもあった。逆に森はロシア人に保護を与えた。

このステップを区切るのはまず南に流れる数本の大河である。最大の川ヴォルガ川をはじめとして、黒海に流れ込むドン川、西ドヴィナ川、ドニエプル川がある。これらの川はロシアを他の世界から分かつ境界となった。ヴォルガ川は長くアジア人の川であって、ロシアはその手前で終わっていた。こ

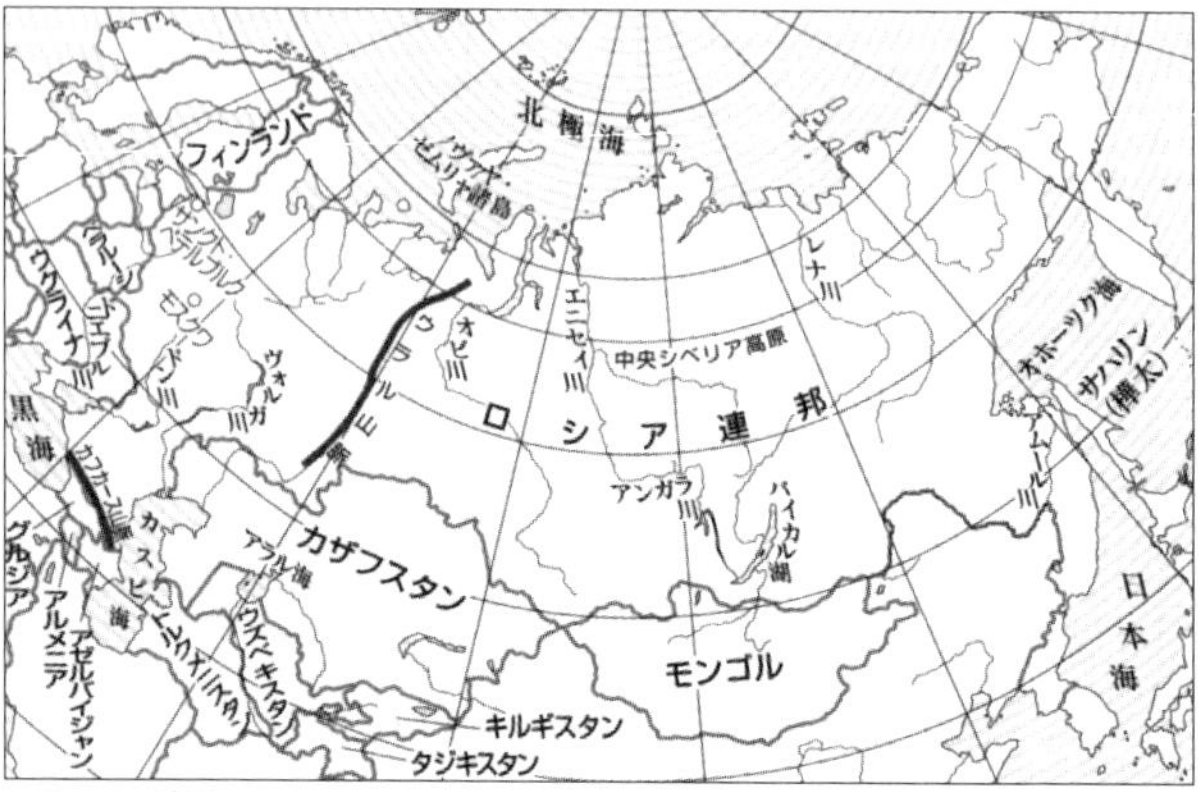

ロシアの地勢

れがイヴァン雷帝の時代にロシア人の川となったのである。ドニエプル川はつねにキエフを西からの侵入者より守る要害であった。ソ連時代にヴォルガ川とドン川は運河で結ばれた。シベリアに入れば、北に流れるオビ川、エニセイ川、アンガラ川、レナ川、アムール川がある。これらの川はシベリアに流される囚人たちにとってこえるたびに自由な生活に戻れない道標となったのである。

ロシアの気候は厳しい。緯度のうえでは、ロシアの全土がサハリンと同じか、それ以上北にある。夏は短く、冬の日照時間も短い。冬のモスクワは朝は九時にならねば明るくならず、夕方は四時には暗くなる。夏のペテルブルクは白夜である。この国は雪は多いが、雨が少ない。

厳しい気候の条件は農業の発展にとっての壁となり、生産性は低かった。シベリアの森、タイガーに住む獣の毛皮が高価な商品としてヨーロッパに売られたのだが、それも取りつくされれば、終わりである。ロシアの産業発展は長らく緩慢なものとなった。しかし、ロシアの地は天然資源に恵まれている。ロシアは十九世紀の後半に世界第一の産油国となったが、今またシベリアとカスピ海の油田のゆえに重要な産油国として注目を受けるにいたった。

言語と宗教

ロシア語はスラヴ語のひとつで、キリル文字三三個のアルファベットであり、格変化はドイツ語より多く、六格変化である。だが、その特徴はきわめて自由な言語であるということである。語順というものが自由である。Be動詞は省略が可能で、冠詞というものがない。

単語には外来語が多く、基本語彙にもギリシア・ローマ出自のことばとタタール・トルコ出自のことばが入りまじっている。たとえば「ツァーリ tsar'」(皇帝)はラテン語の「ツェーザリ tsezar'」からきたことばである。農民は「クレスチヤーニン」(krest'ianin)で「十字架」(krest)からつくられている。正教徒という意味である。英語、フランス語では農民は peasant, paysan で、これはラテン語の paganus(異教徒の)からきており、まさに正反対である。「プラウダ」(pravda)は「正しい」と「右」を意味する「プラーヴイ」(pravyi)からつくられている。これは英語の right, ドイツ語の recht と同じだが、「プラウダ」は正義と真理がひとつになった理想の状態を指すことばで、西欧には類似のことばがない。

これにたいして、「タヴァール tovar」(商品)はテュルク系の「財産、家畜」を意味することばからきており、「タヴァーリシチ tovarishch」(同僚、同志)も同じ語根からきている。仲間は宝だという意味であろうか。「ジェーニギ den'gi」(お金)はタタール語、モンゴル語の「テンケ」「テンゲ」(銀貨)からきており、「ヤームシチク」(御者)はモンゴルの駅伝制度、ジャムチからきたことばであるという。「カザーク kazak」は「自由な民」をあらわすトルコ語の「コザーク」から出ている。

皇帝と農民は正教文化に属し、農業以外の交易、交通、自由民をあらわすことばは遊牧民族、タタール系から入っていることがわかる。

正教会は儀式が美しい。正教は教会の儀式を通じて神との合一を身体的にも経験するという志向をもっている。正教会ではイコンという板画を聖像として用いたため、独特な美の世界がそこに生まれた。ルブリョフやグレクといった名の知れた画家のほかにも、無数の無名の画工が美しい聖画を残している。さらに正教会ではカトリック教会のようにパイプオルガンを使うこともなく、プロテスタント教会のようにオルガンを使うこともない。無伴奏で、人間の声の力だけによって聖歌が歌われる。ロシア人の音楽性はこの教会で磨かれることになった。神学的には、カトリック信仰では天国と地獄のあいだに煉獄《れんごく》を想定するのにたいして、正教では天国と地獄しか想定しない。正教は二元論的であって、中間的なものを否定する考えに結びつくものだと指摘されている。

3　民族と文化

ロシアとタタール人

多民族の国ロシアは、まず大ロシア人、ウクライナ人、ベラルーシ人などのスラヴ系が多い。スラヴ系は宗教的には正教を信仰しているが、スラヴ系以外では、グルジア人がこの信仰に立つ。アルメニア人は同じキリスト教だが、独特なアルメニア・カトリックである。このキリスト教を信仰してきた集団に続いて、数的に大きいのがイスラム教徒の集団であった。アゼルバイジャンと北カフカース、それに中央アジアのウズベク人などが中心だが、そのなかにタタール人の存在が注目される。ソ連時代の末期には、六三〇万人と数えられていた。

ロシアはテュルク系の遊牧騎馬民族との長い交渉と交流の歴史をもち、多くの影響を受けたが、とくにモンゴル帝国の支配に服した結果得た政治的・文化的影響は大きかった。モンゴルのキプチャク・ハン国はヴォルガ川のほとりに首都を置いていたし、このハン国が分解したあとの最大の勢力はカザンを首都とするカザン・ハン国であった。これらの国の住民で、モンゴル系その他のイスラム化した民がタタール人と呼ばれるにいたった。

ツァーリの一族はしばしばタタール系の貴族と通婚した。イヴァン雷帝の母はタタール系であり、ボリス・ゴドゥノフは自身がタタール系の貴族であった。ロシアの専制権力の政治文化はモンゴル＝タタール的な要素を含んでいることは間違いない。交易と交通の文化もモンゴル＝タタール文化の恵みである。

そのイヴァン雷帝がカザン・ハン国を征服して、ヴォルガ・タタール人はロシアの臣民となった。この人々はイスラム教徒であり、生み出した高度な文化は中央アジアのイスラム諸国にも影響をおよぼした。ロシアはヴォルガ・タタール人を同化させ、彼らの文化的ヘゲモニーを利用することによって、中央アジア、北カフカースのイスラム教徒をロシア帝国に従わせようとしたのである。しかし、カフカース戦争は長期にわたり、シャミーリの抵抗は続いた。ロシア帝国は多大な犠牲を払ってようやく山地民族の抵抗を打ちくだき、北カフカースの平定に成功した。

ロシア革命はタタール人にとっても、解放のときであり、タタール人の共産主義者スルタン＝ガリエフが活躍した。だが、彼の志はいかされぬまま、タタール人はソヴィエト共和国連合の枠に縛りつけられることになった。ペレストロイカのなかではタタール自治共和国がタタールスタン共和国となって、飛躍をはかったが、ロシア連邦の内部の一要素である以上の地位をめざしにくい。他方、チェチェンは独立をめざして、モスクワの政府と戦争状態に入って久しく、安定はみえない。

今日チェチェン人は他のカフカース人とともに、ロシアのマフィア集団のなかで重要な地歩を占めていて、商業文化の担い手であることを倒錯したかたちで示している。

ユダヤ人

ソ連時代の末に二二〇万人を数えたユダヤ人はその人数とは比べものにならないほどの内面的影響をロシアに与え続けている。

キエフ・ルーシが生まれるとき、東隣のユダヤ教国家ハザール王国は衰退した。ユダヤ人は十四〜十五世紀にはリトアニア大公国に集まった。のち、ロシアがポーランド分割に加わり、リトアニアの旧地を併合した結果、ロシア帝国内のユダヤ人人口は急増した。ユダヤ人とはユダヤ教徒のことであり、正教に改宗すれば、ロシア人と扱われた。ユダヤ人は指定された西部諸県のユダヤ人定住区域に居住することを義務づけられていた。これが設けられたのは一七九一年のことである。大改革時代にはユダヤ人の居住制限を緩める方向で改革がおこなわれた。ユダヤ人は鉄道王として活躍し、貴族に取り立てられる者も出たが、通常的には、企業活動、学術・文化活動以外には進出できなかった。これが解放の第一段階であった。

皇帝暗殺がなされた一八八一年以後は、ユダヤ人襲撃（ポグロム）が起こり、アレクサンドル三世の政府もユダヤ人にたいする抑圧策に乗り出した。これにたいする反発はアメリカへの移住の動き、イスラエル建国を求めるシオニズム運動、それにロシアの革命運動への参加というかたちであらわれた。

十九世紀末の人口調査ではロシア帝国にとどまるユダヤ人は五〇〇万人であった。解放を求めるユダヤ人は二十世紀のロシア革命運動のなかで重要な役割を果たした。一九一七年の革命はまず二月革命であらゆる民族差別を撤廃し、十月革命で民族の独立の権利を認めた。ロシア革命はユダヤ人の解放の第二段階であった。ボリシェヴィキ党の指導者のなかには、スヴェルドロフ、トロツキー、ジノーヴィエフ、カーメネフなどユダヤ人が多かった。ソヴィエト文化はロシア化したユダヤ人の力を引き入れたロシア文化だった。ロシア化したユダヤ人は文学、音楽、バレエ、演劇、サーカス、学術、医学の分野でも指導的な地位を占めた。詩人マンデリシュタム、パステルナーク、作家エレンブルク、ヴァイオリンのオイストラフ、コーガン、ピアノのギレリス、バレエのレペシンスカヤ、演劇のエフロス、物理学のランダウ、リフシッツをあげることができる。第二次世界大戦期の代表的なソ連の国民歌謡「カチューシャ」をつくったブランテルもユダヤ人であった。ソ連を占領したドイツ軍はユダヤ人を捕らえ、大量抹殺した。そのためソ連のユダヤ人の総数は三〇〇万人も減少したといわれる。

戦後には反コスモポリタニズムの抑圧があり、スターリンはユダヤ人が潜在的にアメリカのスパイになると考え、圧迫を加えた。ブレジネフ時代に本格化したディシデント(異論派)運動の主役はユダヤ人であった。ユダヤ人は出国の自由を求めて、ソ連政府を揺さぶった。

したがってペレストロイカが始まったとき、グラスノスチの主役として登場したのは、ユダヤ人であった。社会主義が崩壊し、市場経済化が進むとき、企業家集団のトップとして財をなしたのも、ベレゾフスキーなどのユダヤ人たちであった。となれば、経済崩壊のなかで、あらたな反ユダヤ主義感情が起こるのも避けられない。

ともあれ大改革、ロシア革命、ペレストロイカ革命はロシアのユダヤ人の解放の三つの段階をなしている。ユダヤ人の継続する解放は、ロシア史の進歩をあらわしているということができる。ロシア化したユダヤ人は、ロシア文化を豊かなものにするために大きく貢献したのである。

暦と祭日

キリスト教改宗以前のルーシでは、太陰太陽暦を用いていた。キリスト教受容とともに、ルーシは十世紀から太陽暦のユリウス暦を取り入れた。月の名前はローマ風になり、一週七日も受け入れられた。紀元はビザンツ紀元で、これはローマ誕生から七五四年目の年を天地創造から数えて五五〇九年とみるものである。だから、『原初年代記』では、キリスト教受容の年(九八八年)は六四九六年と表記されている。西欧では当時、キリスト誕生紀元が一般化していたので、ルーシは暦のうえで独特な世界をなすことになった。年の始まりはローマからの伝統で三月一日からとしていたが、イヴァン三世の治世、一四九二年からは九月一日を年の初めとするように変わった。

改革者ピョートルは、七二〇八年十二月三十一日の翌日を一七〇〇年一月一日とするとの勅令を出して、天地創造紀元をキリスト誕生紀元に改め、かつ一月一日を年の初めとした。しかし、ユリウス暦はもとのままであった。このためロシア暦は十八世紀には一一日、十九世紀には一二日、二十世紀には一三日、西欧のグレゴリウス暦よりも遅れていた。

ロシアがグレゴリウス暦を採用したのは、ロシア革命後の一九一八年一月十八日の法令によるもので、同年一月三十一日の翌日を二月十四日とすることとされたのである。

このようにロシアは、二十世紀の初め、暦のうえでは他の世界と隔離された世界をなしていて、ロシア革命によって世界と一体化したのである。

古くからロシアは正教会の祝日を祝ってきた。帝政時代には国家的祝日はなかった。ロシア革命以後は革命記念日など国家的祝日がつくられ、正教会の祝日は社会の表面からは消えていた。今はそれが復活している。

正教会の祝日は農耕と結びついている。もっとも重要なのは、冬を送り、春を迎える祭り、マースレニツァ、謝肉祭とパスハ、復活祭である。そこにはキリスト教以前の伝統的な信仰の要素もみて取れる。

第一章　キエフ・ルーシの時代

1　ヨーロッパ北東地域のスラヴ諸族

スラヴ諸族の社会

東スラヴ人が、自らの歴史を文書で著した最初のものとして現存するのは、後述する十二世紀初頭に編纂された『過ぎし歳月の物語』(『原初年代記』)である。これには、ポリャーネ、ドレヴリャーネ、ドレゴヴィチ、セヴェリャーネ、クリヴィチ、ポロチャーネ、ノヴゴロド(あるいはイリメニ)のスロヴェネ、ラヂミチ、ヴャチチ、ヴォルィニャーネ、ブジャーネ、ドゥレーブィ、チヴェルツィ、ウリチの一四の種族名が挙げられている。これらのうち、ポロチャーネ族はクリヴィチ族のうち西方のものの別称であり、ブジャーネ族とドゥレーヴィ族はヴォルィニャーネ族の別称である、と解釈すると、その数は一一となる。これら諸族の地理的配置については、図(二一頁)のようになっている。これらの諸族のうち、ウリチ族とチヴェルツィ族は、十世紀前半の諸事件には登場しているが、その地理的位置を考慮すると、ペチェネーグ人が強大となった十世紀後半に滅ぼされ、年代記が編纂された時期には、すでに存在していなかったと思われる。

ところで、年代記は、東スラヴ諸族の移動を記録しているが、クリヴィチ族、ドレヴリャーネ族、ポリャーネ族、ドレゴヴィチ族、とりわけヴォルィニャーネ族については、どこからきたか、まったくふれられていない。セヴェリャーネ族は、西方、すなわちドニエプル川からではなく、北方から居住地に移動してきたという(クリヴィチ族あるいはスロヴェネ族起源)。セヴェリャーネ族の居住地は、考古学資料によると、八世紀、さらに十世紀においても、純粋にスラヴ的ということではなく、そこには徐々にスラヴ化していったイラン系住民の痕跡が残されている。このセヴェリャーネ族とヴャチチ族、ラヂミチ族の移住は比較的遅かったものと思われる。スロヴェネ族とともに、プスコフ地方にはクリヴィチ族が居住しており、彼らを区別する根拠はない。バルト人が稠密《ちゅうみつ》に居住している地域をこえて、スラヴ人が、大量に西方から到来することは起こり得なかったであろう。したがって、スロヴェネ族はクリヴィチ族の分派で、ヴャチチ族とラヂミチ族がクリヴィチ族とドレゴヴィチ族の居住地をこえていったように、より西方のスラヴ人とともに北東に移動し、そこで、「スラヴャーネ(スロヴェネ)」という一般的な名称を維持したものと思われる。

ただ、東スラヴ諸族の名称の由来はさまざまであった。古い種族名に由来すると思われるのは、ク

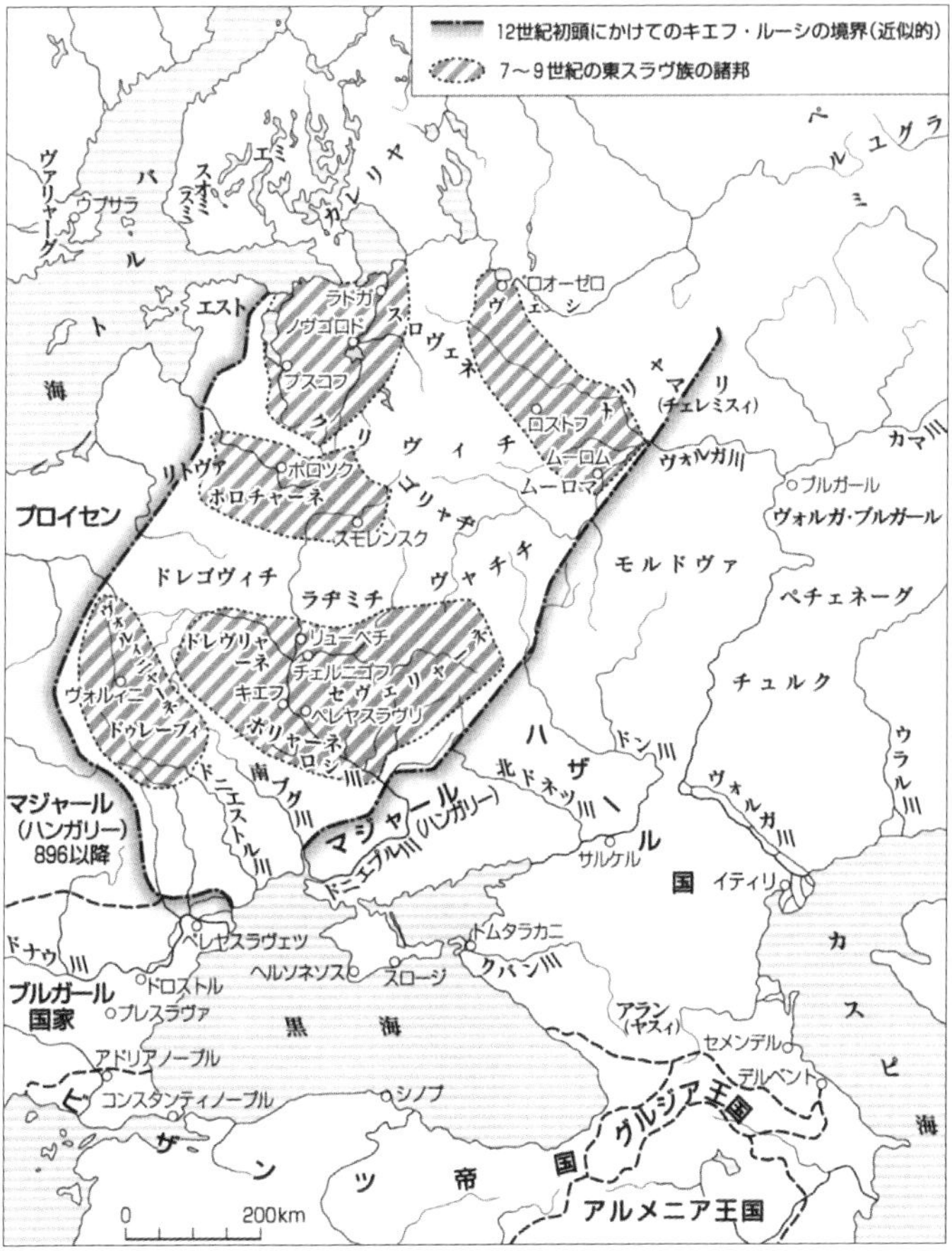
12世紀初頭にかけてのキエフ・ルーシの境界(近似的)
7～9世紀の東スラヴ族の諸邦
ヴァリャーグ
ウプサラ
バルト海
スオミ
スミ
エミ
カレリヤ
ペルム
ユグラ
エスト
ラドガ
ノヴゴロド
プスコフ
スロヴェネ
ベロオーゼロ
ヴェシ
クリヴィチ
メリャ
マリ
(チェレミスィ)
ロストフ
ムーロム
ムーロマ
ヴォルガ川
カマ川
リトヴァ
ポロツク
ポロチャーネ
スモレンスク
ラヂミチ
ブルガール
ヴォルガ・ブルガール
プロイセン
ドレゴヴィチ
ヴャチチ
モルドヴァ
ペチェネーグ
ヴォルィニャーネ
ドレヴリャーネ
リューベチ
チェルニゴフ
セヴェリャーネ
ヴォルィニ
キエフ
ペレヤスラヴリ
ドゥレーブィ
ポリャーネ
ロシ川
チュルク
ハザール国
ドン川
北ドネツ川
ウラル川
ヴォルガ川
マジャール
(ハンガリー)
896以降
ドニエストル川
南ブグ川
ドニエプル川
サルケル
イティリ
ドナウ川
ペレヤスラヴェツ
トムタラカニ
クバン川
ヘルソネソス
スロージ
ブルガール国家
ドロストル
プレスラヴァ
黒海
アラン
(ヤスィ)
カスピ海
セメンデル
デルベント
アドリアノープル
コンスタンティノープル
シノプ
グルジア王国
ビザンツ帝国
アルメニア王国
0
200km

9～12世紀のキエフ・ルーシ

リヴィチ、ドゥレーブィ、セヴェリャーネである。新しい名称としては、占拠した地域の特徴と結びついたものがドレゴヴィチ(沼の民)、ポリャーネ(原野の民)、ドレヴリャーネ(森の民)、川と結びついたものがブジャーネ(ブグ川)、ポロチャーネ(ポロタ川)、伝説的な祖先と結びついたものがヴャチチ—ヴャトコ、ラヂミチ—ラヂムであった。

したがって、現代語訳では、「種族」という用語がしばしば登場するが、『過ぎし歳月の物語』中のドレヴリャーネ、セヴェリャーネなどは、本来の種族を意味するものではない。これらの名称は、すでに血縁的であるよりも、むしろ地縁的であり、地域的まとまりをもっており、単一の種族ではなく複数の種族の連合体で、すでに、前国家的なあるいは国家形成前的性格をもっていた可能性が高い。この点は、セヴェリャーネ族、クリヴィチ族などの分布区域の大きさや、ポリャーネ族、ドレヴリャーネ族、ドレゴヴィチ族、スロヴェネ族、ポロチャーネ族における公の存在によっても確認される。

なお、北部のベロオーゼロにはヴェシが、ロストフ湖にはメリャが、オカ川下流域にはムーロマなど、さまざまなフィン系諸族が住んでおり、北西部ではバルト系諸族が定住していた。南部ではイラン系やトルコ(チュルク)系の人々が、定住していた。このなかで、東スラヴ諸族にとりわけ大きな影響をおよぼしたのは、南部のスキタイ人とサルマタイ人など、古くからの住民たるイラン系の人々であったと思われる。そういう意味では、南部の東スラヴ諸族は、イラン系住民の継承者でもあった。

かつて、ビザンツ人著作者による六世紀のスラヴ人のスクラヴェン人とアント人の区別のなかに、スラヴ人世界の東スラヴ人と西スラヴ人の実際の分離をみることができる、と考えられていた。しかし、最近では、スラヴ人の三つの大きなグループ、すなわち東スラヴ人、西スラヴ人、南スラヴ人への分裂は、八世紀以降のことであろうと推測されている。

このように、現在のロシア、ウクライナ、ベラルーシにおいて圧倒的多数を占めている東スラヴ人の形成は長期にわたる歴史的過程の結果であって、当初からスラヴ人の一派として明確な区別がなされていたわけではなかった。現在のスラヴ諸言語のもとになるスラヴ祖語とされる言語を話す民族がかつて存在していたと推測されるが、のちの東スラヴ人、西スラヴ人、南スラヴ人という区別が当初から存在していたわけではない。しかも、そのような区別が歴史的に形成されてくる過程でも、それは固定的なものではなかった。言語学的分析が示唆しているように、東スラヴ人にも西スラヴ的要素がはいっている。さらに、スラヴ人が東方に移動する過程で、人種的に異なるさまざまな土着の住民、すなわちバルト系諸族、フィン・ウゴル系諸族、イラン人などの言語との混交や彼らとの混血を通じて形成されてきたものである。

スラヴ諸族と周辺国家

年代記によると、ルーシ北部では、スロヴェネ族、クリヴィチ族が、非スラヴ人であるチュヂ族、メリャ族とともにヴァリャーグ人にたいして貢税《ダーニ》を支払っており、ルーシ南部では、ポリャーネ族、セヴェリャーネ族、ヴャチチ族が、のちにはラヂミチ族も、ハザール人にたいして貢税を支払っていた。

このうち、ヴァリャーグ人については、東ヨーロッパにやってきたスカンディナヴィアのノルマン人と解されているが、異論もある。最近でも、塩を「煮る《ヴァリーチ》」と結びつけて、イリメニ湖の南東に居住して、製塩業にたずさわっていたスラヴ人と解釈する考え方が出されている。この問題は、東スラヴにおける国家建設の担い手をめぐるノルマン説、反ノルマン説の対立に直結しているが、ノルマン人と理解しておきたい。このノルマン人の居住するスカンディナヴィア半島では、この時期まだ国家は形成されていなかった。

八世紀初頭に首都をセメンデルからイティリに移していたハザールはこのころ、北カフカース、アゾフ海沿岸、クリミア半島、ドニエプル川までのステップと草原地帯を版図としていた。そして、ヴォルガ川下流域とカスピ海、アゾフ海をつなぐ国際貿易路をおさえ、東ヨーロッパ、中央アジア、ザカフカース地方などの人々と交易をおこなっていた。この貿易路は、東方やビザンツとスラヴ諸族、バルト諸族、フィン諸族、さらにスカンディナヴィアとを結びつけたものであった。また、彼らは、東スラヴ諸族だけではなく、ヴォルガ・ブルガールなど近隣の諸族からも貢税を徴収していた。

このハザール人の周辺諸族にたいする支配は、ヴォルガ・ブルガールにたいしてみられたように、人質を取ることもあったが、貢税の徴収に力点が置かれ、強力な政治的支配をおこなうまでにはいた

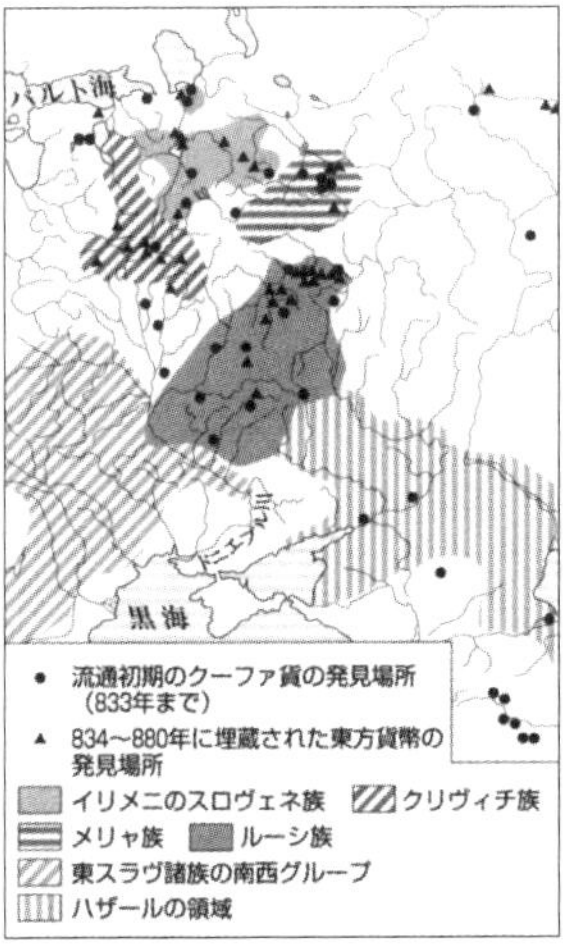

9世紀の東ヨーロッパにおけるアラブ貨幣の分布状況(880年まで)

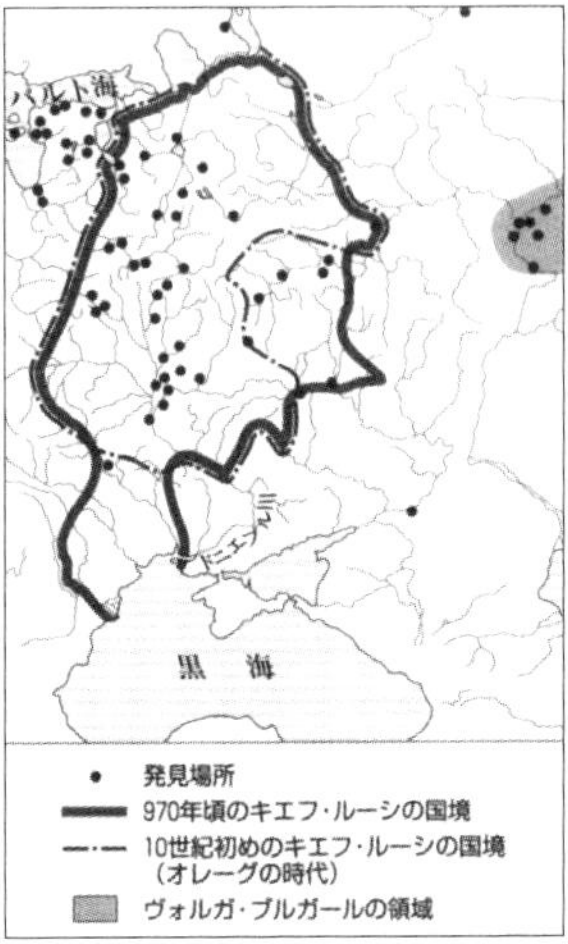

10世紀の東ヨーロッパにおけるアラブ貨幣の分布状況(970年まで)

っていなかったように思われる。というのは、ハザールではユダヤ教が受け入れられていたにもかかわらず、ヴォルガ・ブルガールではイスラム教を受け入れており、東スラヴ諸族についてもユダヤ教の影響を認めることはできないからである。したがって東スラヴ諸族にたいするハザールの影響はそれほど大きくはなかったであろう。

　周辺国家としてハザール以上に重要なのはビザンツである。年代記には、ルーシあるいはポリャーネ族によるビザンツの首都コンスタンティノープルへの遠征がたびたび言及されている。九世紀のものでは、『過ぎし歳月の物語』では八六六年とされているアスコリドとジルによるコンスタンティノープル遠征は、この二人によるものかどうかは別として、この記事の典拠となったビザンツ史料（『ハマルトーロス年代記』）に照らして、八六〇年のことであったと思われる。このとき、ビザンツは外患に悩まされ、とくにアラブ人との戦いに精力を使い果たしていて、コンスタンティノープルは無防備に近い状態であった。そのとき彼らが突然出現して攻撃したということは、彼らがビザンツの状況を熟知していたことを示唆している。

そのほか、黒海の北側には八世紀から九世紀にかけてトルコ系とサルマティア系の諸族を統合した遊牧民ペチェネーグ人が居住し、東スラヴ諸族居住地の南部への攻撃を繰り返していた。西方では、八三〇年ころにモラヴィアを中心として建設されていた大モラヴィア国が九世紀後半にはマウォポルスカをも従属させており、西部のヴォルィニャーネ族や白いホルヴァーティ族はこの国に支配されていた可能性が高い。黒海西岸ではモエシアに移住したブルガール人の一部がそこに居住していたスラヴ人を従属させつつ、その言語・文化などに同化してブルガリアが形成され、ボリス（在位八五二〜八八九）のころ中央集権化を果たしていた。

「ヴァリャーグからギリシアへの道」

当時、東ヨーロッパで交通路として重要な役割を果たしていたのは、大河であるヴォルガ川、ドニエプル川、西ドヴィナ川、ドン川およびそれらの川の支流など、河川であった。東ヨーロッパは東方諸国および西ヨーロッパ諸国間の中間に位置しており、これらの水路は国際的意義を有していた。

とくに、八世紀から九世紀にかけては、ヴォルガ水系が基幹的交通路の役割を果たしていた。この水系沿いにスカンディナヴィアにいたるまでに発見されている多数のアラブのディルハム貨(銀貨)が、このことを示している。その数は、アラブ通貨の輸出が急速に縮小する十世紀末まで、絶えず増加していた。キエフ・ルーシでは、ディルハム貨は、シェリャーグと呼ばれたが、おそらくハザール経由でそうなったと思われる(シェリャーグとは、白い、銀のという意味)。また、アラブ語の「ナクド」、すなわち現金に由来する「ノガタ」も使用されていた。

東ヨーロッパへの中継ぎ交易では、ユダヤ人商人が、八世紀から九世紀にかけて主導的な役割を果たし、カリフの支配下にある領域では、土着のムスリム商人が優勢であった。ただ、ムスリム商人は、もっぱら陸路を使って、カスピ海沿岸およびヴォルガ川沿いにブルガールの小都市に到達していたと思われる。というのは、ハザール人とハザール国内のユダヤ人商人がヴォルガ水系を支配していたため、彼らは九世紀にはスラヴ人の北部地域へ近づけなかったのである。

と同時に、九世紀、とりわけ十世紀に、ヨーロッパ北部と黒海とを結ぶもうひとつの経路がより大きな意義を獲得した。このバルト海から黒海への商業路は、後述するように、ヴァリャーグ人の活動と結びついていた。新しい交易路が「ヴァリャーグからギリシアへの道」という名称を獲得したのは偶然ではなく、年代記作者は、この交易路をキエフ・ルーシの中心、すなわち「ポリャーネ族の土地」と結びつけて、つぎのように、記述している。

ヴァリャーグからギリシアへの道があった。ギリシアからドニエプル川沿いに進み、ドニエプル川上流の連水路でロヴァーチ川に達し、ロヴァーチ川沿いに、大きな湖であるイリメニ湖にはいることができる。この湖からヴォルホフ川は流れ出て、大きなネヴァ湖（ラドガ湖）に流れ込む。この湖の開口部はヴァリャーグ海（バルト海）へ流れ込んでいる。この道にそって、ローマまで航行可能で、ローマからこの海にそってツァリグラード（コンスタンティノープル）にいくことができる。そして、ツァリグラードからポント海（黒海）にはいることができる。そこに、ドニエプル川が流れ込んでいる。

つまり、バルト海からフィンランド湾、ネヴァ川、ラドガ湖、ヴォルホフ川、イリメニ湖、ロヴァーチ川に沿って進み、連水路で西ドヴィナ川に達し、さらに連水路でドニエプル川まで達したあと、ドニエプル川沿いに黒海へと航行するルートである。

年代記作者は、さらに、三つの大河（ドニエプル川、ヴォルガ川、西ドヴィナ川）が、水源をオコフの森林（フィン語に由来するオコフの森は、文字通り「水の、川の」森）にもっていること、ヴォルガ川沿いに東方に、西ドヴィナ川沿いに西方にという経路を指摘している。

2　キエフ・ルーシの成立

キエフ

アラブ史料は、スラヴ人の国として、クヤヴィヤ(キエフ)、スラヴィヤ(イリメニのスロヴェネの国)、そしてアルタニヤの三つをあげている。最後のアルタニヤについては、今日まではっきりしていない。アラブ史料から、これらの政治的統一体のなかでもっとも重要だったのはクヤヴィヤとスラヴィヤであったと推測することができる。

キエフについては、『過ぎし歳月の物語』中に、キエフの建設者であるキー、シチェク、ホリフと彼らの姉妹ルィベジに関する伝承がある。この三人のキエフの「創始者」の名前は、いずれも、イラン語に由来していると思われるが、これは、それらがスラヴ人到来以前のこの地域の住民と結びついていることを示している。

南部では、九世紀初めにハザールの支配を脱したと思われるポリャーネ族をはじめ、ドレヴリャーネ族、ドレゴヴィチ族などドニエプル川右岸の諸族は、公と「高貴な人々」を中心として、その自律性を強めていったようである。この南部において中心となったのは、キエフを中心とするポリャーネ族であった。九世紀前半から半ばにかけて、ポリャーネ族は、ドレヴリャーネ族、ポロチャーネ族、

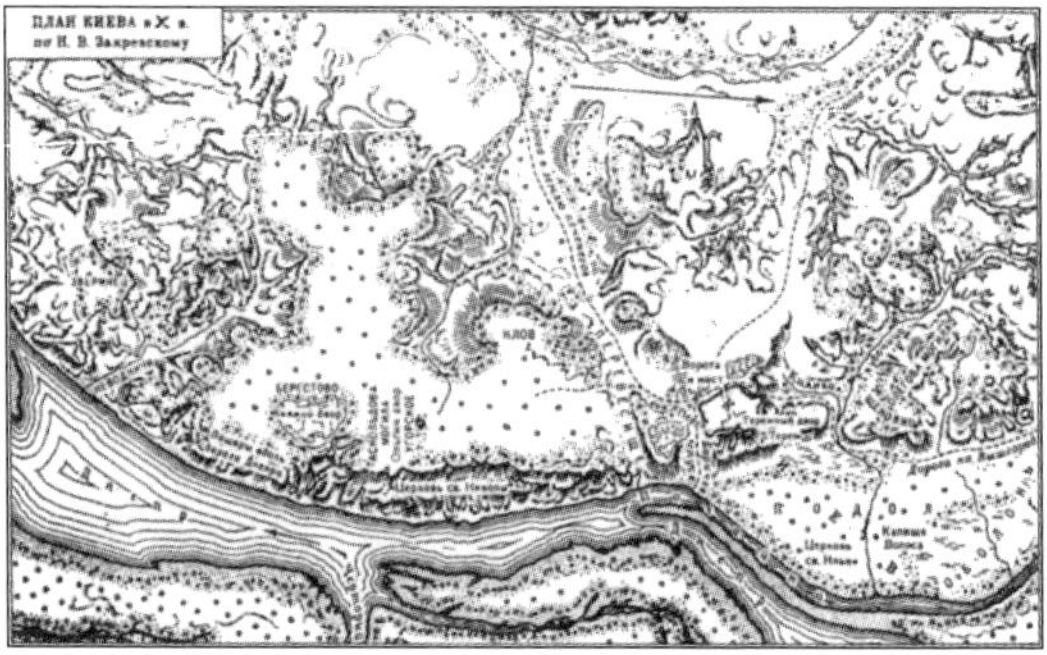

キエフの見取り図(10世紀)

ウリチ族を攻撃しており、ドナウ・ブルガール、ペチェネーグ人と戦い、前述のようにコンスタンティノープルへと遠征している。

このようなポリャーネ族の外部にたいする行動のうち、近隣のスラヴ諸族にたいする攻撃は、ポリャーネ族の勢力拡大という意味をもつだけではなく、略奪的要素が強かったものと思われる。また、ドナウ・ブルガール、ペチェネーグ人との戦いは、おそらく当面の外敵との戦いであっただろう。三番目のコンスタンティノープル遠征は、ほかのふたつとは異なった意味をもっていたと思われる。当時のヨーロッパにおける最大の都コンスタンティノープルへの遠征は、自らの力の誇示、富への憧憬であると同時に、恒常的な交易関係の確立をめざすという目的をもっていたと考えられる。この最後の目的を達成するために、後述するように、有利な交易条件を内容とする条約締結へと進んでいくことになった。

これらの行動は、年代記のなかではすべてポリャーネ族の公である前述のアスコリドとジルに帰せられている。彼らについては、ヴァリャーグ人であるのか、ポリャーネ族の土着の公であるのか、また、共同統治者であるのか、別々の公であったのか、という議論が展開されている。が、いずれにせよ、ポリャーネ族独自の公が存在していた可能性は高いと思われる。

ところで、キエフは北部での紛争の際にノヴゴロドの人々の逃亡先として選ばれており、前述のアラブ史料の位置づけをも考慮すると、東スラヴ諸族の中心地のなかでも重要な位置を占めていたと考えられる。また、ここを中心地としたポリャーネ族が前述のような軍事行動を実行するには、経済的にも軍事的にも相当の力量を備えていなければならなかったであろう。

キエフの存在する南部においては定着農耕が中心であり、しかも、農業技術については、紀元前からの先住者の技術の高さを継承しており、その自然条件ともあいまって、農業生産力はきわめて高いものであったと思われる。この農業生産力の高さを前提として、キエフがドニエプル川中流域に位置し、黒海にもビザンツにも近いという地理的優位性のゆえに、貿易という点でも有利であっただろう。このようなことが、経済的発展の基礎をなしていたと思われる。また、この経済力の発展を基礎として、ポリャーネ族においては階層分化が相当進行し、軍事力の担い手を創出することができたのではあるまいか。

しかし、ポリャーネ族は、東スラヴ諸族の征服・支配にまではいたらず、南部における強力な政治的統一体のひとつという枠から出ることはなかった。

ノヴゴロド

北部では、東スラヴ諸族が、バルト諸族、フィン諸族と接し、同じ居住地でともに生活するということすらあったことは、考古学資料によっても確認されている。また、東方およびビザンツとの貿易の関係で、スカンディナヴィアのノルマン人も、ラドガを拠点として、早くからルーシ北部に居住していたと思われる。しかも、考古学資料によると、ノルマン人は、ラドガばかりではなく、ノヴゴロド、スモレンスクなどにも居住していた。

ヴァリャーグ人は、前述のように、リューリク兄弟の招致以前に東スラヴ諸族とフィン諸族を支配し、ノヴゴロドのスロヴェネ族、メリャ族、クリヴィチ族、そしておそらくチュジ族から銀貨とリスの毛皮を貢税として徴収していた。ここで課税単位は「一人の人間」ごととされているが、実質的に貢税が課せられているのは諸族全体にたいしてであり、彼らが把握していたのはその上層部であったろう。そして、このような支配形態を可能としたのは、諸族が政治的統一体として存在していたことであったと思われる。諸族内部においては、公あるいは長老たちが支配していたのである。そして、のちにルーシ北部の諸族が一致してヴァリャーグ人を追放する行動に出たことは、彼らのあいだにすでに一定の結びつきがあったことを示唆している。

ヴァリャーグ人追放後、スロヴェネ族、クリヴィチ族、メリャ族、チュジ族は、それぞれ独立して自分たちの「国」をおさめ始めると、支配権をめぐって相互に争い始めた。この過程で、混乱に乗じてヴァリャーグ人がふたたびあらわれて、スロヴェネ族などを破り、北部での支配権を握っていったと思われる。この年は、八六二年とされている。兄弟は、北部を支配下におさめると、リューリクがノヴゴロドを、シネウスがベロオーゼロを、トルヴォルがイズボルスクをそれぞれ支配し、シネウス、トルヴォルの死後、リューリクが単独の支配者となって、ポロツク、ロストフ、ベロオーゼロを一族の者と従士たちに分与したとされている。しかし、支配権を確立することは容易ではなく、ノヴゴロドの人々の激しい抵抗に遭遇することになった。このことを示しているのが、『ニコン年代記』にある「勇敢なヴァジム」と「彼の助言者たち」の記述であり、ノヴゴロドの人々はキエフへ逃亡したという記述である。

年代記では、リューリクは諸族を支配するに際して、土着の支配層には頼らず、一族の者あるいは従士を主要な町々に派遣することによって諸族を支配する、という方法をとっているような印象を与える。しかし、実際には、貢税の分与であって、支配＝隷属関係については、従来から諸族内部でおこなわれていた貢税徴収と変わらず、あらたな方法が導入されたわけではない。しかし、ノヴゴロドのヴァジムらの殺害にみられるように、リューリクは、反抗的な種族の上層部にたいして、徹底的に弾圧するかあるいは根絶するという方法をとっている。また、『ニコン年代記』は、ノヴゴロドの人々がリューリクたちにいだいている感情を、「われわれは奴隷のごとくであり、多くのあらゆる悪しき事をリューリクと彼の氏族からこうむっている」と表現しており、貢税の量は過酷で、きわめて略奪的な性格を帯びていたと推測される。しかし、のちのキエフへの遠征の際にみられるように、諸族から必要なときには兵士を集めることのできる支配＝隷属関係をつくり出していた。そして、外部から入ってきたヴァリャーグ人の支配を支えていたのは、彼らの軍事力であったと思われる。

ヴァジムによる抵抗と、その後のノヴゴロドの人々の抵抗が鎮圧された以降、年代記による限り、北部の情勢は安定していた。

オレーグのキエフ遠征

『過ぎし歳月の物語』では、八七九年に、リューリクが幼い息子イーゴリを残して没すると、イーゴリとともに一族の公オレーグが統治し始めたとされている。このオレーグは、八八二年、ヴァリャーグ人、スロヴェネ族、クリヴィチ族、チュジ族、メリャ族、ヴェシ族を引きつれ、南部への遠征に向かった。途中で、クリヴィチ族の国(スモレンスク)やリューベチを占領し、「ヴァリャーグからギリシアへの道」に沿った地点を支配下におさめていった。オレーグは、キエフに達すると、策略によってアスコリドとジルを殺害し、キエフにおける支配権を確立して、キエフを「ルーシ諸都市の母」と宣言した。

年代記においては、オレーグの策略によってアスコリドとジルは殺害され、その際争いはなかったかのような記述となっているが、前述のようなポリャーネ族の状況を考慮すると、戦闘もなくオレーグに敗れたとは考えられない。アスコリドの墓がキエフの町の外にあるドニエプル川の岸の上に存在しているという事実が、オレーグとアスコリドによる戦闘の可能性を示唆している。

その後、オレーグは、キエフに防備をほどこすと同時に要塞の網の目をめぐらし、スロヴェネ族、メリャ族、クリヴィチ族にたいして貢税を定め、ヴァリャーグ人にはノヴゴロドから貢税として年に三〇〇グリヴナを与えるように定めた。またドレヴリャーネ族、セヴェリャーネ族、ラジミチ族にたいする攻撃も開始している。オレーグの目的は、キエフの征服であり、そこを拠点として、諸族を従属下に置くことにあったと思われる。

北部による南部征服の契機のひとつとして、ノヴゴロドにとって、北部にはない南部そのものの生産物、富の存在という点を挙げることができるが、何よりも重要であったのは、当時の貿易路に占めるキエフの立地条件であろう。すなわち、九世紀半ばのヴォルガ水系による貿易の衰退の結果、ドニエプル・ヴォルホフ水系による貿易路の意義が高まったことと関係している。この水系による貿易路に存在するスモレンスク近郊のグニョズドヴォの発掘調査によっても、この貿易路の発展は九世紀後半のことであることが示唆されている。スモレンスクはドニエプル水系の最終地点で、ここからイリメニ湖に注ぐロヴァーチ川へと方向を転ずる地点でもあった。また、キエフは、ドニエプル川中流域に位置しており、貿易路のなかでも重要な位置を占めていた。したがって、ヴァリャーグ人にとどまらず当時の人々は、土地所有にではなく、諸族からの貢税徴収に権力基盤を求め、貿易による収入に

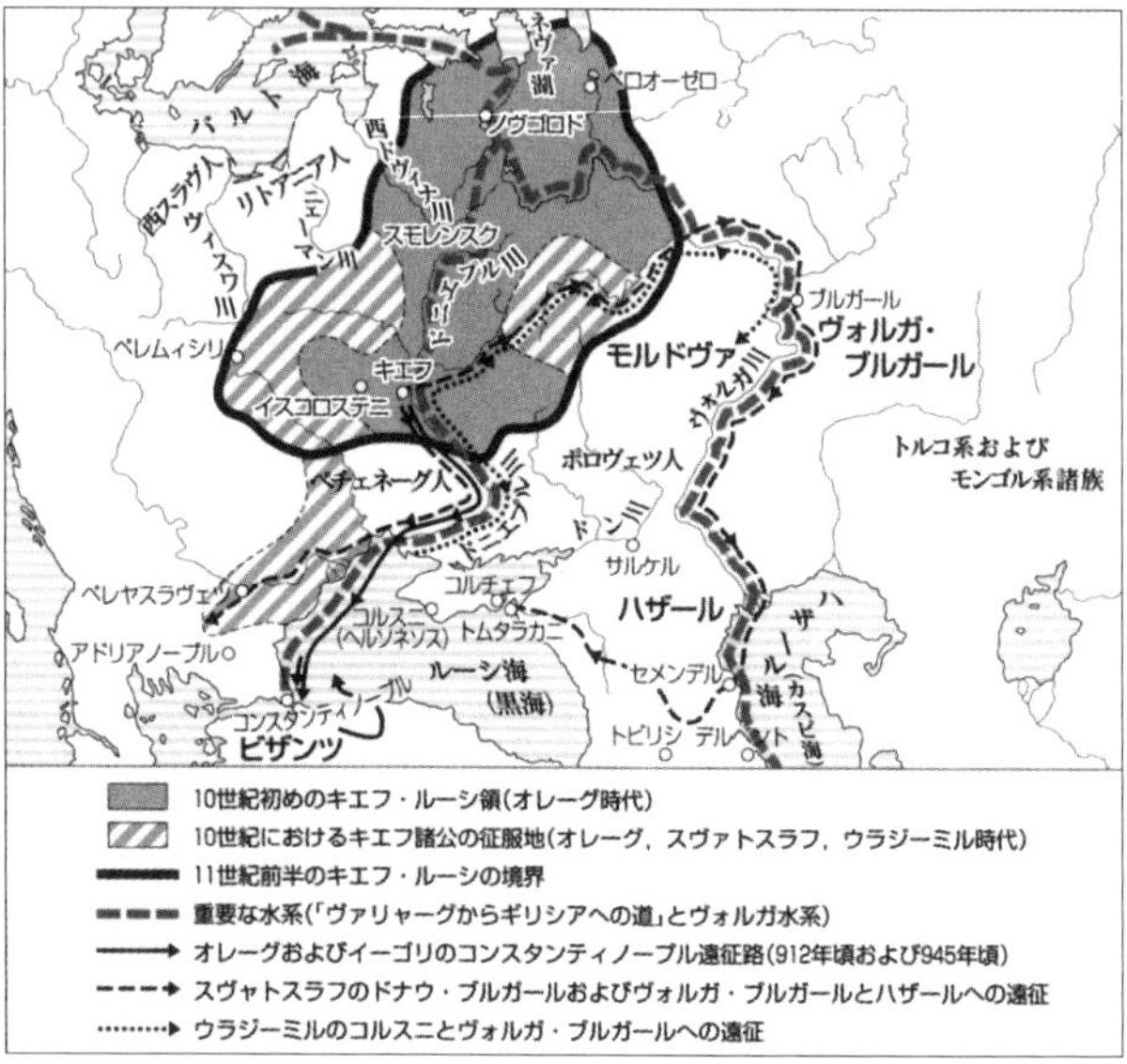

10〜11世紀のキエフ・ルーシ

関心をもっていたのである。さらにキエフは、ビザンツだけではなく黒海沿岸のドナウ・ブルガールやハザールにも近いという魅力をもっていた。

そのため、オレーグ以前にすでにポリャーネ族の諸公も、ビザンツとの交易において有利な条件を確保しようと、クリミア半島や黒海沿岸地域への進出をはかっていたが、これにとどまらず八六〇年の事例のように、直接コンスタンティノープルへと遠征することになった。そして、総主教フォティオス(在位八五八〜八六七、八七七〜八八六)によると、八六六ないし八六七年にルーシとビザンツの条約が結ばれている。オレーグも、九〇七年にコンスタンティノープル遠征を実行してビザンツと通商条約を結び、九一一年にも二度目の通商条約を結んでいる。通商条約のなかでは「ルーシの掟」が言及されている。イーゴリも、九四一年にコンスタンティノープル遠征をおこない、九四四年に通商条約を締結している。

3 キエフ・ルーシの国家と社会

巡回徴貢

オレーグがポリャーネ族を征服した段階では、南部においてオレーグの支配下にはいったのはポリャーネ族だけであった。年代記は、オレーグが北部諸族に貢税を課したことにはふれているが、ポリャーネ族に関しては何ら言及していない。北部諸族にたいする関係で判断する限り、ヴァリャーグ人の収入源はやはり貢税であり、支配形態にあらたな要素をもち込んではいない。また、のちに征服したドレヴリャーネ族、ラジミチ族、セヴェリャーネ族、白いホルヴァーティ族、ドゥレーブィ族、そしてチヴェルツィ族など南部の諸族にたいしても、キエフの公たちは、初期の段階では、貢税を課すというだけの関係しかもたなかった。しかも、この貢税を実際に担っているのは諸族内の個々の世帯ではあっても、貢税は諸族全体に課せられているのであって、諸族内の体制にまで立ち入るというものではなかった。

この時代のキエフ公と被征服東スラヴ諸族との関係、すなわち、支配＝隷属関係の実態をよく示しているのが、コンスタンティノス七世ポルフュロゲンネートス（在位九一三〜九五九）の『帝国統治論』（九四二〜九五二年に編纂）である。この書によると、貢税の徴収には公と彼の親兵による巡回徴貢《パリュージエ》という方法がとられていた。

十一月がおとずれるとすぐさま、彼ら（ロース）の諸公は、全ロースとともにキエフを出て、パリュージエに出発する。これは、「巡回」という意味で、ロースにとって条約に基づく貢納者であるドレヴリャーネ、ドレゴヴィチ、クリヴィチ、セヴェリャーネ、そのほかのスラヴ人の土地を巡回する。彼らは、そこで冬のあいだ寄食し、そして、ドニエプル川の氷がとけ始める四月になると、キエフに戻る。その後、丸木舟を入手して、艤装《ぎそう》し、ビザンツに向けて出発する。ほかの箇所で、コンスタンティノス七世は、このような丸木舟が、ノヴゴロド、スモレンスク、チェルニゴフなどさまざまな場所からキエフに集結すると説明している。

この貢税の徴収は、もともと諸族内における公と構成員間で実施されていたものが、諸公間の支配＝隷属関係に基づくものへと転化したと思われる。そして、巡回徴貢という徴税方法は、キエフ・ルーシに特徴的なものではなく、歴史的には多くの地域で広範に存在していたものである。

貢税として取り立ての対象となったものは、後述のドレヴリャーネ族のオリガへの回答にみられたように、毛皮や蜜蠟《みつろう》、そして蜂蜜などの国際的商品であった。これらの商品は、黒海経由でコンスタンティノープルへ運ばれただけではなく、ヴォルガ川沿いにブルガールやハザールの首都アチリ（イティリ）へ、ボヘミアを経てゲルマン人の地域へも運ばれた。したがって、十世紀前半のキエフ諸公にとって、パリュージエを組織すること、ついでパリュージエの過程で獲得した財貨を販売するために、軍事的商業的遠征を組織することが主要な課題であったと思われる。

ドレヴリャーネ族の反乱

このようなキエフ公と周辺諸族との関係を典型的に示しているのが、九四五年のイーゴリ（在位九一三頃〜九四五）のドレヴリャーネ族にたいする遠征である。

ドレヴリャーネ族は、キエフ公にたいして貢税をおさめていたが、この地で貢税徴収にあたっていたのは、イーゴリの軍司令官スヴェネリドであった。スヴェネリドがドレヴリャーネ族から貢税を徴収したあと、イーゴリは、従士団の要請に応じて、彼らとともに、ドレヴリャーネ族のところに貢税の徴収に出発した。貢税徴収後、帰国に際して、従士団の一部が貢税高が少ないと不満を述べたため、彼は、多数の従士団をキエフに帰還させる一方で、残留させた少数の従士団とともに、ふたたびドレヴリャーネ族のもとに、貢税徴収に赴いたのである。それにたいして、ドレヴリャーネ族は、自分たちの公であるマルと相談し、貢税の徴収を拒否した。イーゴリがそれを聞き入れなかったため、ドレヴリャーネ族は、イーゴリと彼の従士団を殺害するにいたった。

このようなドレヴリャーネ族の反抗、イーゴリの殺害という行為にたいして、イーゴリの妻オリガは、四度にわたり復讐を実行するが、その際、ドレヴリャーネ族とオリガがおこなったやり取りは、つぎのようなものであった。

第一の復讐の際に、オリガのところに赴いたドレヴリャーネ族の使者は「最良の人々」と呼ばれており、また、使者たちは、オリガにたいして、「われらの公たちは善き公たちで、ドレヴリャーネ族の国をかつて統治していた。われらの公マルのもとにきたれ」と呼びかけている。第二の復讐の際にも、オリガへの使者として選ばれたのは「最良の人々」であり、彼らは「ドレヴリャーネ族の国を支配している」と表現されている。オリガは、第三の復讐をおこなったあと、九四六年に息子スヴャトスラフおよび従士団とともに、最後の、第四の復讐として、ドレヴリャーネ族の征服に向かった。このとき、オリガが、イスコロステニにたてこもった人々に向かって、「汝らのすべての町々は余に服し、貢税支払いの条件をすでに受諾し、畑の耕作に従事している」と呼びかけたのにたいして、ドレヴリャーネ族は、「われわれになにを欲するのか。われわれは、喜んで蜜と毛皮をおさめよう」と返答している。結局、イスコロステニの町は焼かれ、ドレヴリャーネ族は征服された。

これらのイーゴリの貢税徴収をめぐる行動やオリガの復讐を物語っている箇所には、キエフ公と被征服東スラヴ諸族との関係、貢税の性格、そしてドレヴリャーネ族内部の社会的な関係などが示唆されている。

貢税については、その徴収に恣意《しい》性があったこと、貢税として徴収されるものも、またその徴収量も一定の決められたものではなく、流動的なものであったことなどを読み取ることができる。貢税として徴収されていたのは、毛皮や蜜蠟のような国際的商品であった可能性が高いことも示唆されている。貢税を徴収する、徴収されるという関係が、キエフ公が支配者として、被征服諸族を支配している、ということを象徴するものとなっている。しかも、ドレヴリャーネ族の反乱が示しているように、被征服諸族のあいだでは支配層が依然として健在で、自立的傾向が顕著であった。

オリガのドレヴリャーネ征服　『ラジヴィル年代記』の細密画。

農民・共同体・民会

では、このような支配＝隷属関係にあったキエフ・ルーシで、社会構造はどのようなものであったのだろうか。残念ながら、階層分化に関する史料はなく、八八二年以降のキエフ・ルーシの性格、意義づけに大きな関わりをもつポリャーネ族の内部構造を直接知るための手がかりもない。

一般住民の大多数を占めていたと思われる農民を示すスメルドということばが史料上にあらわれるのは、十三~十四世紀に編纂された『ノヴゴロド第一年代記(古輯)』の一〇一六年の記事であり、九世紀、十世紀にどのような表現がされていたかは不明である。ただ、人間を意味する「チェラヴェーク」やその複数形である「リュージ」が、自由な共同体成員という意味で使用されていたとも考えられる。また、この年代記に含まれている、後述する簡素本『ルーシ法典』においても、「ヤロスラフの法典」では「ムージ」という表現がされており、「ヤロスラフの子らの法典」第四五条においてはじめて、スメルドという表現が登場している。

このスメルドは、当時の社会あるいは一般住民の存在形態を明らかにするうえで、手がかりを与えるものとして注目され、彼らの存在形態についてはいくつかの見解が出されている。この時代、完全にはキエフに従属せず、自立性を維持していた各種族内の諸公がまだ構成員と敵対関係にはいたっておらず、公の経済的基盤も一般住民からの貢税徴収であったことを考慮すると、一般住民は自己の経営を保持する自由な存在であったと思われる。ただ、必要なときには兵士として従軍したり、貢税をおさめなければならないなどの義務を負っていたという点で、従属的な面ももっていたことは明らかである。

そして、彼らは、すでに地縁的な関係に基づく農村共同体の成員でもあり、家族形態としては単婚小家族であったと思われる。共同体についても、後世の史料によらざるを得ないが、「ミール」あるいは「ヴェルヴィ」と呼ばれているものが、それに相当すると考えられている。ミールは、前述の「ヤロスラフの法典」第一三条にあらわれている。ヴェルヴィは、前述の簡素本『ルーシ法典』ではみられず、拡大本『ルーシ法典』第三条にはじめて登場し、第七〇条にもみられる。

しかし、前述のように、ドレヴリャーネ族には、公マル、「最良の人々」、「町の長老」などが存在しており、また、奴隷を意味するチェリャージあるいはホロープということばが存在していることに示されているように、東スラヴ諸族内部で階層分化が進行していたことは明らかである。階層分化が進行するなかで、共同体としての意思決定がどのようにおこなわれていたのか、そもそも共同体の規模はどの程度であったのか、町の住民と農村住民に区別はなかったのかなど、当時の社会的関係をめぐる問題が明確にされなければならないが、共同体機関と理解されている民会《ヴェーチェ》が、ドレヴリャーネ族の場合、前述のように、少なくともイスコロステニという町においては機能していた。ノヴゴロドにおける民会の役割は有名であるが、ほかの東スラヴ諸族においても同様であったと思われる。

4　国家の基盤整備

オリガとスヴャトスラフ

オリガは、ドレヴリャーネ族を征服したあと、彼らにたいして重税を課し、法規と諸税《ウローク》を定めている。彼女は、翌九四七年にノヴゴロドに赴き、ムスタ川沿いに貢物納入所《ポゴスト》を設置して、貢税《ダーニ》の額を定め、ルガ川沿いの地域では租税《オブローク》と貢税の額を定めた。年代記には、全国に彼女の猟場、ゆかりのしると場所、貢物納入所が存在すること、ドニエプル川およびデスナ川沿いに鳥網場が存在することなどが記されている。この箇所にみられる貢物納入所の設置、貢税など税額の決定、法規の公布などが、「オリガの改革」とされているものである。

イーゴリとドレヴリャーネ族との抗争が、貢税徴収をめぐるものであったことを考慮すると、オリガによる貢物納入所の設置は、貢税徴収の、さらには征服した諸族を支配するための拠点づくりであったと理解することができる。オリガのこのような措置は、一方で征服という軍事行動をとりつつ、他方で巡回徴貢にかわる貢税徴収体系の導入をも視野に入れた統治機構整備に向けての動きであり、あらたな支配＝隷属関係創出の端緒を示しているように思われる。

オリガはまた、その時期については議論があるが、そして個人的にではあったが、コンスタンティノープルを訪問した際にキリスト教の洗礼を受けている。とはいえ、ローマ、コンスタンティノープル両教会の勢力圏をめぐるせめぎ合いはみられたとしても、当時はまだ東西教会が分裂していなかった時期であり、ローマ教会との関係も維持していた。また、オリガはオットー一世（ドイツ国王としては在位九三六〜九七三、神聖ローマ帝国皇帝としての在位九六二〜九七三）にも九五七年に使者を送っており、西ヨーロッパとの関わりももっていた。

ビザンツ皇帝を訪問したオリガ　『ラジヴィル年代記』の細密画。

オリガの摂政期を経て、息子スヴャトスラフ（在位九四五頃〜九七二ないし九七三）がキエフ公として統治することになった。彼の行動は、母親オリガの内政重視の行動とはまったく異なっていた。彼は、九六五ないし九六六年にヴャチチ族をハザールの支配から解放し、ハザール軍を打ち破ってセメンデルなどの町を占領し、ドン川の要塞サルケル（ベーラヤ・ヴェジャ）を占領し、ドン川およびクバン川沿いでヤスィ（アラン人）やカソギ（アドゥィギ）と戦った。このころ、タマン半島にあった要塞で、アゾフ海への入り口をふさいでいたトムタラカニも占拠したと思われる。このような流れのなかで、キエフ・ルーシは、ヴォルガ－カスピ海貿易ルートを支配下に置くことができた。

スヴャトスラフは、九六七年から九六九年にかけてドナウ・ブルガールへの遠征をおこなって占領し、バルカン半島の確保をめざして、ペレヤスラヴェッツに公の邸を建設した。そして、彼は、キエフではなく、ペレヤスラヴェッツに居住することを望んだ。その理由は、ここにはビザンツの金・絹織物・酒・種々の果物、ボヘミアあるいはウゴル（ハンガリー）の銀と馬、キエフ・ルーシの毛皮・蜜蠟・蜂蜜・奴隷が集まってくるからというものであった。そしてブルガリアへの遠征そのものは、ブルガリアの従属化をはかっていたビザンツの要請であったと思われるが、スヴャトスラフの行動は、ビザンツ側の意図をこえたものであった。バルカン半島での影響力の低下を恐れたビザンツの煽動によると思われるが、九六八年、ペチェネーグ人が母オリガと息子たちがいるキエフを包囲したため、スヴャトスラフはキエフに帰国した。彼は、ペチェネーグ人を粉砕してしばらくキエフにとどまり、死んだ母オリガを葬ったあと、翌九六九年、ふたたびバルカン半島に向かった。バルカン半島におけるビザンツ領をめぐる戦いが展開され、九七一年の秋に和平が結ばれたが、翌九七二年春、ビザンツはあらたな攻撃を開始した。ブルガリアもビザンツ側に立っており、スヴャトスラフは和平を結ばざるを得なかった。この和平によって、彼は軍の残存部隊をキエフ・ルーシに帰還させることを保証された。一部の従士とともにドニエプル川沿いにひそかにキエフ・ルーシに戻ろうとしたスヴャトスラフは、早瀬で待ち伏せていたペチェネーグ人によって殺害された。

このように、内政を重視して、法や税の整備に力点を置いたオリガと、遠征に明け暮れたスヴャトスラフとのあいだには、明らかな違いがみられる。この時期のキエフ・ルーシは、国家としてはまだ過渡的な段階にあったと思われる。この段階からさらなる一歩を踏み出したのが、スヴャトスラフの息子ウラジーミル聖公(在位九八〇頃〜一〇一五)である。

ウラジーミルとギリシア正教の受容

スヴャトスラフの死後、キエフ公位に就いたのは長男ヤロポルク(在位九七三頃〜九七八頃)で、次男のオレーグはドレヴリャーネ族の地を、三男ウラジーミルはノヴゴロドを支配していた。ヤロポルクによってオレーグが殺害されたのをきっかけとして、ウラジーミルはノヴゴロドから海の彼方《かなた》、すなわちヴァリャーグ人のもとに逃れた。三年後、ウラジーミルは、ヴァリャーグ人傭兵とともにノヴゴロドに戻り、スロヴェネ族、クリヴィチ族、チュジ族からも兵を集めて、キエフへと向かった。途中で、彼は、ポロツクを征服して、その地の公ログヴォロドと二人の息子を殺害し、ヤロポルクの妻になることが決まっていた娘のログネダ(ログネジ)を妻にした。ヤロポルクは軍司令官ブルドによってウラジーミルに引き渡され、殺害された。

このようにしてキエフ・ルーシの唯一の権力者となったウラジーミルは、東スラヴ諸族については、九八一年にヴャチチ族への遠征をおこなって貢税を課して、翌年には征服し、九八四年にラジミチ族をキエフ・ルーシに統合した。また、後述するように、チェルヴェンなどの領有をめぐってポーランドと衝突したり、リトアニア族のヤトヴャギにたいしてネマン川、ブグ川、ヴィスワ川沿いの河川路をめぐって遠征をおこなったり、ヴォルガ・ブルガールへの遠征をおこない、和平および交易をめぐる条約を結ぶなど、外に向かっての動きを展開していたが、大きな転機はビザンツとの関わりのなかから生ずることになった。

九八七年、小アジアで起こった軍司令官バルダス・フォカスの反乱を鎮圧するため、ビザンツ皇帝バシレイオス二世(在位九六三〜一〇二五)がおこなった援軍要請にたいして、ウラジーミルは皇帝の妹アンナを妻にほしいという条件を出したが、これにたいして皇帝は、キエフ・ルーシが洗礼を受けることを条件に、これを認めた。そこで、ウラジーミルは、九八八年春、六〇〇〇人の兵を送り、バルダス軍を破ることができた。危機を脱したビザンツがこの約束を履行しないため、九八九年春、彼はケルソネスを攻撃した。そのため、同年秋、ビザンツは約束を実行せざるを得なくなり、アンナはケルソネスのウラジーミルのもとに送られた。そして、同年ないし九九〇年にウラジーミルは洗礼を受け、洗礼名バシレイオスを得たと考えられているが、彼が洗礼を受けた正確な時期も、場所も明らかではない。また、その後、国内でどのようにしてキリスト教が受容されていったのかという点も、初期の教会組織についても不明である。

『過ぎし歳月の物語』では、九八六年から九八八年にかけての記事のなかで、ヴォルガ・ブルガールのイスラム教徒、ローマ大主教(ローマ教皇)から派遣された人物(ドイツ人)、ハザールのユダヤ教徒、ビザンツから派遣された哲学者の話、彼らとウラジーミルとの問答、貴族・町の長老との相談、従士の各地域への派遣と貴族・長老たちの前での報告、ケルソネス攻撃とアンナを妻にという条件の提示など、キリスト教受容にいたるまでの状況が描かれている。伝承に基づく色彩が強いし、東西教会の分裂以前の話としては不自然な部分も含んでいる。いずれにせよ、キエフ・ルーシにとって権力強化のためには一神教の採用が有効であると感じていたことを示唆するものとなっている。

洗礼を受けるウラジーミル　『ラジヴィル年代記』の細密画。

　当時のキエフ・ルーシを取りまく周辺国家の状況をみると、ブルガリアではボリス一世（在位八五二～八八九）が、ビザンツから受容すべきかフランクからかと迷ったすえ、八六五年にすでにビザンツからキリスト教を受容しており、ポーランドでも九六二年にミェシュコ一世（在位九六〇頃～九九二）がローマから洗礼を受けていた。九七三年にはボヘミアのプラハに司教座が置かれていた。スカンディナヴィアでも首長がキリスト教に傾きつつあり、彼らがキリスト教徒となるのは時間の問題であった。キエフ・ルーシにおいても、ビザンツとの交易を通して、キリスト教徒となった者が存在していたし、公の一族のなかでも、オリガやヤロポルクの例がみられたが、個人レヴェルにとどまっていた。ウラジーミルはこのときキリスト教を国教として公認したのである。

では、ウラジーミルは、なぜ、ほかの宗教ではなく、キリスト教を、しかもビザンツから受容したのだろうか。これについては、当時の国際的状況のなかでビザンツが占めていた地位、ビザンツ国内の状況、皇帝と教会の関係などを考慮しなければならないであろう。そして、キリスト教の受容が後発の国家形成期にあるキエフ・ルーシにとってもつ政治的意義にも留意しなければならない。明らかに、キリスト教受容は、国家的基盤整備の一環と位置づけることができるであろう。

と同時に、キリスト教の受容は、文化面でも大きな役割を果たした。文字および文学の発生、普及もそのひとつである。ウラジーミル以前のキエフ・ルーシに文字があらわれていなかったということではないが、南スラヴ人からキエフ・ルーシにもたらされた文字は、キリスト教以前にはそれほど普及しなかった。キリル文字の導入によって文字が広く根づき、ギリシア語文献の古代ロシア語への翻訳活動の展開、ついでオリジナルなかたちで、文学が出現したのは、キリスト教時代に入ってからのことである。

前述のような東スラヴ諸族にたいするキエフの支配権は、キリスト教の受容とともに、ウラジーミルの時代に確立していったと思われる。また、キエフ公家とヨーロッパの支配的家門との婚姻関係も、彼の時代にキエフの国際的な地位が上昇したことを示している。十世紀末には、カフカース北部にたいする影響力も強化されている。

ヤロスラフ大公

ウラジーミルは、一〇一五年七月十五日に死去した。彼は、ロストフ公ボリスをそばに置いていた。ボリスは、もう一人の息子グレープとともに、ビザンツの皇女アンナとのあいだに誕生した息子で、合法的な公位継承者とみなされていた。しかし、このとき、ウラジーミルには一一人の息子が健在で、そのなかにはポロック公女ログネダとのあいだに生まれた長男ヤロスラフ、ヤロスラフより年長で、ウラジーミルに殺害されたヤロポルクの息子で、ウラジーミルの継子となっていたスヴャトポルクも含まれていた。

ウラジーミルが死去したとき、彼が望んだ後継者ボリスは、ペチェネーグへの遠征中であり、スヴャトポルクはキエフで事の推移を見守っており、ヤロスラフはノヴゴロドで軍勢を集めていた。ボリスは、スヴャトポルクの派遣した部隊によって殺害され、ムーロム公グレープも、帰国途中に、スヴャトポルクの従士に命令された料理人によって殺害された。なお、ボリスとグレープは、十一世紀にルーシ最初の聖人とされることになる。

スヴャトポルクは、弟の一人で、ドレヴリャーネ地方を治めていたスヴャトスラフも、ハンガリーに逃亡中に捕らえた。結局、キエフのスヴャトポルクにたいしてノヴゴロドのヤロスラフが挑戦することになり、両軍は、一〇一六年初冬、ドニエプル河畔のリューベチ近郊で遭遇した。この戦いでヤロスラフ軍が勝利し、スヴャトポルクはポーランドへ逃れた。ヤロスラフは、一〇一七年にキエフを占領し、神聖ローマ皇帝ハインリヒ二世(在位一〇〇二〜二四)と対ポーランド同盟を結んだ。

一〇一八年にスヴャトポルクは、ボレスワフ一世(在位九九二〜一〇二五)およびポーランド軍とともにキエフ・ルーシに戻ってきた。ヤロスラフはブグ河畔における戦いで敗北してノヴゴロドに逃れ、スヴャトポルクとポーランド軍がキエフを占領した。ポーランド守備隊がキエフ・ルーシの諸都市に配属されたが、ポーランド軍の乱暴、それにたいする住民の反抗、というなかで、ポーランド人にたいするキエフ市民の反乱が勃発した。ボレスワフ一世は、宮廷を包囲され、キエフから脱出することを決意した。ポーランド軍とともに、キエフ・ルーシ教会の高位聖職者、ウラジーミルの戦友であったギリシア人アナスタスも去った。

ヤロスラフは、ペチェネーグ人のもとに逃れたスヴャトポルクとアルタ川で戦った。ヤロスラフ軍が勝利して、スヴャトポルクはふたたびポーランドに逃れ、さらにボヘミアに移ろうとしたが、途中で死亡した。一〇一九年、ヤロスラフは、ふたたびキエフに入り、キエフ公となった。しかし、すぐさまキエフ・ルーシの統一を再建することに成功したわけではなかった。北部と南部の統合を果たしたとはいえ、これらの内紛は、キエフ・ルーシの統一がいまだ確たるものではないこと、地域によってはキエフからの分離傾向の強いことを示していた。事実、辺境部には、ログヴォロドの孫ブリャチスラフが支配するポロツクや、ウラジーミルとボヘミア女性とのあいだに生まれたムスチスラフがいるトムタラカニ公国など、キエフに従属しない地域が存在していた。

ムスチスラフは、内乱のあいだ、局外にいて、タマン半島における立場の強化をはかっていた。一〇二六年にヤロスラフとムスチスラフとの和議によって、ようやく、キエフ・ルーシには平和がおとずれた。この結果、キエフ・ルーシは二つに分けられた。セーヴェルスキー地方、チェルニゴフ、ペレヤスラヴリ、その他の都市を含むドニエプル川左岸は、ムスチスラフに帰属した。彼には、トムタラカニも残されていたが、チェルニゴフを駐在地とした。他方、ヤロスラフの支配領域は、キエフとドニエプル川右岸地域、ノヴゴロドを中心とする北部地域であった。しかし、その後、ムスチスラフが後継者を残さずに一〇三六年に死亡したことによって、ヤロスラフのもとにキエフ・ルーシの全版図が掌握された。

唯一の支配者となったヤロスラフは、父にならって大都市と地方に息子たちを派遣し、絶対的服従を要求した。ノヴゴロドには長子ウラジーミルを、彼の死後、次男イジャスラフを派遣した。スヴャトスラフをチェルニゴフに、フセヴォロドを強固な要塞となっていたペレヤスラヴリに派遣し、ロストフ、スモレンスク、ウラジーミル・ヴォルィンスキーにも息子たちを送り込んだ。同年、ヤロスラフ軍が大規模な攻撃を退けて以降、ペチェネーグ人の攻撃も事実上中止された。ヤロスラフは、一〇三七年、ペチェネーグにたいする勝利を記念して、戦闘のあった場所に聖ソフィヤ大聖堂を建立した。

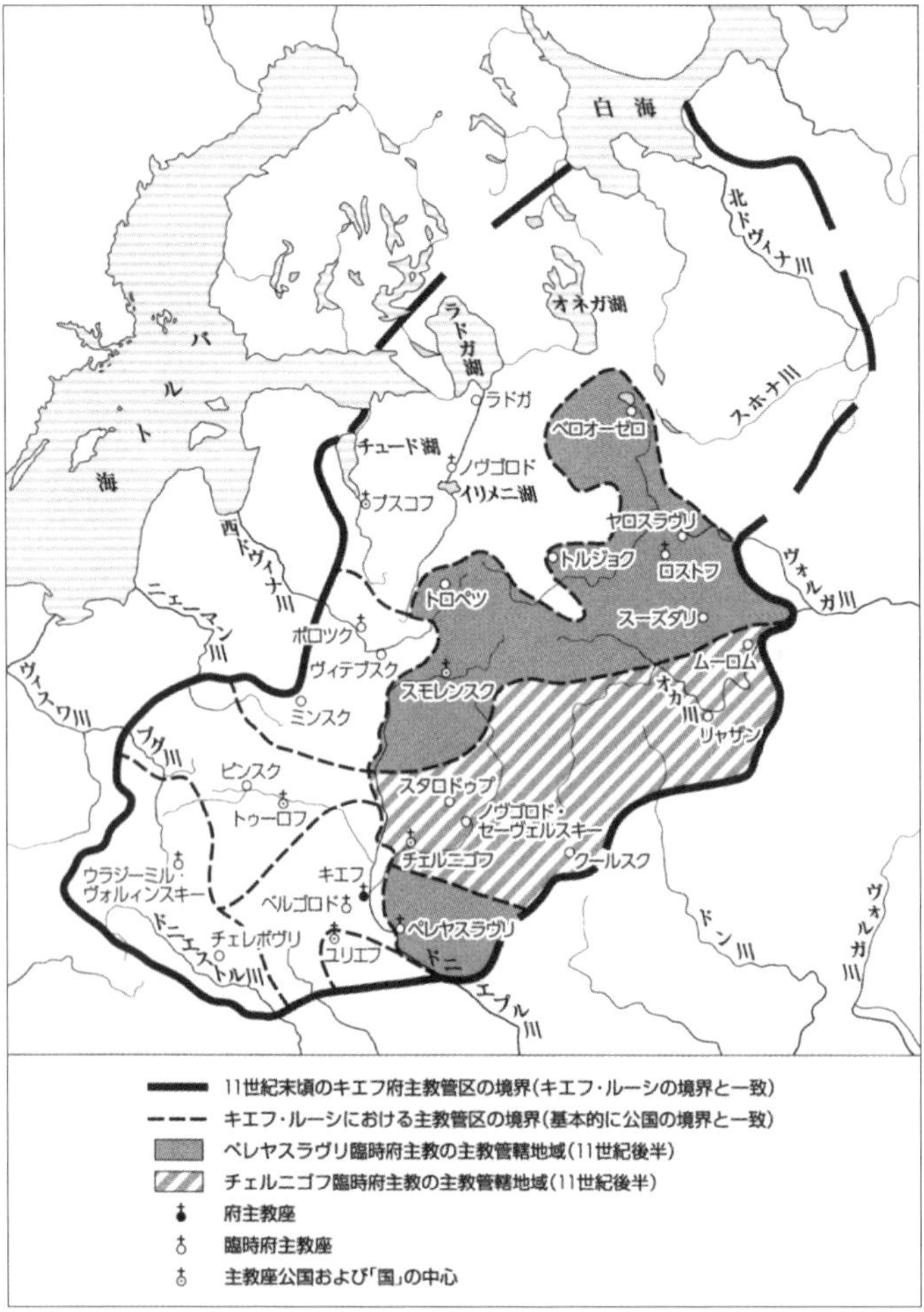

11世紀キエフ・ルーシの教会組織

教会もまたヤロスラフの治世に社会的比重を高めることになった。彼自身がこれを促進し、存命中に「賢公」という呼び名を獲得した。すなわち、修道院がいたるところにつくられ始め、一〇五〇年代初めにはペチェルスキー修道院が創設された。この修道院と関係のあるイラリオンは、『律法と恩寵についての講話』をはじめとする多くの著作を一〇四〇〜五〇年代に著しており、ヤロスラフの最初の教会法、すなわち教会裁判権の体系づくりにも関与している。彼は、一〇五一年ヤロスラフの支持を得て、コンスタンティノープル総主教から独立した、ルーシ人としても最初のキエフ府主教に選出された。

ヤロスラフによるキエフ・ルーシ統一事業は、このような教会組織の整備にとどまらず、年代記集成の編纂や、つぎに述べるキエフ・ルーシにおける最初の法集成などとも結びついており、彼の治世は、多くの面で転換点となったと思われる。

ルーシ法典

『過ぎし歳月の物語』は、一〇三七年の条で、ヤロスラフを称賛しつつ、ソロモンのことばを借用して、ヤロスラフの立法活動に言及しているものの、『ルーシ法典』そのものを記述しているわけではない。それにたいして、『ノヴゴロド第一年代記（新輯）』は、ヤロスラフが、一〇一六年にキエフ公位に就くに際して、彼を援助したノヴゴロドの人々に法を与え、その法に従って行動するように指示した、と伝えたあと、「ヤロスラフの法典」を記述している。

この『ルーシ法典』は、一七三八年にB・H・タチーシチェフによってその存在が確認されたもので、のちに簡素本と分類されたもののひとつであった。その後、十三世紀から十七世紀にかけて作成された一一二の写本が知られており、そのうち一〇二点が発見されている。『ルーシ法典』には「ヤロスラフの法典」一八カ条と「ヤロスラフの子らの法典」二五カ条からなる簡素本、簡素本を基礎に編纂された一二一条(「ヤロスラフの子らの法典の改定法典」五一カ条、「ウラジーミル・モノマフの法規」一五カ条、「その他の法令」五五カ条)からなる拡大本がある。また、拡大本とほかの史料を基礎に編纂された簡略本の存在も想定されている。

では、『ルーシ法典』は、『ノヴゴロド第一年代記(新輯)』が伝えるように、一〇一六年に編纂されたのだろうか。たしかに、簡素本『ルーシ法典』第一〇条および第一一条はヴァリャーグ人に関する条項を含んでいるが、ノヴゴロド人に直接関わる条項は存在していないし、ノヴゴロド人にとって有利となるような条項も存在していない。したがって、「ヤロスラフの法典」の条項を、この時期のヤロスラフの行動と直接結びつけることはできないと思われるが、一〇一六年ないし一〇一七年説も根強い。

この法典では、古くから存在していた慣習法との関係も考慮しなければならないであろう。そして、これがヤロスラフ一人の集成であること、規範は全国に適用されたものであることを考慮すると、一〇三六年のムスチスラフの死亡後という可能性もあるのではないだろうか。すでに慣習法については、十世紀のキエフ・ルーシとビザンツとの条約（九一一年および九四四年）のなかで「ルーシ法」が言及されている。これは、のちの『ルーシ法典』におさめられている。

簡素本『ルーシ法典』の第一九条以下の条項（「ヤロスラフの子らの法典」）の作成時期については、ヤロスラフの三人の息子、軍司令官コスニャティンを含むキエフの重要な高官たちが集まったときに、キエフ・ルーシの地に定められた法典である、という簡素本『ルーシ法典』第一八条に続く書き込みを根拠に、一〇六八年に始まる暴動終結後に出されたものであるとの見方がある。この場合、「ヤロスラフの子らの法典」の作成は、一〇六八〜七一年の事件と関連していることになる。

第二の見解は、「ヤロスラフの法典」の続きは、すでにヤロスラフの存命中に、すなわち一〇五四年以前に編纂されたものであると考える。これを示唆しているのが、ヤロスラフ自身によって定められたものとされている第四二条、すなわち人命金徴集者、公の罰金徴集者にたいする扶養内容を定めた規定である。ヤロスラフの子らの集会に関する書き込みについては、誤って法典に挿入されたものと理解される。

しかし第三の見解として、「ヤロスラフの子らの法典」の出現の時期については、大公ヤロスラフ自身の存命中に計画され、準備されつつあったが、完成したのは彼の死後という考え方もある。この見解では、法典のテキストのなかには、一〇六八年の事件は直接的には反映されていないことになる。

ただ、「ヤロスラフの子らの法典」が公の家産の保護を反映したものであると位置づける点では、一致している。すなわち、公の使用人（オグニシチャニン、チウン、村の長老など）に敵対する行為にたいして罰則と罰金を科している。同時に、住民全体について、その財産権および人格的安全が侵害された場合、法典は厳しく罰しており、一般化の傾向を示している。また、極端な状況ではなく、日常的な状況を念頭に置いて、秩序の維持、富裕な人々の所有権保護をめざしている。「ヤロスラフの子らの法典」は、もはや血讐《けっしゅう》権を反映した規定を含んでおらず、殺人は、ほとんどすべての場合、高額の人命金に代替されている。また、ホロープ（奴隷）を盗んだり隠匿したりすることにたいする罰則を特別に規定しているとはいえ、富裕な人々の権利のみを保護しているわけでもない。そこには、個々のキエフ・ルーシ住民の生存権と所有権を保護する条項も存在している。たとえば、スメルド（農民）あるいはホロープの殺害にたいして五グリヴナの罰金が科せられ、議論のある箇所ではあるが、スメルドの所有する馬を殺害した場合についても罰則が決められている。また、新しい訴訟手続法も導入され、証人および証言制度があらわれている。

以上の点と、一〇六〇年代末から七〇年代初頭にかけて続いた都市民の蜂起、ポロツク公のキエフ公位就任、キエフからの逃走などがみられたとはいえ、五四年から七二年まではヤロスラフの三人の息子によるキエフ・ルーシの共同統治が平和的に続いていたという点を考慮すると、簡素本中の「ヤロスラフの子らの法典」は、この時期、とりわけ五四年から六八年のあいだに編纂されたものと考えるのが妥当であると思われる。

5　キエフ・ルーシの拡大と分裂

キエフ・ルーシと周辺国家

ウラジーミル聖公の時代から、キエフ・ルーシの外交政策にあらたな方向、すなわち西方への拡大という方向が明確な形であらわれてきた。彼は、九八〇年までにはポーランドの支配下に入っていたと思われるヴォルィニ西部の町ペレムィシリ(プシェミシル)、チェルヴェンなどを九八一年に一時的に占領したが、その後、キエフ・ルーシはこれらの地域を十一世紀初頭までには領有することになった。

ヤロスラフも、父および祖父の外交政策を継続した。彼は、チュード湖西岸にキエフ・ルーシの支配権を確立して、国境をバルト海沿岸のほうに伸ばした。そして、一〇三〇年、そこに彼の洗礼名ゲオルギー(ユーリー)にちなんだユリエフ市(現在のエストニアのタルトゥ)を建設し、しばしばバルト系のヤトヴャギにたいする遠征を企てた。年代記には、リトアニアへの遠征も言及されている。彼は、バルト海への出口の確保、北西部国境の安全強化を意図していたと思われる。

一〇三〇年代には、神聖ローマ帝国とボヘミア、そしてバルト海沿岸のスラヴ諸族からの圧迫を受けて、キエフ・ルーシの支援を必要としていたポーランドとの同盟が、ポーランド王カジミェシュ一世（在位一〇二六〜五七）とヤロスラフの妹ドブロネガ（ドブログネヴァ、洗礼名はマリヤ）との結婚、ヤロスラフの次男イジャスラフとカジミェシュ一世の妹ゲルトゥルダとの結婚によって強化された。また、ヤロスラフは、スウェーデン王オーロヴ・シュートコヌング（在位九九五頃〜一〇二〇頃）の娘インギゲルド（イリナ）と再婚し、スウェーデンとも友好的な関係を結んでいた。彼の娘たちも、アンナはフランス王アンリ一世（在位一〇三一〜六〇）に、アナスタシーヤはハンガリー王エンドレ一世（在位一〇四六〜六一）に、エリザヴェータはノルウェー王ハーラル三世（在位一〇四七〜六六）にそれぞれ嫁いだ。アンナは、夫の死後、息子フィリップ一世（在位一〇六〇〜一一〇八）が幼少の折に摂政となり、エリザヴェータは、ハーラル三世がイングランド遠征で戦死したあと、デンマーク王スヴェン二世（在位一〇四七〜七四）と再婚するなど、ヨーロッパの政治と大きく関わることになった。

ビザンツとの関係は、コンスタンティノープルでのルーシ商人にたいする裁判に端を発して、ヤロスラフの時代に敵対的なものへと変化していたが、一〇四六年にあらたな条約が結ばれた。そして、両国の友好関係再開の象徴として、コンスタンティノス九世モノマコス（在位一〇四二〜五四）の娘とヤロスラフの四番目の息子フセヴォロドとの婚儀が一〇五二年におこなわれた。翌一〇五三年、二人のあいだに誕生した息子は、父方の祖父にちなんでウラジーミルと名づけられ、ヴァシーリーという洗礼名が与えられた。のちのキエフ大公であり、母方の祖父の呼び名をもらったウラジーミル・モノマフである。

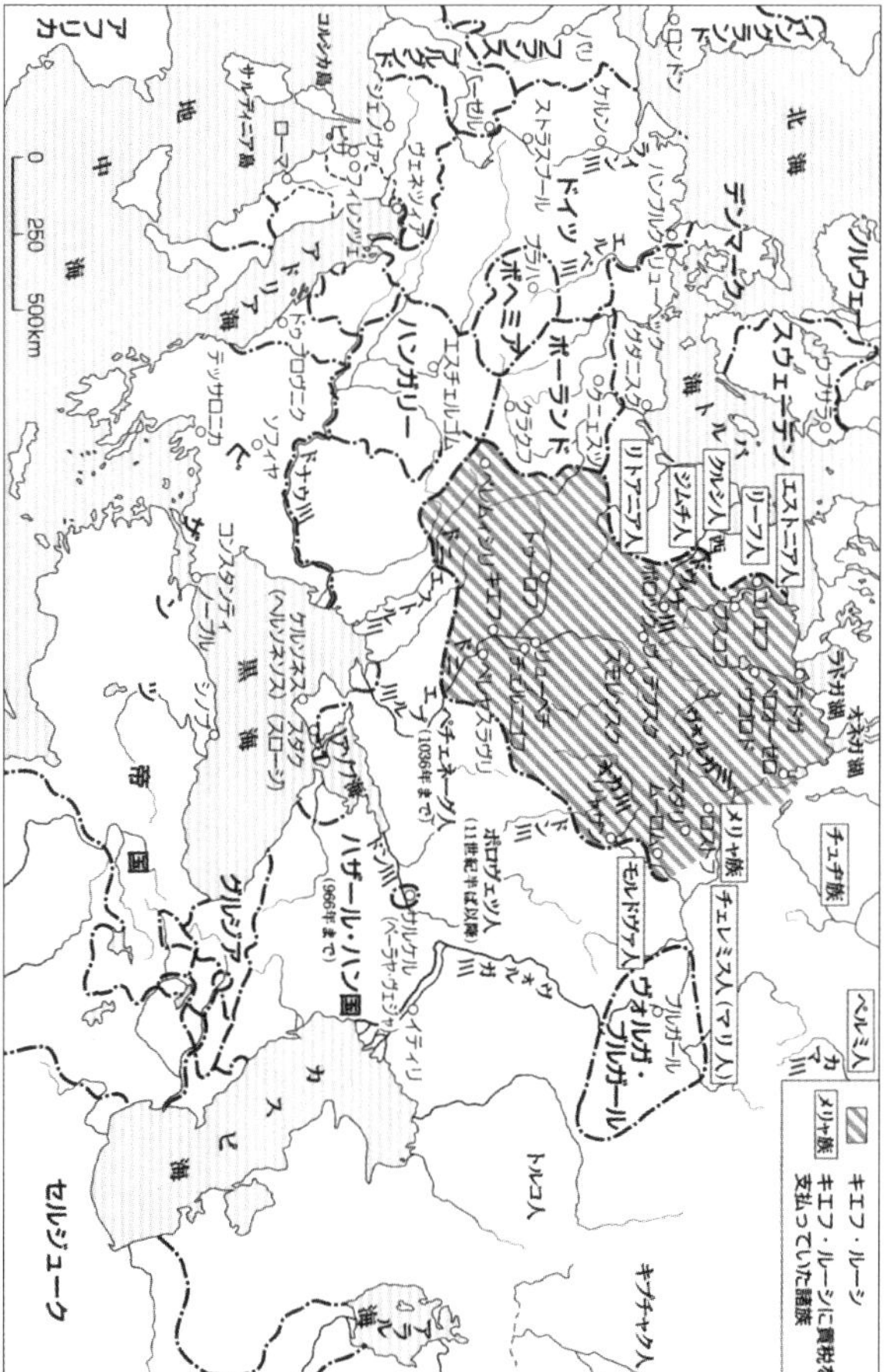

10～11世紀におけるキエフ・ルーシと近隣諸国（国境は11世紀半ばのもの）

北東への拡大

キエフ・ルーシの領域は、十一世紀初頭までに、ほぼつぎのような状況であった。すなわち、北部ではノヴゴロドの領域がフィンランド湾岸およびラドガ湖沿いにカレリア人の領域まで達し、北西部ではノヴゴロドおよびポロックの領域がネマン(ネムナス)川および西ドヴィナ川中流沿いにバルト諸族の領域と境界を接し、西部ではポーランドとの境界が西ブグ川中流沿いにあり、ドロギチン、ベレスチエ(ブレスト＝リトフスク)、チェルヴェン、ペレムィシリの線に沿って安定していた。さらに、国境線が南ブグ川、ドニエストル川、プルート川沿いに延びていた。この部分は、ポーランド王との取決めに基づいて国境が画定されるという不安定な要素をはらんでいた。

南部にはウラジーミル聖公がペチェネーグ人との戦いの際に基礎を敷いた町や要塞が存在していたが、ここは遊牧民との戦いが絶えず展開していた不確定な地域であった。ステップに居住する遊牧民は、チェルニゴフ地方にたいしても攻撃を加えていた。南東部および東部では、ドン川、セイム川、スラ川上流まで達し、さらに、ドン川上流からリャザンの森に行きあたった。北東部では、ヴャチチ族やフィン・ウゴル諸族が居住するオカ川、クリャジマ川、ヴォルガ川に挟まれた地域にはいり、ヴォルガ・ブルガールと国境を接していた。

この北東部へのスラヴ人の移動、植民は、ふたつの方向からおこなわれた。すなわち、ひとつは南西および西、つまりドニエプル川中流域から、もうひとつは北西、つまりノヴゴロド地方、ベロオーゼロ地方、ラドガ地方からであった。この北東地方は、北西地方と比較すれば気候は温暖であり、農業・牧畜業が発展する可能性を秘めていたし、うっそうとした森林も、獣皮の獲得、イチゴやキノコ類の採取、養蜂による蜂蜜や蜜蠟の獲得を可能とするものであった。また、南部とは異なり、外からの攻撃を受けず、西部のように、国境をめぐる争いもなかったことが、この地方への植民を一層推進することになったと思われる。この地方に存在する都市としては、すでに九世紀半ばにロストフとムーロムの名が知られていたが、十一世紀前半にはスーズダリが、後半にはヤロスラヴリ、リャザンなどが知られることになり、さらに十二世紀初頭にはクリャジマ河畔にウラジーミルが、またその後、ペレヤスラヴリ・ザレスキーがつくられた。そして、この北東部は、後述するように、ウラジーミル・モノマフ以後、彼の子や孫に父祖の地として継承されることによって、そののちの歴史に大きな役割を果たすことになった。

キエフ大公位と諸公国

ヤロスラフは、一〇五四年に、キエフ・ルーシを息子たちに分割して没した。イジャスラフ(在位一〇五四~六八、六九~七三、七七~七八)がキエフ大公(ノヴゴロド、ドレヴリャーネ族の故地トゥーロフをも含む)に、スヴャトスラフ(のちに大公、在位一〇七三~七六)がチェルニゴフ公(チェルニゴフはセヴェリャーネ族の故地。そのほか、リャザン、ムーロム、アゾフ海東岸のトムタラカニ)に、フセヴォロド(大公、在位一〇七八〜九三）がペレヤスラヴリ公（そのほか、ヴォルガ川上流域のロストフ、スーズダリ、ベロオーゼロ）に就いた。弟のうち、ヴャチスラフにスモレンスク、イーゴリにヴォルィニが与えられた。彼らはそれぞれの領域の支配者でもあり、キエフ・ルーシは細分化されることになった。

このときから、キエフ・ルーシは、キエフをはじめとする諸公国からなる国家、という様相を呈し始めることになった。この頂点に立っていたのはキエフ大公であり、しかも大公は、もはや諸公中の第一人者ではなく、自公国の支配者であった。ここに、一門のうちの年長者がキエフ大公となるという、年長制に基づく大公権の移管が、キエフ・ルーシの新しいシステムとしてつくり出された。しかし、このような公位継承方法は、大公が、自己の位を、兄弟にではなく、自分の長子に譲渡しようと努める傾向をもっていたため、重大な欠点を有していた。

そして、これらの諸公国の境界領域には、キエフにまだ完全には服属していないドレゴヴィチ族、ラジミチ族、クリヴィチ族などの古くからの諸族や、イジャスラフの支配下にありながら、依然として独自性を保持していたヴャチチ族などが存在していた。ウラジーミル・モノマフも、ヴャチチ族の長ホドトとその息子の抵抗に遭遇している。

一〇五四年以来、キエフ・ルーシでは平和な状況が続いていたが、七二年にスヴャトスラフとフセヴォロドがキエフ公イジャスラフに敵対したときに崩壊した。原因は、イジャスラフが、ルーシの単一の支配者となるため、ポロツクのフセスラフと同盟を結ぼうとしているとの噂に端を発するものであった。弟たちは従士とともにキエフに接近し、イジャスラフはポーランドに逃亡した。一〇七六年、スヴャトスラフが突然没したため、フセヴォロドが短期間権力を握ったが、彼は、イジャスラフにキエフをゆずり、チェルニゴフに退いた。二年後の一〇七八年に、チェルニゴフの公位を要求するオレーグが、ポロヴェツの支援を得て、フセヴォロドおよびイジャスラフに戦いを挑んだ。同年十月三日の戦闘でキエフ大公イジャスラフは没し、オレーグは南部へ逃れて、フセヴォロドがキエフの権力を握った。

フセヴォロドがキエフ大公として統治した一〇九三年までの一八年間、「フセヴォロド家」が、トムタラカニを除いて、キエフ・ルーシのほぼ全域を支配していた。彼は、オレーグの「父祖の地」(世襲領)チェルニゴフ統治のために、長男ウラジーミルを送り込んだ。

一〇九三年にフセヴォロドが没すると、ヤロスラフの孫たちの誰もが、すなわち、フセヴォロドの長子ウラジーミルも、スヴャトスラフの長子オレーグも、イジャスラフの長子スヴャトポルクも、いずれもキエフ公位に就く可能性を秘めていた。結局、キエフのスヴャトポルク、チェルニゴフのウラジーミル、トムタラカニのオレーグをそれぞれ長とする三つのグループが形成された。年長制に依拠して、キエフの貴族はスヴャトポルク(在位一〇九三〜一一一三)に公位を与え、ウラジーミルはチェルニゴフにとどまった。しかし、オレーグはヤロスラフの三番目の息子の息子であり、モノマフは四番目の息子の息子であったため、オレーグは、年長制に従って、チェルニゴフ公国とチェルニゴフの支配下にあるスモレンスク、ロストフ＝スーズダリの地、ベロオーゼロなどを要求する権利を有していた。

ウラジーミル・モノマフ

ウラジーミル・モノマフは、一〇九〇年代初めまでに、六六年のヘイスティングスでのノルマン人との戦闘で没した最後のアングロサクソン王ハロルドの娘ギータと結婚していた。

一〇九三年以降、キエフ・ルーシにとって大きな課題はポロヴェッとの戦いであった。モノマフは、彼らにたいする闘争にキエフ・ルーシの総力を結集しようとしたが、頼れるのはキエフだけであった。オレーグと彼の兄弟は、モノマフに敵対しつつ、自分たちの同盟者であるポロヴェツ人にたいする遠征に参加することを拒否していた。

しかし、一〇九七年、ヤロスラフ賢公の孫や曾孫である全キエフ・ルーシ諸公が、リューベチのモノマフのもとに集まった。会議の出席者は、キエフ公スヴャトポルク、ペレヤスラヴリ公ウラジーミル・モノマフ、オレーグ・スヴャトスラヴィチとダヴィド・スヴャトスラヴィチ兄弟、ウラジーミル・ヴォルィンスキー公ダヴィド・イーゴレヴィチ、ヴォルィニでダヴィド・イーゴレヴィチと敵対しているチェレボヴリ公ヴァシリコ・ロスチスラヴィチ、その他の諸公、彼らの貴族と従士などであった。公たちは、各自にそれぞれの父(ヤロスラフ賢公の子供たち)の地が確保されることで合意に達した。この合意は、キエフ・ルーシの政治的分裂の始まりを意味していると理解することもできるが、つぎに続くウラジーミル・モノマフ（在位一一一三〜二五）とムスチスラフ（在位一一二五〜三二）の時代に単一性を維持し、相対的に弱い大公（スヴャトポルク）の治世でもこの単一性が強化されたことも忘れてはならない。

ポロヴェツによるキエフ攻撃　1096年,『ラジヴィル年代記』の細密画。

一一〇一年には、ポロヴェツの提案によってサコフで指導的なキエフ・ルーシ諸公とポロヴェツのハンたちの会議が開催されて、あらたな和平が結ばれ、人質の交換がおこなわれた。しかし、それから一年の小休止を経て、ポロヴェツは攻撃に転じた。一一〇三年、キエフ・ルーシ諸公は、ドロプスク湖畔に集まり、ポロヴェツにたいする共同の遠征をおこなうことで合意した。キエフ・ルーシ軍の勝利の結果、ポロヴェツの襲撃は中止されたが、一一〇六年、ポロヴェツはふたたびあらわれた。一年後には、ボニャク＝シャルカン連合軍が、キエフおよびペレヤスラヴリ地方を荒廃させたのにたいして、キエフ・ルーシ諸公連合軍は、迎撃して、彼らをホロル川に追い散らした。そして、一一一一年、キエフ・ルーシはポロヴェッツにたいして大規模な遠征をおこなって平和関係を固めた。モノマフとオレーグは、この間に、息子ユーリーとスヴャトスラフをそれぞれポロヴェッツのハンの娘と結婚させた。

一一一三年四月十六日、大公スヴャトポルクが突然没すると、キエフ大公位をめぐって権力争いが開始された。ところが、千人長プチャータがオレーグらと連絡を取り、高利貸しの支持を得て、ポドル（手工業者居住区）を焼き払うなどの噂が流れて、キエフで暴動が起こった。府主教ニキーフォルの呼びかけで集まった貴族、古参従士、主教、修道院長たちは、暴動をしずめることができるのはモノマフだけで、彼をキエフに呼び寄せようということで一致したが、モノマフ自身がこの呼びかけに応じなかった。一方、暴動は拡大して、周辺の村落にも波及する勢いであった。債務者は利子の支払いを拒否して債権者に制裁を加え、ホロープは主人に服従しなくなった。ふたたび府主教がキエフの上層部を召集し、モノマフをキエフに招致する決議が採択された。急使がモノマフのもとに送られ、四月二十日、彼は、ペレヤスラヴリの従士を先頭に、キエフに入った。数日後、貴族たちとの会談のあと、「ウラジーミル・フセヴォロドヴィチの法規《ウスタフ》」が発せられた。それ以降、借金にたいする計算方法が変更され、スメルド、リャドヴィチ（契約隷属民）、ホロープの境遇を緩和する条項も盛り込まれ、ホロープの源泉も明確に規定された。

キエフ大公となったモノマフは、息子たちをノヴゴロド、スモレンスク、ロストフ、スーズダリに配置し、ヴォルィニで統治していた甥ヤロスラフの反乱を鎮圧した。また、ロストフに配された息子イジャスラフがオレーグの派遣した市長官をムーロムから追放した結果、北東ルーシ全体がウラジーミル・モノマフのもとに統合された。また、フセスラフの後裔が居続けるポロツク公国にも攻撃を加えた。モノマフは、ポロヴェツにたいしても一一一六年に大規模な遠征を組織した。さらに、バルカン政策を継承して、南部に軍隊を派遣した。これにたいして、ビザンツが彼に贈りものを送り、皇帝の息子とモノマフの孫娘との結婚を提案したため、軍隊は呼び戻された。

　モノマフは、文化の建設と発展にも注意を払った。新しい年代記集成に着手したが、編者は、父の建立したミハイル・ヴィドゥビツキー修道院の院長シリヴェストルであった。この年代記は、のちに第二編集本(ラヴレンチー本)と称され、着手してから三年後の一一一六年には完了したが、それに先行して、スヴャトポルクの治世にペチェルスキー修道院の修道士ネストルによって編纂・執筆された『過ぎし歳月の物語』が存在する(第一編集本)。ただ、年代記そのものがそれまでに作成されていなかったということではなく、すでに、少なくともキエフやノヴゴロドでは年代記の執筆・編纂がおこなわれており、ネストルは、それらを基礎に編纂・執筆したものと思われる。モノマフ自身も、晩年、有名な『子らへの教訓《パウチェニエ》』を著したが、モノマフの息子ムスチスラフも第三編集本(イパチー本)の作成に関与している。

　モノマフが一一二五年五月十九日に没すると、年上の叔父、従兄弟などが存命中であったにもかかわらず、年長制に反して、彼の長子ムスチスラフが公位に就いた。ムスチスラフは、兄弟たちにその領地を保証した。そのなかで、もっとも活動的であったヤロポルクとユーリーは、それぞれペレヤスラヴリ（ルースキー）とロストフの公位に就いた。モノマフの滞在時からペレヤスラヴリは、政治的にキエフ・ルーシの第二の都市となっていた。ムスチスラフは、息子のうち長子フセヴォロドをノヴゴロドに配し、イジャスラフにスモレンスクを与えた。ポロツクとチェルニゴフだけが、モノマフの「父祖の地」に入らなかった。しかし、ムスチスラフは、ポロツクを占領して市長官を派遣し、チェルニゴフについてはオレーグの兄弟ヤロスラフが健在であったにもかかわらず、オレーグの息子フセヴォロドに与えた。

ウラジーミル・モノマフの子ムスチスラフの治世（一一二五〜三二年）には、まだキエフ大公国の一体性は保たれているようにみえた。しかし、ムスチスラフの弟、大公ヤロポルクが世を去ると（一一三九年）、この一体性は急速に失われるにいたった。それをあらわす一つの象徴が、大公位をめぐる争いの激化である。この時期、ムスチスラフの子イジャスラフのヴォルィニ公国と、同じくムスチスラフの子ロスチスラフのスモレンスク公国が、またムスチスラフの弟、ユーリー・ドルゴルーキーのウラジーミル・スーズダリ公国、さらには一時大公位への競争から排除されていたオレーグ・スヴャトスラヴィチ公の子孫らのチェルニゴフ公国が、激しく争いながら、大公国の支配権を求めて争ったのである。一一六九年、アンドレイ・ボゴリュプスキー公が送ったウラジーミル公国軍がキエフを攻略し、二日間にわたって全市を略奪したのはその一例である。このあとアンドレイ公はキエフに座することなく、自国にとどまったまま全ルーシに号令をかけようとしたが、それはキエフの権威の低下を物語る象徴的な出来事であった。また、この時期の大公位争いにおいて各公国がつぎ込む兵力は以前に比してますます大規模となり、ポロヴェツ人などの遊牧民もしばしば戦闘に巻き込まれ、その結果もたらされる被害も甚大になった。

もっとも、モノマフとその子らの治世ののち、キエフ国家がひたすら衰退に向かったと考えるとしたら、それは正しくない。というのも、こうした見方は、それ以前のキエフ国家が強力で繁栄していたとする、必ずしも正しくない前提に立っているからである。この時期、キエフ大公国は統一を失い、解体に向かった、とするのがこれまでの一般的な見方であるが、これはたとえば、外敵からルーシを守るために諸公に内紛を止め、統一と団結を呼びかけたとされる『イーゴリ遠征物語』などの見方にあまりに強く影響されたものといわなければならない。あるいは、十三世紀になってルーシはモンゴル軍によりあえなく征服されてしまうが、こうしたその後の歴史的な経過も、このような見方を一般的なものにしたひとつの原因と考えられる。たしかに十二世紀のキエフ社会は政治的には分立状態を迎えるが、むしろそれは、キエフ以外の諸地方・地域が発展したからであり、社会全体としては、多元的・多中心的な性格を帯び始めたととらえられるべきであろう。

第二章

諸公国分立の時代

1　諸公国の分立

地方の発展

前章で示されたように、キエフ国家はそもそも中央権力を核とする強力な統一国家であったわけではないが、それでも十二世紀に入るころまではキエフを中心とする緩やかなまとまりを保っていた。しかしそのころから諸地方、諸公国の自立的な発展が顕著になり、十二世紀も後半になると政治的な分立状態は誰の目にも明らかなものとなってくる。この時代はかつてソヴィエトの研究者によって封建的分立の時代と呼ばれた。封建制が一層進展したと考えられたのである。また帝政期の歴史家はこれをよく分領制の時代と呼んだ。諸公が元来国家の一部にすぎなかった自己の仮の支配地を家産として永続的に支配しようとした時代ととらえたのである。ただ前者の場合、封建制の理解の点で問題が

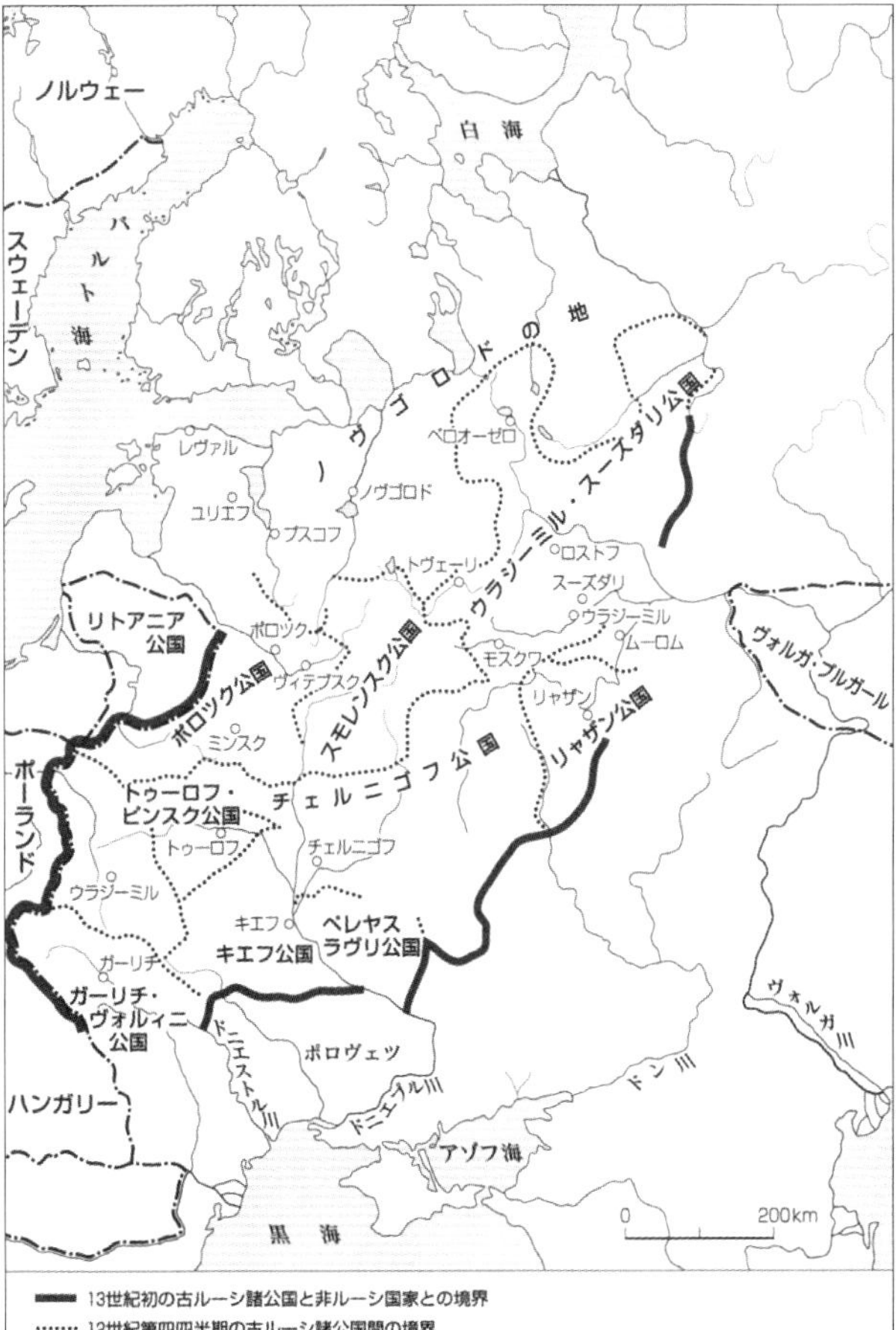

12〜13世紀初めのルーシ　N. I. パヴレンコ, V. B. コブリン, V. A. フョードロフ『ソ連邦史――最古から1861年まで』(モスクワ, 1989年)より作成。

あるし、後者にあっては、政治的側面のみが過度に強調されるきらいがあった。

もっともこの時代の最大の特徴が政治的分裂にあったことは事実である。キエフ国家は諸地方＝諸公国に分かれただけでなく、その諸公国がそれぞれの内部でさらに分裂を重ねる傾向を示した。こうして十二世紀中ごろには一五、十三世紀初頭には五〇、そして十四世紀には二五〇もの公国が存在するにいたったと数える研究者もいる。このような状態はやがてウラジーミル大公国の一分領国であったモスクワ公国がしだいに成長し、北東ルーシを統一してさらに強大化する様相を示すにいたる十五世紀後半まで続くことになる。以下にはモンゴル人がルーシに侵入する直前の、十三世紀初頭のルーシの状況を、三つの地域を例にみていくことにする。

ウラジーミル・スーズダリ地方

ヴォルガ川とオカ川に挟まれた森林地帯に位置するこの地方は、十三世紀初頭のルーシにおいてもっとも有力な政治的中心であった。この地域にはもともとフィン・ウゴル系諸族（西部にはバルト系諸族も）が住んでいたが、九〜十世紀には北西および西方からスラヴ諸族が進出し始め、十一〜十二世紀になるとドニエプル川流域地方からも植民の波が押し寄せるようになった。当初はロストフが中心であったが、やがてスーズダリ、ついでクリャジマ河畔のウラジーミルが有力となった。この地域はステップからの外敵に悩まされることも少なく、気候や土壌も比較的安定した農業生産を保障するものであったので、順調に発展した。

この地はヤロスラフ賢公の子フセヴォロドの領国となって以来、その子孫の手にとどまるが、とくに発展するのはウラジーミル・モノマフの子ユーリー・ドルゴルーキーがその公となって以来である。とりわけユーリーの子アンドレイ・ボゴリュプスキーとフセヴォロド大巣《だいす》公のときに大きく発展した。二人は、自らキエフ大公位を求めて南ルーシの政治に介入した父とは違って、自領地に腰を据えてその経営に励み、自国の強化に努めた。しかしウラジーミル大公を名乗ったフセヴォロドの死後、その子らのあいだで公位継承争いが起こり、結局一二一八年にユーリー・フセヴォロドヴィチが大公となるが、そのときには大公国はいくつかの公国に分裂する兆しを示し、大公権力も限定されたものとなった。

この地方では公権が最初から強力であったとよくいわれる。たしかに公と従士団との関係はキエフ地方などの場合と違ってはっきりと君主と家臣の関係に近くなっている。アンドレイ公などは自ら「専制君主《サモヴラスチェツ》」たらんと欲したといわれている。しかしそのアンドレイが反対派の貴族らによって暗殺されたように、公の権力がすでに強力であったと過大にみることは慎まなければならない。この段階ではこの地方でも貴族と都市民の勢力を無視することはできないのである。

ガーリチ・ヴォルィニ地方

ルーシの南西端に位置するのがこの地方である。ガーリチはカルパチア山脈沿いに、ヴォルィニはその北東に位置する。両地方は土地も肥え気候も温暖であるため、農業生産力も高く、塩業などの産業、商業も盛んで、早くから貴族層の力が強く、都市も発達した。

当初両地方は政治的に別々の歩みを辿った。十世紀の末にウラジーミル一世(聖公)の一子フセヴォロドの手に入ったウラジーミル・ヴォルィニ公国は、しばらくのあいだ大公が任命するさまざまな家門の公が位に就いたが、一一三四年ウラジーミル・モノマフの孫イジャスラフ・ムスチスラヴィチが公となるにおよんで、ようやく一定の家門をもつ公国となった。

他方ガーリチ地方は当初はヤロスラフ賢公の一子ウラジーミルとその子ロスチスラフの領土の一部を構成するにすぎなかった。これが独自の公を得てキエフから独立するのは、ウラジーミル・ヴォロダレヴィチの治世(一一四一～五二年)である。そしてその子ヤロスラフ・オスモムィスルのときガーリチの勢力はとくに強まった。ただその治世は、貴族が反ヤロスラフの立場で公権に公然と対抗し、政治が混乱した時期でもあった。

ガーリチのこうした混乱を利用するかたちで一一九九年、ヴォルィニ公のロマン・ムスチスラヴィチがガーリチをも手にいれ、両国は統一された。もっとも統一国家に安定はみられなかった。一二〇五年ロマンがポーランド遠征に際し戦死すると、残された後継者ダニールが四歳であったため、貴族

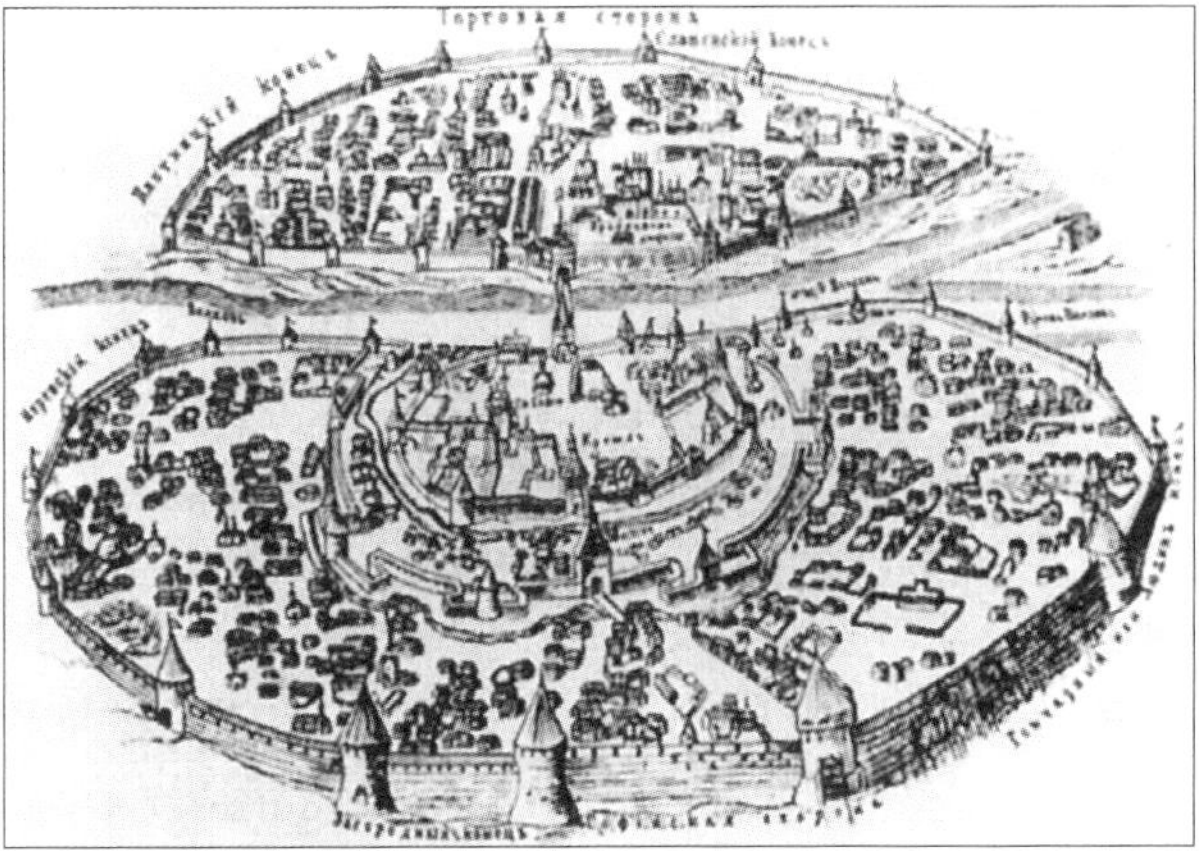

ノヴゴロド　これは16世紀当時の様子。17世紀のイコンからの転写。

らが権力を握った。その後この地へ呼ばれたノヴゴロド・セーヴェルスキー諸公と貴族らとのあいだに激しい権力争いが起きる。これにハンガリー、ポーランド、ポロヴェツ、それにほかのルーシ諸公が介入する。ダニール公が貴族を何とかおさえ、支配権を確立したのは一二三八年のことであった。彼はやがてキエフをも獲得し、当時のルーシでもっとも勢いある公となったが、そのときモンゴルが侵入してきた。

ノヴゴロド

北方の都市ノヴゴロドとそのバルト海からウラル山脈におよぶ広大な支配領域は、他地域とは異なる特徴をもっていた。そこには公はいたが、代々統治する公家というものはなく、公は諸地方から招聘《しょうへい》され、外在的、二義的な存在にすぎなかった。最初はキエフ大公がここに公(代官)を送っていたが、やがてノヴゴロド自体が公を招くようになった。一〇九五〜一三〇四年の二〇〇年余りのあいだに約四〇人の公がスーズダリ、スモレンスク、チェルニゴフから招かれてきた。なかには複数回公位に就いた者もいて、公位交代はこの間五八回におよんだ。ノヴゴロドは公招聘にあたって彼らと約定《リャド》を結び、彼らの恣意《しい》的な権力の行使を予防した。ノヴゴロドにとって公はとりわけ軍事指導者としてなくてはならない存在ではあったが、都合の悪い公はしばしば追放された。

こうした共和制的な体制は十一世紀末からしだいに形成されてくるが、その中心は民会であった。民会はほかの都市にもみられたが、ノヴゴロドでとくに発達した。それは公の任免、市長・大主教・千人長などの要職の選出、戦争と平和の決定、条約の締結、土地や特権の付与、法律の採択などをおこなった。民会の性格については見解が分かれている。ひとつの見方によれば、民会はすべての自由民(成人男子)が出席する人民権力機関である。ほかの見方では、それは貴族や大地主、富裕市民らの集会にすぎなかった。民会にはその象徴として民会の鐘があり、招集に際してはその鐘をつきならして多くの人に知らせたので、参会者をごく一部にのみ限定することにはやや疑問もあるが、非常時は別にして、民会を含む都市の行政機構を大土地領主でもある貴族らが実質的に支配する傾向があったことは否定できない。

民会を中心とする共和体制を可能としたのは、商手工業の発達、それに基づく市民層の成長であった。ノヴゴロドは早くからバルト海と黒海、北東ルーシ、中央アジア方面とを結ぶ貿易で栄えた。とくにバルト海方面との貿易は活発で、ノヴゴロドにはスウェーデン、デンマーク、ハンザのリューベックから多くの商人がおとずれた。輸出されたのはおもに毛皮や蜜蠟《みつろう》などの森の産物で、輸入されたのは琥珀《こはく》、ラシャ、装飾品などの奢侈《しゃし》品、また十三世紀には塩も輸入された。市民層の成長はこの地で大量に発掘されている白樺文書からもうかがえる。それは一般の市民に想像以上に読み書きの能力があったことを示している。

2　モンゴルの侵入とルーシ支配

バトゥ軍のルーシ侵入

このころはるか東方で大きな変化が起こっていた。チンギス・ハンによるモンゴル高原諸族の統一と大帝国の建設である。モンゴル軍がはじめてルーシに姿をあらわしたのは一二二三年のことであったが、西方への本格的遠征は第二代カアンのウゲデイ(オゴタイ)のときにおこなわれた。チンギス・ハンの孫バトゥを総指揮官とする西方遠征軍は、一二三六年ヴォルガ・ブルガールを屈服させ、翌年末にはルーシのリャザン公国に攻め入った。その後モンゴル軍は北上し、当時いまだ辺境の町にすぎなかったモスクワを攻略してウラジーミル大公国の首都に迫った。それは一二三八年二月八日に陥落した。援軍を求めて北方へ去っていた大公ユーリーも、三月四日のシチ河畔の戦いで敗死した。モンゴル軍はいくつもの部隊に分かれて北東ルーシ各地を襲い、多くの都市を攻略して（もっともノヴゴロド方面は襲撃を免れた）、六月、南方ステップ地帯へ去った。ロシア人も果敢に戦ったが、モンゴル軍による破壊を阻むことはできなかった。

モンゴル軍の活動は続いた。一二四〇年の秋、彼らはふたたび大規模な行動に出た。今回彼らはドニエプル川を西へ渡り、町や砦を攻略しながら北上しキエフへ向かった。キエフは堅固な城壁に囲まれていたが、攻囲後九日（あるいは二カ月半という記述もある）にして陥落した。このときキエフは徹底的に破壊された。数年後、ここを通った教皇使節のプラノ・カルピニは、二〇〇戸しか人家が残っていないと伝えている。ソヴィエトのウクライナ系歴史家トロチコも、五万人を数えた人口が二〇〇〇人に減ったと推測している。

この後モンゴル軍は西進し、ヴォルィニとガーリチを席捲し、さらにポーランドとともにハンガリーに進んだ。しかし彼らはアドリア海沿岸にまで達したあと、突如兵を返し、東方へ去った（一二四二年三月）。この遠征中止の理由は、ウゲデイ・カアン崩御の知らせを受けたバトゥが、モンゴル本国での次期皇帝選出をめぐる政争に何らかの役割を果たそうと望んだことにあると考えられるが、長期の遠征の結果、軍が消耗していたこと、またハンガリー以西の地に十分な放牧地が存在せず、モンゴル人もこれ以上の遠征に熱意を失ったこと、などの要素も考慮すべきである。ロシアの歴史家は時に、ロシア人の英雄的な戦いがモンゴル軍を衰弱させ、ヨーロッパをその脅威から救ったと主張する。戦ったのがロシア人だけでなかったにせよ、結果的にはそういうこともいえるかもしれない。

バトゥ軍の侵入がルーシに大きな被害をもたらしたことは疑いない。だがそれがどの程度のものであったかについては、明らかにしがたい。歴史家によっても大きな見解の相違がある。侵入とその後の支配こそがロシアを後進的な国家にしたと被害の程度を強調する者もいれば、モンゴルをもっぱら破壊者、殺戮者《さつりく》とみるのは偏見で、実際にはそうでもなかったこと、それどころか軍事、財政、行政面では多大の影響を与えたことを指摘する者もいる。たしかにモンゴルがルーシ全土を破壊しつくしたとか、ロシア史の否定的な側面はすべてモンゴルのせいだとかするような議論は、慎まなければならない。ただモンゴル軍の進軍路にあった町や村の多くは破壊され、住民が殺害され、拉致され、家を捨てて逃げなければならなかったこと、生産、とくに手工業生産がその後に長く停滞し、石造建築なども半世紀以上にわたって途絶えたこと、などは事実として指摘しておくべきであろう。このとき集落数が大幅に減少したことを史料を駆使して推計した研究者もいる。

キプチャク・ハン国の成立

遠征を中止して軍を返したバトゥはモンゴル高原へは戻らず、ヴォルガ川下流域にとどまり、サライを首都として一帯を支配することになった。父ジョチがチンギス・ハンから授けられた所領という意味でジョチ・ウルス、またロシアではオルダー、のちにゾロターヤ・オルダー（黄金のオルダー）と呼ばれた国である。キプチャク（ポロヴェッツ）草原にちなんで、キプチャク・ハン国とも称される。またロシアでは、この国のモンゴル人やその支配下のチュルク系の人々を指して、タタールと呼ぶのが一般的になるが、この語は元来はモンゴルの一部族である韃靼《だったん》からきたものである。キプチャク・ハン国の領土はヴォルガ川下流域を中心に、旧ヴォルガ・ブルガール領、キプチャク草原、クリミア、北カフカース、西シベリア、北ホラズムを含んでいた。

民族的には、支配階級はモンゴル人であったが（とくにハンはチンギス・ハンの直系であった）、その数は少なく、支配下の定住諸民族を除けば、大部分はチュルク系遊牧民からなっていた。モンゴル支配層もまもなく彼らに同化された。

当初キプチャク・ハン国はモンゴル帝国の一部をなしていた。それゆえルーシ諸公はサライのハンのもとに伺候するとともに、しばしばカラコルムへも出かけ、大カアンにも臣従の礼をとった。また最初のころルーシにおける徴税作業はカラコルムから派遣された役人によっておこなわれた可能性がある。しかし一二六〇年代以降、キプチャク・ハン国はしだいに帝国から自立する。

ハン国の国制の基本はモンゴル帝国のそれであった。ただ黒海・カスピ海方面での長い歴史のあいだに独自の制度ができ上がってきた。とくに十四世紀のイスラム化のあと、イランのディワーン制などイスラム世界の諸制度が入ってくる。クリルタイも四人のカラチ・ベイの出席する国政会議に取ってかわられる。またカーディ（下級裁判官）やムフティ（法律顧問）などムスリムの制度があらわれる。文書行政に基づく官僚機構が、あらたに成立した都市を中心に発達した。上層階級はしだいに定住化の傾向をみせた。

ハン国は東欧、中東、中央アジアの諸国と活発な外交を展開した。その主たる関心は南方アゼルバイジャンの豊かな草原と交易路の確保であった。ここはイル・ハン国の支配下にあったので、キプチャク・ハン国はこれとの対抗上、マムルーク朝エジプトに接近した。ハン国からマムルーク朝への外交使節は大きなもので五〇回を数えた。

ルーシがハン国の支配構造全体のなかに占める比重はけっして小さくなかったが、過大に評価することは許されない。かつてルーシがなぜハン国によって直接統治されなかったのかが問われたとき、遊牧民であるモンゴルが農業地帯のルーシを支配することができなかったとか、ロシア人の抵抗の強さがモンゴル人をしりごみさせたとか、答えられることが多かった。これらはもちろん誤りとはいえない。ただ遊牧民のモンゴルが寒い森林のルーシに移り住み、それを直接統治する魅力と必要性を感じなかったという側面もあるのである。

ハン国の政治的枠組みは基本的にはバトゥ（一二五五年頃没）とベルケ（一二六六年没）の時代につくられたが、一二七〇年代から軍事指導者のノガイがクリミアからバルカンにかけて勢力を張ると、それは分裂の危機を迎える。しかし十四世紀に入ってこれを克服し、ウズベク、ジャニベク両ハンのときに、最盛期を迎える。ウズベクはイスラムを国教とし、首都を新サライ(現ヴォルゴグラード付近)に移し、マムルーク朝との結びつきを強め、交易を盛んにした。一三六〇年代になるとヴォルガ以西の地に軍事指導者のママイがあらわれて、ヴォルガ以東のハンに対立し、ハン国は事実上二分される。一三八〇年代にトクタムィシ・ハン、十五世紀初めにエディゲイが出て、ハン国は一時再統一されるが(もっともすでに十四世紀末には中央アジアのティムールがハン国を攻め、大きな被害を与えていた)、その後は分裂が決定的になり、大オルダー、シベリア、クリミア、カザン、アストラハン、ノガイ・オルダーなどの諸ハン国がならび立つようになった。このようなハン国の衰退傾向のなかで、十四世紀後半からルーシ独立の動きがあらわれてくるのである。

3　北西ルーシの危機とアレクサンドル・ネフスキー

北西ルーシを取り巻く情勢

モンゴルが南東方面からルーシを襲ったころ、北西方面からも脅威が迫りつつあった。スウェーデン人、デーン人、ドイツ人、リトアニア人からの脅威である。そのうちスウェーデン人はすでに十二世紀から、フィンランド湾岸地域やカレリアとそのフィン系諸種族への支配権をめぐってノヴゴロドと対立していたが、一二四〇年七月にはその一隊がネヴァ川方面へ進出してきた。当時のノヴゴロド公はウラジーミル大公ヤロスラフの子アレクサンドルであったが、彼はネヴア川に急行し、これを撃破した。この勝利はその後のロシアの民族意識の高まりとともに高く評価され、アレクサンドルはやがてネフスキー(「ネヴァ川の」の意)と呼ばれ、英雄として称えられるようになった。

脅威はドイツ人からもやってきた。ドイツ人はすでに十二世紀末からバルト系諸族の住むリヴォニア地方に進出を開始し、一二〇一年にはリガを建設、翌年にはリガ司教の指導下に帯剣騎士団(修道会)を組織し、この地方の異教徒の征服・教化をはかっていた。一二三六年に彼らはリトアニア人と戦って敗れたあと、翌年北ポーランドのドイツ騎士団(修道会)と合同し、一大勢力となった。騎士団とノヴゴロドはすでに一二一〇年代から衝突していたが、一二四二年四月にはチュード湖上で激突し、アレクサンドルの率いるルーシ軍が勝利した(「氷上の戦い」)。『ノヴゴロド第一年代記(古輯)』は、このとき騎士団は四〇〇人の戦死者、五〇人の捕虜を出し、無数のチュジ(エストニア)人を失ったと伝える。ここから、のちの歴史家はこれをロシア人のドイツ人にたいする大勝利ととらえてきたが、当時騎士団が戦場に送ることのできる騎士は一〇〇人をこえなかったこと、リヴォニアの年代記は二〇人が倒れ、六人が捕虜となったと伝えるにすぎないことを指摘して、過大評価を戒める研究者もいる。

これに劣らぬ脅威がリトアニア人からもやってきた。ネムナス(ネマン)川沿いにいたバルト系のリトアニア人は、すでに十二世紀末には膨張の気配をみせていたが、一二三〇年代になってミンダウガス(ミンドフク)のもとで統一されてくると、ルーシ方面に向かっても攻勢に出るようになった。アレクサンドル・ネフスキーはスモレンスクとノヴゴロドへのリトアニア人の攻撃は撃退したが、ポロツクやトゥーロフ公国西部への、その進出を阻むことはできなかった。リトアニアはやがてポーランドとともに西南ルーシ地方に進出を始めるが、それが本格化するのは十四世紀になってからのことである。

アレクサンドル・ネフスキー

以上のように、アレクサンドルは最初ノヴゴロド公として西方からの攻撃に抗して北西ルーシ領の防衛に力をつくした。しかしその間、南・東方ではモンゴルの侵入が起こっていた。アレクサンドルはこのあと一二五二年にウラジーミル大公となり、北東ルーシに君臨するが、モンゴル支配という現実をどのように受け止めたのであろうか。もっともこのように問うたとしても、彼の前にある選択肢はあまり多くはなかった。モンゴルの圧倒的な支配にたいしては、彼といえどもこれを甘受する以外には方法がなかったからである。

アレクサンドルのモンゴルにたいする恭順な態度は、つぎのような事実にあらわれていた。まず彼はおそらく五度もサライに赴いて(うち一度はそこからさらにカラコルムへ向かった)、ハンに臣従を誓っている。つぎに、モンゴルが一二五七年に北東ルーシにおいて課税のための戸口調査をおこなおうとしたとき、ノヴゴロドで「混乱」が起きる。ノヴゴロドはバトゥの侵入の際にも直接攻撃されたことはなく、市民の誇りも高かったので、モンゴル支配そのものは受け入れたにせよ、全面的な課税と戸口調査には、とくに下層民のあいだでは反発が強かったのである。このときアレクサンドルは自ら軍を率いてモンゴルの調査人に同行し、調査を実施させようとしている。その際、実際にはこれを強行することはできなかったが、混乱を助長させたわが子ヴァシーリーを捕らえ、その側近やノヴゴロド市民を厳しく罰している。彼は一二五九年にも自らノヴゴロドに赴き、今度は反抗をおさえて調査を実現させている。

アレクサンドル・ネフスキー　モスクワ・クレムリンのアルハンゲリスキー聖堂内の壁画。17世紀のもの。

アレクサンドルのこのような対モンゴル恭順策は、多くの場合、当時のルーシが置かれていた困難な状況にかんがみ、やむを得ぬものであったと考えられている。それどころか、強大なモンゴルとむやみに争わず、ルーシがこうむる被害を最小限にくい止めた賢明な政策として評価されている。時にはアレクサンドルがモンゴルにたいして卑屈にではなく、毅然とした態度で接したことが主張される。

さらに西方の敵のほうが、その「侵略的」宗教（カトリック）と「領土的野心」のゆえに、ルーシにとってより悪質であることを説いて、これと断固戦う一方、「宗教的には寛容」で、「領土的野心をもたぬ」モンゴルと同盟を結んだアレクサンドルの先見の明を説く歴史家もいるほどである。果たしてこうした見方は正しいのだろうか。

アレクサンドルには、モンゴルにやむを得ず服従したというよりは、むしろ積極的にハンの権威を利用しようとしたと考えられる側面がある。彼が大公位を得たときの状況がそうである。それまでは弟のアンドレイが大公であった。アンドレイとアレクサンドルは一二四八年ともにサライ、さらにカラコルムに行き、そこでアレクサンドルはキエフと全ルーシの大公に、アンドレイはウラジーミル大公に任じられたのであった。アレクサンドルはこの決定には不満だった。キエフはかつては全ルーシの中心であったが、バトゥ侵入後その権威は落ちていたからである。事実アレクサンドルはキエフには行かず、ノヴゴロドを本拠地としたのであった。一二五二年彼はサライに赴き、ウラジーミル大公位への勅許状《ヤルルイク》を得る。彼のサライへの出立後しばらくして、ハン国から北東ルーシと南西ルーシに向けて二つの軍が差し向けられる。そのうち皇子ネヴリュイの率いるモンゴル軍はアンドレイの軍を打ち破り、北東ルーシを荒らして引き上げた。アンドレイはスウェーデンへ逃げ、アレクサンドルが帰国して大公位に就く。彼はハン国でアンドレイのことを告発し、ハン国の軍事力を利用して大公位を手に入れた可能性があるのである。

4　「タタールのくびき」とルーシ

「タタールのくびき」

モンゴルのルーシ支配は十五世紀後半までの二百数十年間続いたものと考えられる。ロシア史ではこの支配を「タタールのくびき」と呼んでいる。「くびき」というのは、いうまでもなくロシア人がこの時代を不幸な時代ととらえていることを示している。「くびき」などなかったと主張する研究者もいて、タタール支配の実態の解明が要請されているが、多くのロシア人がそれを「くびき」ととらえていたことは事実である。

キプチャク・ハン国のルーシ支配は間接統治という形態をとった。モンゴル人はルーシに住みつき、直接ロシア人を統治するということはしなかった。ハンは基本的にはルーシ諸公を廃さず、彼らを通じて統治したのである。それでもルーシがハン国に服属していたことの第一の証拠は、諸公が頻繁にサライに赴き、ハンに臣従を誓い、ハンからヤルルィクを得て、自らの公国の支配権を認めてもらわなければならなかったことである。ルーシ諸公のこのようなハン国参りの例は、すでにみたように、ハン国成立直後から知られている。

ハン国のルーシ支配を示すもうひとつの事実はルーシによる貢税の支払いである。それはダーニ、またヴィホドとも呼ばれた。当初モンゴルはすべての人やものの一〇分の一を要求したと伝えられているが、これが文字通り実施されたかどうかはわからない。ハン国は課税と徴兵のためルーシで戸口調査を実施する。それは南ルーシでは一二四〇年代におこなわれたとする記述があるが、北東ルーシでは一二五七年までは記録がない。徴税のために各公国はチマーと呼ばれる単位に区分されたが、それが意味する一万という数字が一万人の住民を指すのか、それとも一万戸か、あるいはまた一万人の徴集兵を指すのかは不明である。かつてアメリカの歴史家ヴェルナツキーがこのチマーを兵数とみて、それを根拠に当時のルーシの人口数を一〇〇〇万人と推測したが、これはやや非現実的な仮定に基づく推測にすぎない。ヴィホドがどれほどの額になるのかもはっきりしないが、同じヴェルナツキーはこれもチマー数から、ノヴゴロドを除く北東ルーシについて十四世紀末の段階で、年額一四万五〇〇〇ルーブリと計算している。もっともこちらのほうはさらに根拠が薄く、せいぜい五〇〇〇〜七〇〇〇ルーブリではないかと考える研究者の批判を浴びている。これは毛皮やのちには銀などで支払われた。

ハン国のルーシ支配の方法のひとつは役人の派遣であった。この種のものとして知られているのは、バスカクとダルーガである。バスカクは十四世紀初めまでの年代記記事のなかに多くみられるもので、ルーシ各地に駐留し、徴税・徴兵作業を監督し、治安維持をはかったと考えられている。バスカクはその後の時期にはあまり言及されなくなる。そしてこのころからルーシ諸公が自らヴィホドを集めることが認められるようになってくるので、バスカクは廃止され、諸公がその職務を引き継いだとする可能性が指摘されている。一三二七年のトヴェーリの対タタール反乱がきっかけとなって、あまりに抑圧的なバスカク制が廃止されたとする研究者もいる。ダルーガは、これよりあとの史料に多く出てくる。ダルーガ自身はサライなどのハン国内の都市にいてルーシ各地の統治にあたり、ときに使者《ポスルィ》を派遣してハンの意志を伝えた。バスカクとダルーガの職務権限はほぼ同じと考える研究者が多いが、前者を軍政官、後者を民政官と区別して考える者もいる。

十三世紀後半のルーシ

バトゥの侵入後、ルーシの政治的中心ははっきりとキエフから北東ルーシのウラジーミルへと移った。キプチャク・ハン国成立後ただちにサライをおとずれたウラジーミル大公ヤロスラフを、バトゥは「ルーシの地のすべての公の長」に任じた。しかしこのウラジーミルもモンゴル軍によって徹底的に破壊されていた。住民が四散し、荒廃したウラジーミルには三五年のあいだ主教もいなくなった。ヤロスラフもアレクサンドル・ネフスキーも大公として少なくともここに拠点を定めたが、その後継者らは大公となっても、必ずしもウラジーミルには移らず、自己の世襲領国やノヴゴロドにいることのほうが多かった。それとともに大公の権威も弱まった。一二七〇年代には大公国内には一四もの分領公国が形成され、それぞれ自立化の度合を強めつつあった。いまだそれらはウラジーミルに取ってかわることはできなかったが、やがて十四世紀になるとそのなかからトヴェーリが、ついでモスクワが台頭してくる。

名目的になったとはいえ、ウラジーミル大公位をめぐる争いはタタールを巻き込んで激しくおこなわれた。ことにネフスキーの子ドミートリーとアンドレイ間の争いは激しかった。最初は兄のドミートリーが大公となったが、弟がこれに反旗をひるがえす。一二八〇年、ハン国でトゥダ・モンケが新ハンとなるや、翌年アンドレイはさっそくサライをおとずれ、自らに大公位を求める。ハンはこの願いを容れ、アンドレイをタタール軍とともにルーシに送り返す。アンドレイがつれ帰ったタタール軍はドミートリー支配下の地域を徹底的に破壊する。アンドレイに批判的な年代記はこれをバトゥの侵入に匹敵する大災難と記している。ドミートリーは対抗できず、スウェーデンへ難を避ける。しかし彼も諦めない。彼はまもなくスウェーデンから援軍を得て戻り、アンドレイを追い払う。

両者の争いはその後、アンドレイがサライのハンと、ドミートリーがサライに対抗したノガイと結んで、ドミートリーの死の年(一二九四年)まで続く。その間アンドレイは四度サライをおとずれ、そのつどタタール軍を率いて帰国、ルーシを荒廃に導いている。とくに一二九三年のデュデンの侵寇は破壊的であった。それはアンドレイのためにサライのトクタ・ハンの側からなされた襲撃であった。ウラジーミル大公国はこのようにして「タタールのくびき」を利己的に活用する諸公の争いによって、自壊の道を辿ったのである。

南西ルーシもモンゴル支配下で苦しんだ。ここではバトゥの支配にたいし、二人の公が抵抗したことが知られている。チェルニゴフのミハイルとガーリチ・ヴォルィニのダニールである。しかし両者ともあいついでサライに呼び出され、ミハイルは処刑され（のちに教会によって聖人に列せられる）、ダニールはハンに臣従を誓っている。ダニールは帰国後ローマ教皇庁に接近したり、北東ルーシの反タタール勢力（アンドレイ・ヤロスラヴィチ公）と結ぶなどして独立を維持しようとするが、これもならず結局ハンの権力に屈服する。ダニールのあとガーリチ・ヴォルィニ地方は分裂し、十四世紀中ごろにはしだいに勢力を南に拡大するリトアニアがヴォルィニを、ポーランドがガーリチをタタールにかわって支配することになる。

キエフの凋落《ちょうらく》ぶりは一層際立っている。バトゥの侵入後キエフから独自の公は消えてしまう。侵入直後はウラジーミル大公がキエフ公を兼ねた。十三世紀第四四半期にはキエフ公の存在は知られていない。キエフ地方はハン国のバスカクの直接支配下に置かれたと推測される。キエフ府主教も一二九九年にはウラジーミルへ居を移した。このようなことから歴史家のなかには、モンゴル侵入後キエフ地方の住民はそっくり北東ルーシへ移住したと考える者や、移住したのはエリート層だけで、残った農民層は自治的共同体を形成したと主張する者もいるが、いずれもやや極端な見解である。十四世紀の前半には一時ハン国とリトアニアによる支配が混在するが、世紀後半にはリトアニアが支配権を確立する。この地方のその後の歴史的展開は、モンゴル支配下の北東ルーシとは異なるものとなる。

第三章　モスクワ国家の時代

1　モスクワの興隆と拡大

モスクワの興隆

一三〇四年、ウラジーミル大公アンドレイが没した。次期大公に名乗りをあげたのはトヴェーリ公ミハイルとモスクワ公ユーリーであった。トヴェーリ、モスクワともに新興勢力であったが、このころにはトヴェーリのほうが優勢であった。加えてミハイルには大公位への正当な権利があった。父がかつて大公であったからである。これにたいしユーリーの場合、父である初代モスクワ公ダニールは大公ではなかった。教会の長、キエフ府主教マクシムもまたトヴェーリに有利な判断を下した。争いは結局キプチャク・ハンのもとに持ち込まれ、トクタ・ハンはミハイルを大公に任じた。ハンはルーシからの貢税が十分に確保されるのであれば、従来の慣習を変える必要はないと考えたようにみえる。

しかしモスクワは引き下がらなかった。両者の対立は続く。トヴェーリの地位は不安定だった。

一三一二年トクタが没し、ウズベクがハン位を継いだ。新ハンはミハイルを引き続き大公と認めたが、その後ハン国をおとずれたユーリーもハンの厚意を得て勅許状《ヤルルイク》を獲得してしまう。ハンが態度を変えた理由は、ユーリーがミハイル以上に多額の貢税をおさめることを約束したことにあると思われる。いずれにせよ新大公ユーリーは一三一七年、自軍とタタール部隊を率いてトヴェーリを攻撃したが、ミハイルの反撃の前に完敗する。だがトヴェーリのこの勝利は重大な結果を招いた。ミハイルはハンの意志に反したという理由でハンのもとに召喚され、処刑されたのである。

しかしトヴェーリも諦めない。一三二二年、トヴェーリ公ドミートリー(ミハイルの子)がハンのもとに赴き、ユーリーがハンへの貢税の支払いを怠っていると訴えて、大公位への勅許状を手に入れてしまう。事の重大さを認識したユーリーも、ただちにサライに向かうが、到着早々、ハンのもとにいたドミートリーによって父の敵《かたき》として殺害されてしまう。もっともこれはハンの意向を無視した勝手な振る舞いということで、ドミートリー自身もハンの命令で処刑されてしまう。ただハンは大公位をトヴェーリから取り上げることはしなかった。ドミートリーの弟アレクサンドルが大公に任じられるのである。

しかしトヴェーリの優位も長くは続かなかった。一三二七年トヴェーリに大規模な反タタール暴動が起こる。すなわちウズベク・ハンはトヴェーリに使節チョル・ハンとタタール人部隊を派遣したが、彼らの横暴に耐えかねたトヴェーリ市民が決起し、チョル・ハンらを殺害したのである。チョル・ハン到来の目的は不明である。おそらく彼はこのとき特別の税と兵員を求めて大公のもとにやってきたようにみえる。当時キプチャク・ハン国は南方でイル・ハン国と対立し、戦う準備を進めていたからである。

いずれにせよこれをモスクワ公イヴァン・カリター（ユーリーの弟、カリターは「巾着《きんちゃく》」ないし「財布」の意）が見逃すはずがなかった。彼はただちにハンのもとに向かい、タタール懲罰部隊とともに帰国して、トヴェーリを攻め徹底的に破壊した。大公アレクサンドルはプスコフへ逃亡する。モスクワとトヴェーリの争いはモスクワの勝利で終わったのである。もっともこのあと、ただちに大公位がイヴァンに与えられたわけではなかった。ハンはこのとき大公国を二分したようにみえる。イヴァンはスーズダリ公と権力を分有しなければならなかった。ただ後者も一三三一年には没し、イヴァンが大公となる。以後、大公位はほぼモスクワによって独占されることになった。

モスクワがこれで将来形成されることになるロシア統一国家の担い手となることが決定したと考えるわけにはもちろんいかない。そうなるにはまだ多くの困難が待ちかまえていた。しかしこのときモスクワが大きな成功をおさめたのは明らかであった。モスクワのこの成功の原因は何であったろうか。地理的・経済的条件などさまざまな要因が指摘されている。たしかにそれは森林と沼沢に囲まれ比較的安全な場所に位置していたし、いくつかの河川を通じて各方面との交易も盛んであった。だがそれだけでは十分に説明はできない。トヴェーリも同じような条件に恵まれていたからである。ここではさらに政治的な理由に注目すべきであろう。すなわち、モスクワ諸公の高い政治的力量、とりわけタタール支配という状況のもとでの彼らの現実的で巧みな政策の遂行が浮かび上がってくるのである。

モスクワとキプチャク・ハン国

すでに記したように、ウラジーミル大公らルーシ諸公の地位はキプチャク・ハンの意向に従って決められていた。ハンは征服直後には反抗的な諸公を処罰することもあったが、全体としてはルーシにおける公位継承の慣行を尊重しており、特別の事情のない限りそれに反することはなかった。十四世紀に入りトヴェーリのミハイルを大公に認めたときも、この方針は貫かれていた。しかし、やがて従来の慣行からすれば何の権利もないモスクワ公が大公位を獲得するようになる。このことを理解するには、大公位をめぐる争いの背景として、タタール側にも独自の対ルーシ政策があったことを知る必要がある。すなわちハンは当初、モスクワをトヴェーリに対抗

イヴァン・カリター，モスクワ大公　1672年の『チトゥリャールニク』より。

させながら両者を巧みに操り、ルーシの安定をはかる(貢税の安定的獲得のためである)一方、ルーシが一定程度以上に強大化しないように努めた(大公国の分割)が、やがて後述するように西方からリトアニアが勢力を拡大するようになって、その抑えとしてのルーシの役割が高まるにいたって、より従順なモスクワを継続的に重用したのである。

他方、これをルーシの側からみてみると、モスクワのハン国にたいする態度は、トヴェーリのそれに比してはるかに現実的であった。それはまずユーリー公が一三一七年に勅許状を獲得した際の事情にもあらわれていたが、二七年のトヴェーリ暴動の際にイヴァン・カリターがただちにサライに出かけ、ハンの部隊とともにトヴェーリを攻めたことのうちにとりわけよくあらわれていた。とくにイヴァン・カリターは頻繁にサライに出かけ、ハンとのあいだに密接な関係を築くことに努めた。モスクワ公家に大公位への正当な権利のなかったことが、彼らをほかの公家以上にハンの権威に依存させることになったと考えられる。モスクワのハン国との密接な関係はカリター以後の代になっても続いた。カリターの子セミョンも足繁くサライをおとずれた。モスクワ諸公はその意味でアレクサンドル・ネフスキーの路線の忠実な継承者であったといえる。

モスクワはまた他国以上に多額の税をハン国にもたらしたと考えられる。この点に関して伝える当時の具体的な史料は存在しないが、支配地域からの貢税の徴収を核とするハン国の支配のあり方から考えて、モスクワが安定的に大公位を保ち得た背景には、モスクワ公がこの点でもっともハンにとって都合のよい公であったという事情があるのは疑いない。モスクワ公がこの時期盛んにノヴゴロドに介入し、ノヴゴロド公の地位を兼ねることに努めたのも、この豊かな都市国家を実質的に支配することで、ハンを満足させるに足る資金を確保することができると考えたからであろう。

十四世紀前半におけるモスクワのめざましい成功の原因は、ほかにも後述するように、正教会との密接な関係の形成などが考えられるが、ハン国によるルーシ支配の現実を巧みに利用したモスクワ諸公の以上のような政治的手腕をまずあげるべきであろう。

リトアニア大公国の成立とモスクワ・ルーシ

リトアニア(ロシア語ではリトヴァ)は中世ロシア史における重要な歴史的要因であった。バルト系のリトアニア人は十二世紀にはいまだ統一されておらず、さまざまな種族や種族連合に分かれていた。十三世紀になってミンダウガス(ミンドフク)があらわれるとしだいに統一され始める。彼はネマン川中流域の本来のリトアニアを支配下におさめると、さらに南方へも進出を始め、ネマン川上流域の黒ルーシ地方を占領、ブリャンスクやチェルニゴフ方面へも勢力を伸ばし、そのころ南方から進出してきたキプチャク・ハン国と衝突するにいたった。他方、ミンダウガスは北西方面ではドイツ騎士団と対立した。一時国内の諸公との対抗上、カトリックを受け入れて騎士団と結んだりもしたが、やがて騎士団の拡張政策とぶつかり、これと戦うにいたった。

その後内紛にみまわれたリトアニアを再統一し、版図をさらに広げたのは一三一六年に公位に就いたゲディミナス（ゲディミン）である。彼は活発な軍事・外交・婚姻政策を展開し、ミンスク、トゥーロフ、ヴィテブスクといった、のちのベラルーシ地方や、さらにはキエフ、ガーリチ、ヴォルィニ地方にまで勢力を拡大した。彼は十六世紀後半まで続くリトアニア大公国の事実上の建国者で、大公位はその子孫（ゲディミノヴィチ）が独占した。一三八六年から一五七二年までポーランド王位を占め、多くの場合リトアニア大公位をも兼ねたヤギェウォ朝の祖ヤギェウォ（ヨガイラ）もその子孫であった。

ゲディミナスのあとしばらくして大公国は彼の子アルギルダス（オリゲルド）とケストゥティス（ケイストゥト）によって分割して統治されるが、うち東部分を支配し、東・南方への積極的な拡張政策でルーシと多様な関係を結ぶようになったのはアルギルダスである。彼の治世にリトアニアは旧キエフ大公領の五分の三を自領とするにいたったが、その跡を継いだヴィタウタス（ヴィトフト）のときには領土はさらに拡大し、かくしてヨーロッパの東辺境に、バルト海から黒海にいたる一大国家が出現することになった。

急速な領土拡大の結果、リトアニアは領土とその住民においてリトアニア＝ルーシ国家ともいうべき存在となった。それは領土において九割が東スラヴ人地域（のちのベラルーシ、ウクライナ、西部ロシア）、人口において七五％が東スラヴ人からなる国家となった。住民の圧倒的多数はギリシア正教徒であった。リトアニアはその間ポーランドと同君連合の関係に入り（クレヴォの合同、一三八五年）、カトリックを国家宗教として受け入れていたが、言語も宗教も違う異民族の多数派を治めるという困難な課題を背負い込むことになる。他方、十四世紀からルーシ統一の担い手として台頭してくるモスクワにとっては、これらの東スラヴ人地域をリトアニアから「奪還」することが重要な国家目標となる。

ドミートリー・ドンスコイとクリコーヴォの戦い

モスクワではイヴァン・カリターのあと、その子セミョンとイヴァン二世の治世を経て、一三五九年、後者の子ドミートリーが即位した。彼はこのとき九歳で、モスクワの指導力の低下は明らかであった。これを突いたのがニジェゴロド・スーズダリとトヴェーリの両公国であった。モスクワとニジェゴロド・スーズダリはともにウラジーミル大公位への権利を求めて争い、一時はハン国で、双方が対立する二人のハンから勅許状を獲得するという事態になる。モスクワがこの危機を乗りこえることができたのは、府主教アレクシーと堅い団結を誇るモスクワ貴族層が彼を支えたおかげであった。一方、トヴェーリもリトアニアの助力を得てふたたび挑戦してきた。そして一時は大公位への勅許状を獲得するが、もはやルーシにおけるモスクワの権威をくつがえすことはできず、一三七五年、最終的にモスクワの軍門に屈する。このとき結ばれた条約でトヴェーリ公はモスクワ大公の「弟」とされている。もはや対等の国ではなくなったのである。またウラジーミル大公国はモスクワの「世襲地」とされた。大公位はハン国においてではなく、ルーシにおいて決定される方向性が打ち出されたといえる。

　もっともドミートリーが「反タタール闘争」に立ち上がることができたのは、一三六〇年代にハン国が内紛の泥沼に沈んだからでもあった。モスクワは一三七四年ころにはハン国への貢納支払いを停

クリコーヴォの戦い　ルーシの勇者・修道士ペレスヴェートとタタールの勇者の一騎打ち。この題材は古来多くの画家の注目を集めてきた。上段，中世の細密画。中段，V. M. ヴァスネツォフ作(1914年)。下段，M. I. アヴィロフ作(1943年)。

止し、干戈《かんか》を交える覚悟を固めていたと考えられるが、このころハン国を実質的に支配していたのは軍事指導者ママイであった。モスクワはすでに一三七八年にタタール軍と戦ってこれを破っていたが、八〇年にはママイ自身の率いる大軍と戦わなければならなくなった。戦闘はドン川のほとりのクリコーヴォの野でおこなわれた。ドミートリーの率いるルーシ軍はドン川を渡って背水の陣を敷いた。双方とも数万あるいは数十万ともいわれる大軍であった。戦闘は終日続き、モスクワは最後に温存していた伏兵部隊の投入によってかろうじて勝利をおさめた。ドミートリーはこの勝利によりドンスコイ(「ドン川の」の意)と称えられた。

モスクワは二年後、支配権を回復した正統ハン、トクタムィシの軍の急襲を受けて攻略され、ふたたびハン国の支配に屈することになるが、クリコーヴォの勝利の意味は大きかった。それは無敵のタタールという観念を揺るがせ、その支配はくつがえし得るという希望をルーシ人に与えたのみならず、モスクワの威信を高め、その大公に独立闘争と国家統一の指導的地位を約束することになったからである。ドミートリーはその遺言状(一三八九年)において、将来ハン国に何か事があったら、貢納支払いを停止するようにと指示し、さらにウラジーミル大公国をモスクワの世襲地と宣言して、ハンの意向を問うことなく長子ヴァシーリーに与えているが、それはこうしたモスクワの地位の向上を意識してのことであった。

内戦——統一前の危機

クリコーヴォの栄光はその後のモスクワを一直線に政治的興隆へと導いたわけではなかった。ヴァシーリー一世の治世には父ドミートリーの事業は何とか継続された。彼はニジェゴロド公国への支配権を獲得し、ムーロムやヴォログダも領土に加えた。ノヴゴロドにも圧力を加え、一時は重要な毛皮産地であるドヴィナ地方をも占領した。

だがヴァシーリーは相変わらずトクタムィシ・ハンに即位の承認を求めたし、ハンの意向にさからわないよう気も使っている。それでも一四〇八年のエディゲイ軍の侵攻を阻むことはできなかった。一方、リトアニアとの関係でも受動的であった。当時リトアニアを支配していたのは、ポーランド王として西方へ去ったヨガイラ(ヤギェウォ)の従兄弟のヴィタウタスであったが、彼はスモレンスクを征服し、支配下の東スラヴ諸公の自立性を奪うなど攻勢を強めていた。ヴァシーリーはヴィタウタスの娘を妻としていたこともあって、これを容認した。彼はその後ヴィタウタスがプスコフとノヴゴロドへも触手を伸ばすにおよんでこれに反抗し、兵を進めたが、その遺言状で息子のヴァシーリー(二世)を妻の後見に委ねていることからもうかがえるように、最後まで義父の影響下から脱することはできなかった。

ヴァシーリー二世(チョームヌイ)のときに統一事業は危機にさらされる。彼は一四二五年、九歳で即位したが、このとき叔父の、コストロマーのガーリチ公ユーリーも大公位へ名乗りをあげたのである。ルーシにおける公位継承は古くは兄から弟へとおこなわれ(年長制)、やがて父から子への継承(長子制)もおこなわれるようになっていた。モスクワでも両方の継承がおこなわれてきたが、それがスムーズにおこなわれてきたのは継承に際して故大公の弟か子のいずれかしか存在しなかったからである。双方が同時に存在したのはこのときがはじめてであった。ユーリーにはさらに重大な根拠があった。父ドミートリー・ドンスコイの遺言状が、ヴァシーリー一世の死後、大公位は弟に与えられると指示していたのである。これはヴァシーリー一世にまだ子がなかった時期の指示であり、その後、彼に子(ヴァシーリー二世)が生まれて状況は変わったのであるが、父の遺言はそれとして意味をもったのであった。

さて、ユーリーは新大公の後見人リトアニアのヴィタウタスが一四三〇年に世を去るのをきっかけに行動を起こした。彼はハン国における勅許状獲得競争ではヴァシーリー二世に敗れたが、兵を挙げ、一四三三年モスクワを占領、ヴァシーリー二世をコロムナに追放する。だがここで思いがけないことが起こる。モスクワの貴族や士族らが続々とコロムナのヴァシーリー二世のもとへ去り、ユーリーはモスクワを維持できなくなったのである。彼は翌年にもモスクワに入城するが、二カ月半後には死去する。これで内紛は終わったかのようにみえたが、ユーリーの子ヴァシーリー・コソイが、ついでその弟ドミートリー・シェミャーカが戦いを続行する。内戦はシェミャーカが死亡する一四五三年まで続く。結局はモスクワが勝利をおさめたが、激しい継承戦争はルーシを荒廃させ、滅亡の淵に追いやった。人口は激減した。モスクワとガーリチを核とする合従連衡《がっしょうれんこう》が繰り返され、忠誠の誓いと裏切りがあいついだ。野蛮と残虐は町民・農民のみならず、当事者本人にもおよんだ。モスクワのヴァシーリー二世はガーリチのヴァシーリー・コソイを捕らえて目をつぶし、自らものちに、その弟シェミャーカによって同様の仕打ちを受けた。盲目公《チョームヌイ》と呼ばれる所以である。

この戦いを中央集権対地方分権の闘争とみるのは正しくない。ガーリチ諸公はあくまでも自らが中央権力を握ろうとしていた。地方分権であれば、かつてモスクワと争って敗れた諸公国がガーリチ側につくことも考えられたが、必ずしもそうはならなかった。トヴェーリなども自らの独立を求めて介入するのではなく、むしろ敗色濃厚のヴァシーリー二世に援助の手を差し伸べたほどである。もはやモスクワの覇権は疑いないものであった。問題となったのは、そのモスクワで誰が君主の地位に就くかということであった。あくまでもモスクワ大公家内部の指導権争いであったのである。

戦いが長引いた原因は、双方の当事者が大公位にたいしてほぼ同等の権利と資格を有していたことにあった。これが仮にモスクワと他公国との争いであったならば、おおかたはモスクワ支持ということで決着していたであろう。モスクワ内の同等の権利を有する二人の争いということで、諸公国も、貴族、士族、教会また町民も一貫した態度をとりかねたと考えられる。分裂するタタールもどちらかを一貫して支持するということはなかった。それでもヴァシーリー二世側が勝利したことの理由は、終盤にいたってのトヴェーリとの同盟、教会からの支持も大きかったが、おそらく彼の「宮廷《ドヴォール》」、すなわちモスクワ大公権の政治・軍事的支柱である古参貴族・士族層の存在にあった。彼らはモスクワ大公と早くから結びついており、ガーリチ公が勝利して、自らの既得権が失われることを恐れたのである。

2　ロシア正教会の成立

ルーシ教会の変容

キプチャク・ハン国の支配はルーシにとって全体として抑圧的であったとはいえ、教会にとっては必ずしもそうではなかった。モンゴル人はほかの民族の信仰する神々を尊重し、その恩寵にあずかろうとした。宗教的に寛容、というより鷹揚《おうよう》であった。ルーシでも教会は税を免除され、土地や財産を保護された。そのかわり教会は異教徒の「ツァーリ」(ルーシではビザンツ皇帝とならんで、キプチャク・ハンもこう呼ばれるようになった)のために祈らなければならなかった。ハンは一二六一年には首都サライに正教会の主教座の開設をも認めている。サライ主教はハン国内の正教徒の司牧をおこない、ルーシ、サライ、コンスタンティノープル間の外交関係をとりもつ役割をも果たした。

かくて正教会はこの時期大きな発展をとげた。それは世俗権力が分裂し、弱体化した当時のルーシにおいて、単一の組織をもつ存在として重要な政治的役割を果たしたが、それについては次節で述べる。それは質的にも大きな変化をとげた。多くの修道士がタタールの侵入や世の喧騒を逃れ、森の奥深くに分け入り、厳しい禁欲の生活に入った。そしてその延長線上に、隷属民が働く所領を有し、修道院長の権威のもとに厳格な共住生活を営む新しい型の修道院が各地に多数つくられ、宗教的・文化的営みの中心となっていった。こうして一見逆説的にみえるかもしれないが、異教徒支配にあえぐこの時期に、キリスト教はしだいに人々の心のなかに、また農村に、人里離れた僻遠の地に浸透していったのである。

既述のように、タタール支配下のルーシにおいて政治的中心はキエフから北東ルーシへと移っていた。世俗権力との密接な関係を基本的特徴とするギリシア正教会の伝統のもとにあるルーシ教会も、その中心が北方へ移ることになったのは自然であった。すでにモンゴル侵入後の最初の府主教であったキリルが、一二五〇年にはキエフから北東ルーシに向かい、ウラジーミル大公らと緊密な関係を結ぶべく努めていた。つぎの府主教マクシムも同様であった。彼は一二九九年には「タタールの圧迫にたえかねて」キエフを去り、ウラジーミルに移り住み、大公(トヴェーリのミハイル)を積極的に支えたが、一三〇五年には没し、トヴェーリとモスクワの覇権争いの行く末を見ることはなかった。

教会がモスクワ支持へと変わったのはつぎの府主教ピョートルのときである。彼は別の府主教候補者を推すトヴェーリ大公と対立した際に、モスクワのユーリー公の支持を受けたこともあって、後者との結びつきを強め、晩年にはモスクワに移り住むにいたった。モスクワはやがて政治的にもルーシの中心となるが、それ以前に教会の長の座する聖なる都となっていたのである。つぎの府主教フェオグノストははじめからモスクワを居所とし、モスクワ大公を積極的に支えた。俗権と教権が緊密に提携する体制がモスクワにおいてあらたな装いのもとに樹立されたのである。それはまた教会の俗権への従属をしだいに強めることにもなる。

ロシア正教会の成立

ルーシ教会は単一の府主教座として、コンスタンティノープル総主教座の管轄下にあった。府主教も多くはコンスタンティノープルから派遣されていた。それゆえルーシ教会は経済的には諸公に依存することが大きかったにせよ、ルーシに強力な統一権力がいまだ形成されていなかったという事情もあって、諸公権力からは相対的に自立的な存在となっていた。

こうした状況は、モスクワがしだいにルーシ統一の担い手となり、教会がそれとの連携を強めていったあとも、しばらくは変わらなかった。モスクワ大公は教会行政の面ではコンスタンティノープルの意向を基本的には尊重し続けたのである。しかし十五世紀になるとこうした状況を大きく変える出来事が起こる。一四三八〜三九年のローマ・コンスタンティノープル両教会の合同の試みと五三年のビザンツ帝国の滅亡である。

聖セルギー三位一体修道院　ラドネジの聖セルギー(1321頃～91)の創建。写真は現在の様子。

オスマン帝国の脅威が高まりつつあるなかでおこなわれた両教会の合同は、実質的にはカトリック世界からの援助を期待した正教会をローマ教会が吸収することを意味したが、モスクワにとってはこれはコンスタンティノープル教会による正教信仰への裏切りであった。フェラーラとフィレンツェでおこなわれた合同会議にはモスクワからも府主教、ギリシア人イシドール(イシドロス)が出席したが、帰国した府主教をヴァシーリー二世は逮捕し、ローマ教皇の首位権を認めることを拒んだのである。その後のビザンツ帝国の滅亡はモスクワにとっては、ギリシア人の背教にたいする神の罰であった。モスクワはこの段階で総主教庁との関係を断とうと考えたわけではなかったが、独自の府主教を擁立するという行動に出る。一四四八年、ルーシ主教会議ははじめて自分たちの手で府主教を選出した。ヨナ府主教である。モスクワ大公の意向に沿った選出であったことはいうまでもない。

これによりルーシ教会は、事実上コンスタンティノープルから独立した教会となった。それゆえロシア正教会はこの時点をもって成立したと考えることができる。

一方モスクワ独自の府主教選出は、リトアニア国内の正教徒にも影響を与えないではいなかった。リトアニアは自領内の正教徒がモスクワに惹《ひ》きつけられるのを嫌って、これまた独自の府主教座の設立をはかったのである。こうした試みは西南ルーシ(ガーリチ地方)などでは早くは十二世紀からみられたが、リトアニアの成長とともに十四世紀になると活発になり、一時的に実現されたこともあった。それが一四五八年には恒久的措置として「キエフ、ガーリチおよび全ルーシの府主教」が任命されたのである。西・西南ルーシの正教徒はその後しだいに強くなるカトリックの影響を受けながら、一五九六年にはローマ教皇の権威を認めていわゆるウニアート(東方帰一)教会を形成していくことになる。

3　ロシア統一国家の成立

イヴァン三世の統一事業

内戦を克服したモスクワは、ヴァシーリー二世の子イヴァン三世のもとで北東ルーシの諸公国とその周辺地方の統一事業を再開した。事業は順調に進んだ。モスクワは一四六〇〜八〇年代にヤロスラヴリ、ロストフ、トヴェーリ各公国、それに大ノヴゴロドなどを併合し、ここに北東ルーシの統一が大きく進展する。「ルーシ」はこれ以後しだいに「ロシア」と呼ばれるようになり、モスクワ大公国もロシア統一国家へと変貌していく。

統一事業は比較的順調に進んだが、大ノヴゴロドの併合はそれほど容易ではなかった。そこでは自立的な伝統が強く、当時も一部の貴族層が市長未亡人マルファ・ボレツカヤを中心に、リトアニアと結んでモスクワの圧力に抗しようとしていた。彼らは一四七一年、親モスクワ派を排除して、リトアニア大公兼ポーランド王カジミェシ四世と条約を結んだ。モスクワはこれをとがめるべく、大軍を差し向けなければならなかった。モスクワ軍は勝利したが、このときただちにノヴゴロドが独立を奪われたわけではなかった。

最後の瞬間は一四七七年にやってきた。その春ノヴゴロドの使節がモスクワにきて、イヴァンを「君主《ゴスポダーリ》」と呼んだ。これは従来の呼びかけ(「主人《ゴスポヂン》」)に比してモスクワ大公を一段と高く位置づけるものであった。だがのちにノヴゴロドはこの呼びかけを取り消す挙に出た。秋、イヴァンはこの無礼をとがめてふたたび大軍を進めた。翌年一月、ノヴゴロドは戦わずに屈服する。自治の象徴である民会の鐘はモスクワに運ばれ、市長や千人長にかわりモスクワから送り込まれた代官が統治した。ノヴゴロドの自由は終焉を迎えたのである。反モスクワ派貴族や教会の領地は没収された。

長いあいだモスクワのライヴァルであったトヴェーリも独立の存在をやめた。トヴェーリの分領公や貴族の多くはすでにモスクワ大公への「勤務」に鞍替えし始めていたが、トヴェーリ公ミハイルは何とか独立を維持すべく再度リトアニアに頼ろうとした。一四八五年九月八日、モスクワ軍が迫るや、ミハイルはリトアニアに逃れ、トヴェーリは併合された。

統一事業はつぎのヴァシーリー三世の治世にも継続された。プスコフとリャザンが最終的に併合さ

イヴァン3世　17世紀の様式化された肖像画。1672年の『チトゥリャールニク』より。

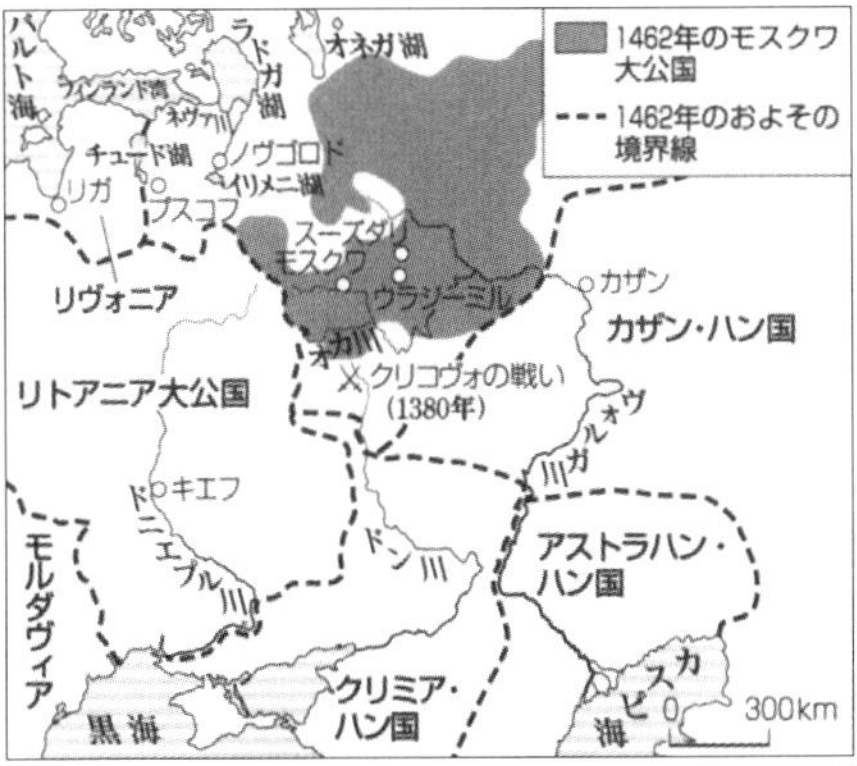

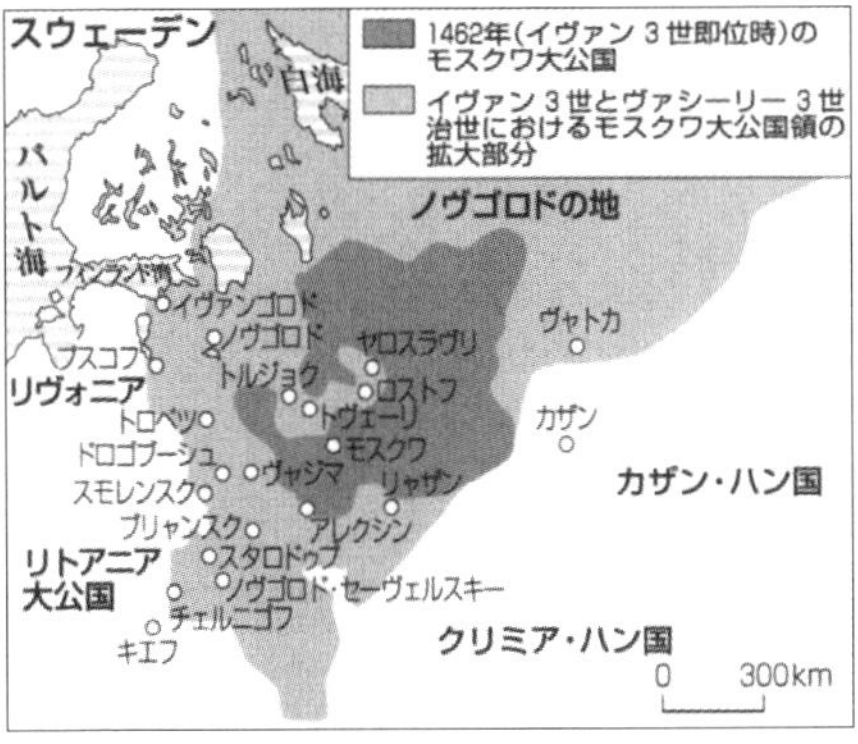

モスクワの拡大　M.ギルバート『ロシア史アトラス』(ロンドン　1972)より作成

れ、またチェルニゴフ＝セーヴェルスカヤ地方や、スモレンスク地方東部がリトアニアから奪取された。モスクワによる北東ルーシの統一はほぼ完了した。

「タタールのくびき」の廃棄

キプチャク・ハン国は十五世紀の中ごろいくつかの国（大オルダー、またクリミア、カザン、シベリア、アストラハンの諸ハン国、ノガイ・オルダーなど）に分裂したが、その直接の後継国家である大オルダーは依然としてロシアへの支配権を主張していた。内戦の克服と、その後の領土統一と経済発展に自信を深めたイヴァン三世のモスクワは、一四七六年ごろには貢税《ダーニ》の支払いを停止していた。これにたいし大オルダーのアフマト・ハンは支配権回復を願って、一四八〇年六月、一〇万ともいわれる大軍をロシアに送り込んだ。

イヴァンも一時の逡巡ののち大軍を動員し、敵を迎え撃つべく出撃した。両軍は十月初め、オカ川の支流ウグラ川を挟んでにらみ合ったが、決定的な戦闘にはいたらず、またいく度かの交渉も実らず、オルダー軍は退却していった。それはオルダーがもはや自己の支配を貫徹することができなくなったことを如実に示していた。タタールのロシア支配は以前から緩み始めていたし、逆にモスクワはこのあともタタールに時に応じてさまざまな支払いをおこなったので、これをもって「タタールのくびき」が終わったというのも正しくないが、この年がロシア・タタール関係に劇的な変化のあったことを示す象徴的な年であったことは疑いない。ロシアは二四〇年におよぶタタールによる支配を脱し、独立の国家となったといえる。

モスクワ的専制の成立

ロシアは領土統一が成ったとはいえ、行政機関は十分に発達せず、諸地方はいまだ中央からの統制のきかないなかば自立的な存在であった。国家の中央集権化はまだ先のことであった。しかし権力構造自体には、大公その人を臣下と明確に区別するような特徴がしだいに強くあらわれるようになってきた。大公権の専制化が顕著になってきたのである。

それはたとえばつぎのような点にあらわれていた。

第一に、それまでの自立的諸公国がその存在をやめた結果、モスクワ大公が唯一の君主となったことである。独立諸公国の旧君主はその貴族らとともに、モスクワの支配体制のなかに組み込まれ、大公の臣下となった。彼らの最高層ですら大公の「貴族《ボヤーリン》」となることによって、主権者としての地位を喪失していくのである。貴族は最高の地位であったが、大公の臣下であることには変わりがなかった。モスクワでは貴族ですら大公の「奴隷《ホロープ》」を自称したのである。実際貴族は勤務（主として軍事）を義務づけられ、このころから軍の中核的存在として台頭してくる「士族《ドヴォリヤニン》層」にしだいに近くなっていくのである。

第二に、正教会がコンスタンティノープルから自立することによって、モスクワ大公権の直接的「保護」下に入ることとなった。それは教権と俗権の強い結びつき、実際には前者の後者への従属というビザンツ的伝統のモスクワ版であった。この時期以降、教会側からモスクワ君主権を神聖化する試みがあいつぐ。そうした傾向を強力に推進した修道士ヨシフ・ヴォロツキーらヨシフ派の活動、『ウラジーミル諸公物語』(後述)の成立などはその一例である。修道士フィロフェイによる「モスクワ第三ローマ理念」の提唱も、それがモスクワの世界支配への野望を表現しているとする、しばしばみられる解釈は誤りであるとしても、このような側面からみることができる。

第三に、モスクワ大公の称号、権力の象徴の面で大きな変化がみられ始めた。すなわち大公はこのころから時に「ツァーリ」を名乗るようになった。この称号はそれまではビザンツ皇帝とキプチャク・ハンを指すものであったが、イヴァン三世がそう自称し始めたのである(その公式的採用はイヴァン四世のときになる)。イヴァン三世が「全ルーシの君主《ゴスダーリ》」と称するようになったのも同様に重要である。また大公は外見的にも臣下との差異を強調するようになった。彼は手に帝王権力の象徴である王《おう》笏《しゃく》と十字架つき黄金球をもって壮麗な儀式に臨むようになった。一四九八年のイヴァン三世の孫ドミートリーの戴冠式は、ビザンツ風の荘重な儀式によって、広く大公権力の神聖性を誇示したのである。

最後に、貴族ですら大公の「奴隷」とみなされた以上、農民や都市民がそれ以上に隷属的な存在であったことはいうまでもなかった。この時期、彼らが実際に法的にそうした身分となったわけではなかったが、その徴候はやはりこの時期にみられた。一四九七年の法典《スジェブニク》では、農民の領主地からの退去は秋のユーリーの日(十一月二十六日)の前後各一週間に制限されたのである。農民はその後しだいに領主権力のもとに緊縛され、やがて十六世紀末から十七世紀中ごろにかけて本格的な農奴制の成立を迎えることになる。

ロシアにおける専制国家の成立は、最終的にはイヴァン雷帝治世を経た十六世紀末のことと考えられるが、その徴候はすでにこの時期にははっきりとあらわれていたのである。

4 イヴァン四世雷帝の時代

イヴァン四世の即位と「貴族支配」

一五三三年にヴァシーリー三世が没し、三歳の幼児イヴァンがその跡を継いだ。当初は有力な貴族らが国政を指導したが、やがて貴族オフチーナ＝テレプネフ＝オボレンスキー公と結んだイヴァンの母エレーナ・グリンスカヤが実権を握った。新権力にとって脅威となる存在は排除された。故大公の弟ユーリー公はすでに逮捕投獄されていた。もう一人の弟アンドレイ・スタリツキー公も捕らえられた。エレーナの伯父ミハイル・グリンスキー公も姪によって投獄された。

もっともエレーナの支配は長くはなかった。一五三八年、彼女は突然世を去るのである。直後にオフチーナ＝テレプネフ＝オボレンスキー公が逮捕され、獄中で殺害された。名門のシュイスキー家とベリスキー家を中心とする貴族諸党派が、権力を求めて争うことになった。この貴族諸党派が争い、交互に権力を握った時期(一五三八～四七年)を「貴族支配」の時代と呼んでいる。この時代、実権を握った諸党派が、しばしば主張されるように地方分権的な政策を志向したわけではなかったが、権力闘争がはなはだしかったために、結果として中央権力の弱体化を招いた。権力の私物化がおこなわれ、十分な統治がおこなわれず、混乱と無規律が蔓延《まんえん》したのである。各地で民衆の暴動が起こり、「盗賊」が横行した。イヴァンは成人(十五歳)を迎えるころまでこのような環境のなかで育った。時として彼の権威は無視された。時折暴発する彼の激しい性格は、人格形成期のこうした体験によるところも大きかったと考えられる。

親政の開始──「選抜会議」と改革の時代

イヴァンは早くから権力の神聖性にめざめていたが、一五四七年にははじめて公式的にツァーリとして戴冠する。それは、対外的にはロシアの君主が神以外の何者にも依存しない独立の君主であることを、対内的には彼が単なる君主ではなく「皇帝」にほかならないことを示すための儀式であったが、同時にイヴァンの親政開始を告げるものでもあった。

一五四九年には彼は正教会と母方のグリンスキー家、そして後者の失脚後は妻の実家ザハリン家（彼は戴冠式直後に同家のアナスタシーヤ・ロマーノヴナと結婚していた）の助力を受けて、「選抜会議《イーズブランナヤ・ラーダ》」と呼ばれる強力な政府を組織した。ここで中心的な役割を果たしたのは士族アレクセイ・アダーシェフ、またイヴァンの懺悔《ざんげ》聴聞僧シリヴェストルであった。府主教マカーリーもツァーリ権力の理念的強化の面で大きな影響力を発揮した。

「選抜会議」政府は、一五五〇年代にかけて一連の重要な改革を実施した。

イヴァン雷帝の戴冠式　『絵入り年代記集成』（1570〜80年代）の細密画。

まず「宮廷」の役職とは別の国家独自の行政機関の創出がはかられた。イズバー、やがてプリカースと呼ばれる中央諸官庁である。対外政策を担当する使節庁、アダーシェフ率いる嘆願庁（国政の最高監督機関）、支配層の領地を管掌する封地庁、治安維持にあたる盗賊取締庁、軍事行政の補任庁、銃兵隊庁などが組織された。

地方行政の面でも改革がはかられた。従来、地方には中央から地方長官たる代官《ナメスニク》や郷司《ヴォロスチェリ》などが派遣されていたが、彼らの職権乱用ははなはだしく、改革の必要性が痛感されていた。代官らは俸給を受けず、地方住民の負担で自己の生計を維持した(扶持制度《コルムレニエ》)が、一五五六年にこの弊害の多い扶持制度が廃止された。扶持制度の最大の受益者は代官職を独占した門閥貴族層であったが、今やこの制度の廃止とともに代官行政も成り立たなくなり、かわって導入されたのが、国有地の多い地方における地方自治機関であった。その長である地方長老は上層農民と都市の富裕なポサード民(ポサードとは都市の商手工業地区を指す)から選ばれた。他方、封地など私有地の多い地方では士族層からグバー長老が選ばれた。郡《グバー》というのは、すでにエレーナ・グリンスカヤ期に導入され始めた「盗賊」の横行に対処するための一種の警察管区で、そこの士族から選出されるグバー長老以下が治安維持にあたったのである。グバー組織は扶持制度の廃止後は地方行政においても重要な役割を果たすようになった。

改革政府はこのように地方行政改革において、士族、都市住民、国有地農民などの住民を活用したが、同じことは全国会議《ゼムスキー・ソボール》の活動のうえにもみてとれる。すなわちイヴァン四世期には全国会議が召集され始めたが(最初は一五四九年)、それは政府が地方有力者を巻き込んで支配を全国に貫徹させようとしたことと関連していた。ただこれを西欧諸国における身分制議会とただちに同一視し、この時期のロシアの政治体制を身分代表王政と規定することには慎重であらねばならない。ロシアにおいては諸身分が全国会議を通じて自己の団体的特権の実現をはかり、また「王権」を制限することは、一時の例外的状況を別にすれば、基本的にはなかったのである。

軍政改革も重要であった。まず銃兵隊《ストレリツィ》が組織された。ロシアではすでに十六世紀初めから火器が使用されていたが、この時期に本格的に組織されたのである（最初は三〇〇〇人ほどであったが、世紀末には二万五〇〇〇人に達した）。作戦行動中の軍における門地制《メスニチェストヴォ》の制限も重要である。門地制というのは国の要職への任命に際して門地（家柄）が考慮された制度で、十五世紀から十六世紀にかけて成立した。これによれば、自己の家柄にふさわしくない職や地位に任じられたと感じる者は、上位に任命された者を相手どって訴えを起こすことができたために、作戦中の軍において大きな混乱を引き起こしたのである。

一五五五ないし五六年には「勤務に関する法令」が出た。それは貴族《ボヤーリン》・士族《ドヴォリヤニン》層が自ら騎馬で従軍するのみならず、所領の広さに応じて一定の兵士を差し出すべきことを定めていた。勤務人はその際若干の報奨金を得たが、義務を果たさなかった場合には罰金を科された。

こうした改革を効果的におこなうためにも、政府は一四九七年法典の改正を考えた。かくて一五五〇年の法典《スジェブニク》が成立した。それは地方行政の改革（代官への監督強化）をはかり、士族層の経済的安定を進め、修道院・貴族層の土地所有を制限するなど、全体として中央集権化を志向した。農民の移転に関する先の法典のユーリーの日の規定はほぼ踏襲された。

一五五〇年代の改革は大きな成果をもたらした。ロシア国家は格段に強化され、ヨーロッパ東辺境における一大強国となった。

「帝国」への道——カザン併合とリヴォニア戦争

改革と並行してロシアは東西に領土拡大をはかった。まず目を向けたのは東のカザン・ハン国である。この国はキプチャク・ハン国の分裂の結果、一四三八年に生まれていた。モスクワはすでにイヴァン三世期からカザンと戦っていた。一時は傀儡《かいらい》政権を樹立したこともある。しかしその後、クリミア・ハン国の勢力がカザンにもおよぶようになり、カザン・モスクワ関係は険悪になった。東からの脅威は取り除かれる必要があった。それにカザンは国際交易の大動脈ヴォルガ川中流域に位置する魅力的な要地であった。

イヴァンは二度の失敗ののち、一五五二年十月二日、三度目のカザン攻撃で何とかこれを陥落させることができた。四年後にはヴォルガ川下流域のアストラハン・ハン国をも征服、ヴォルガ川流域地方を完全に掌握した。カザンの東方バシキーリヤも併合された。ロシアの前に、ウラル山脈、さらにはシベリア方面への進出が日程にのぼるようになる。カスピ海の北域とウラル川流域に勢力を張るノガイ・ハン国もモスクワの権威を認めた。一方、ロシアの拡大に脅威を感じたクリミア・ハン国は、オスマン帝国の後ろ楯を得てこれに干渉しようとしたが、ロシアはクリミアとの正面対決は慎重に避け、防衛線を構築するなどの消極策にとどまった。いずれにせよカザン征服により、ロシアはイスラム教徒であったタタール人などのさまざまな民族を支配する本格的な多民族国家となった。帝国への道を歩み出したともいえる。

西方ではバルト海沿いのリヴォニアがロシアの進出目標となった。それは西方に達する海への出口であった。この地をおさえるのはリヴォニア騎士団（騎士修道会）であったが、騎士団はリガ大司教や諸司教、諸都市（その住民の主要部分はドイツ人であり、その多くは今やルター派であった）と権力を分有することを余儀なくされ、必ずしも利害が一致していなかった。

一五五八年一月、ロシアの大軍がリヴォニアに侵入した。初戦の戦果はめざましく、夏にはリヴォニアの東半分を占領した。ロシアの勝利は疑いないものにみえた。しかし、クリミアからの脅威に際して一五五九年に結ばれた半年間の休戦条約のあいだに、事態は思いがけない展開をみせた。ポーランド、スウェーデン、そしてデンマークが介入してきたのである。とくに一五五九年から六二年にかけて騎士団を保護下に置いたポーランド・リトアニアが真っ向うからロシアの前に立ちはだかった。戦争は国際化し、四半世紀におよぶはなはだしい消耗戦のすえ、ロシアは結局何ひとつ得ることなく講和を結ぶ。リヴォニア戦争の長期化、苦戦、そして事実上の敗北は、その後のイヴァンの治世に深刻な影響を与えることになる。

オプリーチニナ

戦争の長期化が避けられぬ状況になると、イヴァンの政治姿勢にも変化が生じる。彼はすべての不首尾をアダーシェフら改革政府の責任に帰した。彼はアダーシェフらの存在をしだいにうとましく思うようになっていた。一五五三年にイヴァンが発病したとき、アダーシェフは幼い皇太子を後継者とすることに難色を示したことがあった。またアダーシェフらはイヴァンのリヴォニア進出策に慎重な態度をみせ、南方クリミアとの対決を重視していた。ツァーリの不信は募っていった。そもそもイヴァンはアダーシェフらの政策が思ったほどに成果をあげなかったことに不満を感じていた。イヴァンはアダーシェフを前線へ追放した(彼はやがて逮捕され獄死する)。ツァーリの怒りの前にシリヴェストルも自ら修道院に隠棲する。「選抜会議」政府は崩壊した。

アダーシェフらの失脚後、実権はザハリン家の手に移ったが、これに不満をもつ門閥貴族諸家門とのあいだに対立が起こり、政治は混乱した。長期戦のなかで経済危機も目立つようになる。諸公の逮捕、弾圧、隣国リトアニアへの亡命があいついだ。一五六四年四月、有能な軍司令官アンドレイ・クールプスキー公がリトアニアへ亡命する。彼は直後にツァーリの圧政を非難する書簡を送ってきた。ツァーリもこれに応じ、両者のあいだに有名な往復書簡が交わされた。政治亡命者によるロシア最初の専制批判と、ツァーリ自身による君主権正当化論の表明である。

この直後のイヴァンの行動は、彼の政治的理想の具現化の試みとることができる。一五六四年十二月三日、彼は家族とともにあらかじめ選抜した多数の貴族、士族、廷臣らをともない、いずこへともなくモスクワの居城クレムリン(ロシア語ではクレームリ)を立ち去った。イコンや十字架、貴金属など宝物を満載したおびただしい荷橇《にぞり》がつき従った。これは通常の巡礼の旅とは異なっていた。ツァーリの首都退去にモスクワの人々は狼狽した。翌年一月三日、ツァーリは落ち着き先のアレクサンドロフスカヤ村から二通の書状をモスクワに送り届けた。一通は貴族や高位聖職者にあてられたもので、イヴァンは彼らが敵と戦うことを厭い、「裏切り者」をかばっていると非難した。彼は幾多の裏切り行為に耐えかねて国家を捨て、「神の示したもうところに移り住むつもりである」と述べていた。ほかの一通はモスクワ住民にあてられたもので、彼の怒りは彼らにたいするものではない、と記されていた。モスクワの住民は貴族や高位聖職者を突き上げ、ただちにツァーリのもとへ代表団を派遣させた。イヴァンは復位を乞《こ》う彼らの嘆願を受け入れ、「裏切り者」を自由に処罰し、「望むがままに」支配するという条件で帰還を承諾した。

こうして設立されたのが皇室特別領《オプリーチニナ》である。イヴァンは国家をオプリーチニナと国土《ゼームシチナ》に二分し、オプリーチニナではツァーリが専制的に支配することを望んだ。オプリーチニナに編入されたのは、貴族・士族層の私有地が発達した国の中央諸地方、またリトアニアに接する西部・南西部地方、国有地の多い北部沿海地方、さらに各地の皇室御料地などであった。モスクワにもオプリーチニナ地区が設定された。オプリーチニキ(オプリーチニナ隊員)に選抜されず、なおかつオプリーチニナ内に領地を有する者はそれを没収され、ゼームシチナ内に代替地を与えられたが、オプリーチニナから実際にどれだけの者が追放されたかは不明である。オプリーチニナ政策が完全に実行されたとは考えにくい。

オプリーチニキに抜擢された勤務人は最終的には六〇〇〇人にのぼった。彼らは修道士のような黒の長衣を着て、馬の首に犬の頭を縛りつけ、手にする鞭には箒《ほうき》型の獣毛をくくりつけていた(裏切り者に犬のように噛みつき、国から掃き出すとの意志表示である)。彼らはあたかもツァーリの私兵としてその専制的支配を実現しようとした。

オプリーチニナは諸公・門閥貴族層を根絶しようとし、また、実際それに相当程度成功したと主張されてきた。たしかに導入直後におこなわれたスーズダリ貴族のカザン追放などは、オプリーチニナ指導層の明確な意思表示であった。しかし、追放された貴族の多くが一年後に許されて戻ってきたことも事実である。全体としてみたとき、諸公・貴族層が階層として根絶されたとはいえない。オプリーチニナ廃止後も彼らの存在は重要であり、貴族層に大きく依存する政治体制が変わることはなかったのである。多くの貴族が排除されたが、士族層も、官庁役人も聖職者も、またポサード民や農民も劣らず犠牲となったのであった。

その意味でオプリーチニナの最大の特徴はそのテロル的性格であった。「裏切り者」にたいする弾圧と処刑はオプリーチニナ期間中、絶えることはなかったが、なかでも一五六七年からは大規模な弾圧事件が繰り返された。まずゼームシチナの指導的貴族フョードロフ゠チェリャドニンをはじめとする多くの諸公・貴族と、一五〇人におよぶ士族・役人、その二倍の家臣や奴隷が処刑された。一五六八年にはオプリーチニナに反対する府主教フィリップが廃位・投獄され、まもなく殺害された。国家権力の教会にたいするあからさまな弾圧であった。翌年には分領公ウラジーミル・スタリツキー公

（ツァーリの従兄弟）が殺害された。一五七〇年のノヴゴロドにたいする攻撃はオプリーチニキ軍による無差別テロルであった。モスクワからの行軍は途上の町々での略奪と暴行の連続であった。ノヴゴロド到着後は、六週間にわたり徹底した破壊と殺戮、略奪がおこなわれ、数千、否、万をこえる無辜《むこ》の民が犠牲となった。ポーランド王と結び、ツァーリを裏切ろうとしたという理由からであった。

ついにはテロルの矛先《ほこさき》はオプリーチニキ自身にも向けられるようになった。オプリーチニナ創設期世代のA・バスマノフ、M・チェルカスキー公、またA・ヴャゼムスキー公らが処刑され、今や急進的なM・スクラートフやV・グリャズノイらが指導部を構成するようになった。一五七〇年夏にはモスクワでも官庁役人ら、おもだった国政責任者ら一〇〇人以上が残忍きわまる方法で処刑された。オプリーチニナは今や無法と同義語になった。

オプリーチニナ期の雷帝による処刑図
ドイツの本『死者の王国の対話』（1725年）に載った版画。

オプリーチニナは一五七二年に廃止されたと考えられる。暴力的手法で国家を統治することが不可能であることが明らかになったからである。きっかけは一五七一年のクリミア・ハン軍のモスクワ攻撃を、オプリーチニキ軍が阻止できなかったことにあった。

モスクワはこのとき破壊され、火を放たれ、数万あるいは一〇万人をこえる住民が犠牲となった。ツァーリはこれ以後オプリーチニナの語を口に出すことを禁じたと伝えられている。

オプリーチニナは残虐であったが、国家および皇帝権の強化のためにはやむを得ぬ政策であったと主張されることがある。対独戦前後のソヴィエトの歴史家のなかにそう考えた者が多かった。たしかにツァーリ権力は多少強化されたかもしれない。少なくともそれが恐るべきものであるという感覚は醸成された。しかし、戦争、悪疫、凶作、飢餓が続くなか、オプリーチニナ体制が国家を混乱に導き、人々の生活を脅かしたことは疑いない。農民とポサード民は逃亡し、流浪の民と化し、廃村・棄村が常態化し、国土は疲弊した。貴族や分領制の遺制にたいする闘争は別の手段でもおこなわれ得た。集権化への試みは早くからモスクワ国家の伝統となっていた。「選抜会議」はより効果的な方法でそれを遂行していた。オプリーチニナはその意味で「専制」の理想を追い求めたツァーリの非歴史的・非現実的な政策であった。

晩年の治世

オプリーチニナは廃止されたが、テロルはやまなかった。廃止後も旧オプリーチニキが、そしてほかの有力な貴族らが処刑された。オプリーチニナ的手法は維持されたのである。ただ犠牲者数は少なくなり、大規模な処刑はおこなわれなくなった。

一五七五年、イヴァンはまたもや奇妙な行動に出る。彼は玉座を降り、自らはモスクワ公を名乗って、モスクワ大公位にはシメオン・ベクブラートヴィチというチンギス・ハンの直系で、モスクワの支配を受け入れたタタール人(カシモフのハン)を就けたのである。ツァーリがなぜこのような行動に出たのかについてはさまざまな説が出されているが、結局は不明である。ただそれはロシアが、通常考えられている以上にステップ世界と密接な関係にあったことだけでなく、イヴァンがここでもオプリーチニナ的な特別領を樹立しようとしていたことを示しているように思われる。国政全体の責任を他に転嫁し、自らは「分領」で専制支配をおこなうという方式である。このような体制はわずか一年しか続かず、ツァーリはふたたび大公位に復帰し、シメオンはトヴェーリに分領を与えられてモスクワから追い払われるのであるが、専制権力へのツァーリの執着心がこのようなかたちで表出されたように思われる。

イヴァン雷帝　人類学者M.M.ゲラーシモフが1960年代にその頭蓋骨から復元したとされる胸像。

雷帝治世の最晩年にはリヴォニア戦争が終結をみた。ポーランド・リトアニア(両国は一五六九年のルブリン合同後、共和国《ジェチ・ポスポリータ》と呼ばれるようになっていた)が一五七二年のヤギエウォ朝断絶後の空位期に混乱した際には、ロシア軍はリヴォニアで大きな成功をおさめた。だが一五七六年、トランシルヴァニア公ステファン・バトーリ(イシュトヴァン・

バートリ）がポーランド王に迎えられるにおよんでふたたび雲行きがあやしくなった。一五七八年にバトーリは攻勢に転じた。翌年にはスウェーデンも攻撃を再開してくる。ポロツクとヴェリーキエ・ルーキがポーランド軍の手に落ちる。一五八一年にはプスコフが攻撃される。もはやロシアにとって限界であった。一五八二年、ロシアはポーランドと、翌年にはスウェーデンと講和を結んだ。ロシアはリヴォニアとベラルーシにおける占領地域をポーランドに返し、フィンランド湾岸の大部分をスウェーデンに譲った。四半世紀におよぶ戦争は何ひとつもたらすことなく、損害のみを残して終わった。

東方では大きな成功が得られた。西シベリアをおさえるシベリア・ハン国を併合したのである。この国はすでに一五五〇年代にモスクワの権威を認めていたが、六〇年代にクチュム・ハンがあらわれるとふたたび敵対的となる。イヴァンは西ウラル地方で製塩業などを手広く営むストローガノフ家を介し、一五八一年ごろカザークの隊長エルマークと約八〇〇の部隊を派遣する。エルマークはクチュムを追い払い、首都カシュルィクを占領した。彼自身はその後逆襲するクチュム軍に倒されるが、シベリア併合の第一歩は築かれた。

シベリア進出はロシア国家の外的発展を象徴する出来事であったが、内的にはロシアはむしろ困難に直面していた。それはイヴァン治世最末期に農奴制への傾斜というかたちであらわれた。あい続く戦乱、蔓延する疫病、そしてオプリーチニナの暴政は経済的危機を引き起こした。国の中央部と北西部は荒廃した。村々は荒れ果て、耕地を耕す者もいなくなった。多くの農民が増大する負担を嫌って領主のもとを離れ、国家と領主の締めつけのきかない南方、東方辺境地帯へと去った。労働力を失った領主層、とりわけ軍務を担う中心的存在である士族層の多くが勤務不能の状態に陥った。

政府としても彼らに労働力を確保する必要性に迫られた。かくて政府は農民に認められていた移動の権利(いわゆる「ユーリーの日」の規定)を撤廃し、農民を土地と領主に緊縛しようとした。一五八一〜八二年が「禁止年」と定められ、移動が禁止された。この禁止令はおそらく地域的に限定されていたのが、毎年繰り返されるあいだに、しだいに一般化されたと考えられる。この体制が完成するのは一六四九年の法典《ウロジェニエ》において時効(逃亡農民にたいする追及期限)が完全に撤廃されるにおよんでのことである。

一五八四年、その統治の峻厳さで畏怖の念すらも交えて雷帝《グローズヌイ》と呼ばれたイヴァンが世を去ったとき、ロシアは領土が著しく拡大したものの、政治は専制化し、経済は危機に陥り、内部から崩壊しかけていた。死の三年前、有能な長男イヴァンをふとしたはずみで死にいたらしめていた父イヴァンが残した後継者は、知力の劣るフョードルであった。

5　モスクワの社会と文化

社会と経済

モスクワは身分制的な社会であった。もっとも各身分は均質的ではなく、身分間の境界も流動的で、いずれにも帰属させにくいグループが多数あり、しかも複雑に変化したので、中世西欧諸地域とは異なる点が多かったが、基本的には身分制的な構造をしていた。

社会のもっとも上層に位置するのは大公・ツァーリとその直系親族であった。モスクワ公家はアレクサンドル・ネフスキーの末子ダニールを始祖とし、その子孫(リューリク朝のダニーロヴィチ一門)が大公位を占めた。大公権力は時代とともにその性格を変えたが、基本的には十六世紀末までダニーロヴィチ一門だけが大公位に就いた。ダニーロヴィチ一門で、大公以外の者(大公の子ら成人男子)は分領《ウジェール》を与えられ、分領公となった。分領制は最終的にはイヴァン雷帝がスタリツキー公を排除するまで続いた。

社会の基本的な部分は貴族、聖職者、都市ポサード民、農民からなっていたが、下層民のなかにはポサード民、農民以外の不定形なグループが多数あり、また民族的にも多様であった。主要身分自体も多様な構成をしていた。まず貴族であるが、それは中世末以降の西欧の同輩とは異なって、法的に明確に規定された存在ではなかった。それは旧独立公国の公家の成員で、のちにモスクワ大公に仕えることとなった者（公の称号を有する貴族《チトゥローヴァンヌイ》）やモスクワ大公に古くから仕える（公の称号をもたない《ニェチトゥローヴァンヌイ》）古参貴族などから、もっぱら大公から拝領する領地（封地《ポメスチエ》）あるいは俸給に依存する士族《ドヴォリャニン》層（それも宮廷や首都において勤務する者から、地方諸都市、辺境諸要塞に勤務する者などさまざまであった。中小士族層は貴族の子らジェチ・ボヤールスキエとも呼ばれた）まで雑多であった。このうち上層貴族は古くからボヤーレ（単数ではボヤーリン）と呼ばれたが、それはモスクワでしだいに貴族会議《ボヤールスカヤ・ドゥーマ》の成員を指すようになり、数も限定されるようになった（数名から数十名）。ボヤーレは大公・ツァーリによって任命された。それは多くの場合、由緒ある家門の者がなったので、世襲地《ヴォチナ》を有していることが多かったが、それにもかかわらず大公への依存度は高かった。

モスクワの貴族（ボヤーレ）　アダム・オレアリウス『新増補版モスクワ・ペルシア旅行記』（1656年）より。

聖職者は基本的にはいわゆる黒僧と白僧に分かれていた。前者は正式に出家・剃髪《ていはつ》し、いわば俗世間を捨てた者で、府主教以下の要職を独占した。他方、後者は在俗の聖職者で、教区教会の司祭は多くこの層に属していた。聖職者が全人口に占める割合ははっきりしないが、十三・十四世紀から急速に増えてきたと推測されている。俗世間における生活の厳しさ、不安定さがその傾向に拍車をかけた。十六世紀中ごろにロシアをおとずれたあるイギリス人が、修道院所領が全耕地の三分の一を占めたと伝えているところからも、聖職者の社会に占める割合は高かったといえる。ただ正教会の宗教・文化・政治的権威がその経済的力量に対応していたかとなると疑問が残る。ロシアの聖職者の知的・倫理的レヴェルの低さが指摘され、教会の世俗権力との関係においても、とりわけそれがコンスタンティノープル総主教座から独立したあとには、従属性を強めたことが明らかであったからである。オプリーチニナ期には府主教が雷帝により一方的に廃位され、やがて殺害されるということすら起きたのである。

農民は人口の圧倒的部分を占めていた。それは小家族を最小単位とする共同体を構成していた。共同体は長老のもとに各世帯主の協議で運営され、耕地の割り振り、税や諸義務の割当、構成員間の紛争の解決などをおこなったと考えられる。農民は国有地、御料地、領主地(世襲地や封地)、修道院領などに住んでいた。国有地はモスクワ時代にしだいに少なくなり、おもに北部地方や東・南部国境地帯などに残されるようになっていた。領主地に住む農民は、国税のほかに領主に地代そのほかの義務を負っていた。農民の税負担はいつの時代にも軽くはなかったが、とりわけモスクワ国家の形成・拡大期には重くなり、戦争と自然災害、オプリーチニナなどの続く十六世紀後半には、はなはだしいものとなった。農民はこれにたいして逃亡という手段で応じ(とくに負担の厳しかった封地の農民がそうである。彼らは条件のよい修道院や貴族らの大所領や世襲地に逃げ込むか、国境地帯、さらには国外に逃れてカザークとなった)、国家は士族・軍人層の保護のため、農民の移動を禁止することを考え始めた。農奴制への道である。

都市民も社会の重要な構成要素であったが、中世ロシアにおいて都市の果たした役割は西欧のそれとは異なっていた。それはまず数的にも多くはなかった。歴史家A・M・サハロフは、十四~十五世紀の北東ルーシに、経済的に都市といえるのは二九しかなかったと考えている。都市民の人口に占める割合も低く、十八世紀末においてすら三~四%にすぎなかった。モスクワの人口は時に一〇万人あるいはそれ以上といわれるが、住民の相当数が大公、貴族ら支配層とその隷属民、聖職者・教会関係者、軍人・各種勤務人、役人などで(それに相当数の浮遊民がいた)、商手工業従事者は(十七世紀の前半においても)全住民の一三%余りにすぎなかったと推測されている。商人のなかにはゴスチと呼ばれる大商人もいて、独自の団体組織をもっていたが(ゴスチ団体、その下にゴスチナヤ百人組《ソトニャ》、スコンナヤ百人組があった)、ツァーリに任命され、政府の意向に強く縛られており、自由な経済活動をおこなう余地はあまり残されていなかった。ポサード民といわれる一般の商手工業民も移動の自由が制限され、やがて租税負担のため共同体に縛りつけられていく。彼らはギルドに組織されることもなかった。

当時のロシアにはそのほかさまざまな住民がいたが、なかでも重要なのはホロープと呼ばれる奴隷で、それは十六~十七世紀にいたっても全人口の一割以上を占めていたと考えられ、各種所領における耕作者、手工業者、領主の館における下僕、また軍人として重要な役割を担っていた。また南方国境方面に逃れた農民らを核とするカザークも、しだいに重要なグループとして登場し始め、やがてドニエプル川、ドン川、テレク川などの方面で大集団を形成するにいたる。そのほかモスクワ国家の拡大とともにその版図に入った非ロシア人(タタール人、バシキール人、フィン系諸種族)もその後のロシア史を構成する重要な要素となっていく。

経済の基本はいうまでもなく農業にあった。基本的生産物はライ麦とオート麦(燕麦)であり、ほかに乳製品や、キャベツなどの野菜、川魚、また、森がもたらす果実、キノコ類などをあわせると生存可能な食糧は確保されたが、天候不順など条件しだいでは生活はしばしば脅かされた。何よりも耕作法が未熟で粗放であった。三圃《さんぽ》制は国の中央部で漸次普及しつつあったが、施肥が十分におこなわれなかったり、森林地帯では森を焼き払って耕地化し、地味が枯渇すればまた他所へ移るといった方法がとられていた。基本的な道具である犂《ソハー》も先端に鉄製の二本の刃をつけただけの初歩的なもので、馬一頭で容易に牽《ひ》け、そのため土壌深く掘り起こすことは困難であった。

ただし農民が孤立してまったくの自給自足的生活を営んでいたと考えるべきではない。少なくとも必需品の塩などは購入される必要があったし、しだいに金納化しつつある税や諸負担の支払いにも対応する必要があったのである。

その意味で、当時、交易、とりわけ国際交易がもっていた意味を軽視するわけにはいかない。ロシアはおもに二つの方向で外部世界と交易していた。ひとつは南方とのつながりで、ドニエプル川やドン川、ヴォルガ川などの大河を通じて黒海、カスピ海にいたり、近東・中東諸国と結ばれていた。ロシアの毛皮(とりわけクロテンやオコジョ)やそのほか森の産品(蜜蠟《みつろう》や蜂蜜など)、また西欧からの輸入品(毛織物など)は、ヴォルガ川中流域のブルガール経由でキプチャク・ハン国のサライに運ばれ、さらに南方諸国へともたらされた。ロシア人自身は東方から絹、金襴《きんらん》や琥珀《こはく》織のような綿織物、絨毯《じゅうたん》、香辛料、香料、真珠、宝石、武器などを手に入れた。また、ノガイ・ハン国からは年に二万頭にものぼる馬が購入された。キプチャク・ハン国解体後はロシア商人は直接クリミアに出かけ、そこでジェノヴァ商人との交易に従事した。彼らはゴスチ・スロジャーネと呼ばれた。

交易のもうひとつの方向は北西方であった。ここではノヴゴロドが主役を演じた。ノヴゴロドは古くからバルト海経由で西方とつながっており、ルーシ諸地方と西方とを結ぶ中継地であった。ここでももっとも重要な輸出品は、その広大な後背地から集められる毛皮や森の諸産品であった。これをノヴゴロド商人はこの地をおとずれるハンザ商人に売りつけた。もっともハンザ商人のバルト海航路独占は、ロシアにとってしだいに障害と感じられるようになり、イヴァン三世はノヴゴロド併合後の一四九四年、ノヴゴロドのハンザ商館の閉鎖を命じた。十六世紀にはハンザにかわってオランダ人、また、イギリス人がロシアに進出してきた。

ロシア経済は十五世紀末から十六世紀前半においてはおおいに成長したとみられる。学者によってはこの成長はきわめて著しく、十六世紀中ごろにはロシア経済は西欧のそれにならぶまでになったと主張する者もいるが、これはもちろん誇張である。ただ、十五世紀末からのモスクワのクレムリンの増改築、スモレンスクの巨大な要塞の建築、各地の活発な教会建築、貨幣経済の進展、都市数・都市民の増大、大商人《ゴスチ》の活躍などが一定の経済成長を物語っていたことは事実である。だが戦争やオプリーチニナなどすでにふれた事情のゆえに、その成果も世紀後半には失われた。ロシアは荒廃し、やがて「動乱」の時代を迎えるのである。

文化、思想、そして芸術

中世ロシアにおける公式的文化は基本的には教会主導のもとにあった。文学、教会建築、イコンそのほかの芸術は正教会と密接に結びついていた。もちろんキリスト教は、古くからの伝統的宗教や習俗を完全に排除し得たわけではない。むしろ両者は密接に結びつき融合していた。ただそこでは正教会の意志が第一義的に表明されていたのである。

文学ではまず年代記編纂が注目される。編著者・写筆者の多くは修道士であった。すでにキエフ期に広くおこなわれていた年代記編纂は、その後、地方都市においてもおこなわれるようになった。ノヴゴロドでは早くから年代記が編まれていたが、十三世紀以降もこの地方に固有の事象を記録する年代記が編まれ続けた。プスコフにおいても年代記編纂が始められた。ロストフ・スーズダリ地方においても一一七七年の『ウラジーミル年代記集成』が編まれ、ルーシにおけるこの地方の主動的役割を強調した。ガーリチ・ヴォルィニ地方でも、ダニール公の治世に固有の年代記が編まれ始めた。その後モスクワが台頭、他国を圧倒するにいたると、モスクワにおいて統一国家の立場を表明する全ロシア的年代記が成立していく。

聖者伝も書き続けられた。モンゴル侵入期には国家と教会のために殉教死をとげた聖人の伝記が多く書かれ、十四〜十六世紀には禁欲的な生活で知られる修道院の創設者ら(ラドネジの聖セルギーなど)の伝記が多かった。また十四〜十五世紀には、南スラヴの伝統の影響を受けた「ことばの編み細工」と呼ばれる複雑な文体で聖者伝が書かれた。エピファーニー・プレムードルイが代表的作者である。十六世紀には国家の統一と並行して教会の統一もはかられ、多くの「奇蹟行使者」の列聖がおこなわれたが、このとき府主教マカーリーのもとで二万七〇〇〇ページにのぼる聖者伝集『大聖人暦《ヴェリーキエ・チェーチー・ミネイ》』が編纂された。ルーシの聖者伝は、ビザンツや南スラヴのそれとはやや異なる特徴を備えていた。たとえば、ルーシでは聖者の死後の奇蹟の描写が多い、諸公など俗人の聖人(ボリスとグレープ、ミハイル・チェルニゴフスキー、アレクサンドル・ネフスキーなど)が多い、公女以外の女性聖者は知られていない、聖愚者聖人《ユロージヴィ》が多い、などである。聖愚者聖人とは、正教世界において尊崇された存在で、狂人を装い、時に教会の教えや権力の意向を無視したりした。

もちろん直接教会と関係しない文学もあった。ポロヴェツ人との戦いを描いた『イーゴリ遠征物語

（軍記）』（十二世紀末か）や、強力な公権の必要性を唱え、公に自己の窮状を訴える従者ダニール・ザトーチニクの『懇願』（十三世紀）、モンゴル侵入時の悲劇を描いた『バトゥによるリャザン襲撃の物語』（十三世紀）、ドミートリー・ドンスコイのモンゴルとの戦いを詠った『ザドンシチナ』（十四世紀末）、商人アファナーシー・ニキーチンのインド旅行記『三つの海の彼方《かなた》への旅』（十五世紀後半）などがその代表である。

重要なのはモスクワ国家の成長とともに十五世紀後半から出現する政治時評的作品である。モスクワへの併合直前のノヴゴロドの自立志向を表明する『ノヴゴロドの白頭巾の物語』、「モスクワ・第三ローマ」理念を表明する修道士フィロフェイの書簡、モスクワ君主の祖先がローマ皇帝アウグストゥスであることを論じた『ウラジーミル諸公物語』などが有名であるが、とくにイヴァン雷帝期にこの種の作品が多くあらわれた。たとえば、世界創造以来の歴史と雷帝にいたるリューリク朝君主の歴史を集大成した一万七〇〇〇余の挿し絵をもつ約一万葉からなる、モスクワ国家の公式的大図解年代記ともいうべき『絵入り年代記集成』が編まれたし、雷帝によるカザン征服の偉業を論じた『カザン・ハン国の歴史』、雷帝にたいしてオスマン帝国のスルタンの強力な統治を推奨し、貴族を退け戦士層を重視すべきことを説いたイヴァン・ペレスヴェートフの著作などがあらわれた。雷帝の統治をめぐる『クールプスキー公とイヴァン雷帝の往復書簡』、教会の立場から貴族や町人の生活のあり方や道徳規範を示した『家庭訓《ドモストロイ》』なども重要である。

教会のあり方をめぐっても活発な著作活動が展開された。すでに十四世紀後半から、ノヴゴロドを中心にストリゴーリニキ異端が出て正統教会を批判していたが、十五世紀末になると「ユダヤ派」と呼ばれる異端がノヴゴロドに、のちにはモスクワにもあらわれた。今ではこのような名称の下にまとめられる異端グループがいたことは疑問視されている。ただ、聖職売買《シモニーヤ》や教会の堕落、時には三位一体などの教義をも批判し、またイコンを偶像として排撃する人々が多数いたことはたしかであろう。教会側はノヴゴロド大主教ゲンナージー、とりわけヨシフ・ヴォロツキーが『啓蒙者』などの著述を通じて異端を厳しく断罪した。ヨシフ派(保有派《スチャジャーチェリ》とも呼ばれる)の立場は教会や修道院の社会的意義を説き、所領経営を是認するものであったので、一部の修道士(ニル・ソルスキーら非保有派《ニエスチャジャーチェリ》ないし「ヴォルガの彼方《かなた》の隠者たち」)から批判を受けたが、結局ヨシフ派がこれを退け、正教会内の主流派的地位を獲得した。彼らは、ルネサンスのイタリアで学び、アトス山で修道生活を送り、やがてロシアにいたって活発な著述活動をおこなったギリシア人マクシム・グレクをも迫害し、ロシアにおける知的水準の向上の可能性をつみ取った。彼らはその後モスクワ君主権力を積極的に支持し、俗権と密接な関係を結んだ。教会が世俗権力と密接に協力し、やがてそれに従属的な立場に入るというロシア的な教会のあり方が、ヨシフ派の勝利とともにほぼ固まったということができる。

十六世紀中ごろにも正統教会や時には社会・政治のあり方をも批判する「自由思想家」が多く出た。ホロープ制がキリスト教の精神に反することを説いたマトヴェイ・バシュキン、聖書との真剣な取り組みと個人の自己完成を説いた修道士アルチェミー、その弟子で人間の平等を説き、ホロープ制と領主権力を否定したフェオドーシー・コソイなどがそうである。後二者は迫害を逃れてリトアニアにいたり、その地でも自己の主張を訴え続けた。

文学について語るとき、十六世紀中ごろの書籍印刷の始まりについてもふれておく必要があろう。ロシア最初の書籍印刷は一五五三年ごろのことといわれているが、印刷者の氏名などは知られていない。確かなのはその後モスクワのニコーリスカヤ街に印刷局ができ、そこでイヴァン・フョードロフが一五六三〜六四年に最初の本(『使徒行伝』)を印刷したということである。彼はその後、異端の疑いをかけられ、リトアニアに逃れた。これでロシアで書籍印刷が途絶えたわけではなかったが、印刷されたのがおもに神学関係の書籍であり、この近代技術がこの段階でロシアの学術の発展に大きく貢献したとはいいがたかった。

つぎに建築をみてみよう。この時代の初めには何といってもノヴゴロドにみるべきものが多かった。古来ノヴゴロドの建築は端正でかざらぬ堂々としたスタイルで知られている。この町はモンゴルの襲撃を直接受けたわけではなかったので、一時の停滞はあったものの、十三世紀末には他に先駆けてふたたび石造建築が建てられ始めた。ウラジーミル・スーズダリ地方でもアンドレイ・ボゴリュプスキー公の治世に、ウスペンスキー聖堂やネルリ河畔のポクロフ教会が建てられたが、これらには西欧のロマネスク様式の影響がみられる。つぎのフセヴォロド大巣公期にはドミトリエフスキー聖堂が建立された。それは聖堂外面上部に五六六もの彫刻が彫られているが、その大部分が世俗的なモチーフによるものである。

モンゴル侵入後、石造建築は長いこと中断した。それが再開されるのは十三世紀末のことであったが、すぐには多くはならなかった。モスクワにおける最初の石造建築は、一三二六年のウスペンスキー聖堂である。モスクワのクレムリンの城壁が石造となったのは、一三六七年のことであった。それが本格的な建築ブームを迎えるのは、十五世紀末イヴァン三世期のことである。このときイタリアから建築家や職人が招かれ、その指導のもとにクレムリン内のウスペンスキー聖堂(府主教座聖堂)、アルハンゲリスキー聖堂(大公家の霊廟)、ブラゴヴェシチェンスキー聖堂(大公家の私教会)、グラノヴィータヤ宮殿などが現在みられるようなかたちで建てられた。クレムリン城壁もあらたに建造された。建築ラッシュはその後も続き、エレーナ・グリンスカヤ期にはクレムリン東側の商業地区キタイ・ゴロドが城壁で囲まれ、十六世紀末にはベールイ・ゴロドが防御壁で覆われた(現在のブールヴァール環状道路の線)。その外側のゼムリャノイ・ゴロドも十六世紀中には土塁で囲まれた(現在のサドーヴォエ環状道路の線)。雷帝期にはまたクレムリン前広場(のち十七世紀に赤の広場と呼ばれる)の一角に、カザン征服を記念してポクロフスキー聖堂、のちのヴァシーリー・ブラジェンヌイ教会も建立された。

つぎに絵画であるが、ロシア中世絵画といえばイコンである。イコンはとくにギリシア正教世界において発達をみたが、ロシアにおいても多数作成された。モンゴル以前の作品でその後の時代にも尊

アンドレイ・ルブリョフのイコン「聖三位一体」

ばれ大きな影響を与えたのは、いわゆる「ウラジーミルの聖母」のイコンであろう。それは十二世紀前半のビザンツで作成され、キエフにもたらされ、のちに北東ルーシのウラジーミルを経てモスクワに終《つい》の住《す》み処《か》を見出すようになった。その慈愛と憂愁に満ちた表情ゆえに深く敬われ、多くの同種のイコンのモデルとなった。イコンは描かれる対象や絵の構成などについて、伝統に基づく厳格な決まりがあって、作者の個性が表面に出ることは少ないが、それでも十四～十五世紀には何人もの個性的なイコン画家が知られている。なかでもフェオファン・グレクやアンドレイ・ルブリョフ、ディオニーシーらが重要である。とりわけルブリョフはモンゴルとの戦いの時代にあって、平安と静寂、神への信仰と人にたいする共感をあらわすイコンを、おだやかな色彩で描き出し、深い感動を人々に与えた。その「聖三位一体」や「救世主」はロシアを代表するイコンである。

第四章　「動乱」とロマノフ朝の始まり

1　「動乱」

「動乱」とその原因

十六世紀末から十七世紀初頭にかけての時期は「動乱《スムータ》」時代と呼ばれる。なぜそう呼ばれたかは以下にみていくことになるが、同時代の人々はこれを「騒乱《ミャチェーシ》」「荒廃《ラズルーハ》」などとも表現している。ソヴィエトの歴史家は、時代区分の用語としては「動乱」という語を避ける傾向にあったが、ここではそれに留意しながらも、あえてこの語を使用する。

「動乱」時代が厳密にいつの時期を指すかについては意見が分かれている。雷帝の死(一五八四年)、フョードル帝の死・リューリク朝の断絶(一五九八年)、ボリス・ゴドゥノフ帝の死・偽ドミートリーの即位(一六〇五年)などをその始まりの年とすることが多いが、ツァーリや王朝でみるのではなく、十七世紀初めの大飢饉や盗賊の横行、農民反乱、偽皇帝の出現などをも含めて総合的にみようとする見方も出されている。いずれの見方にもそれなりの理由がある。ここではこれを広くとらえ、雷帝治世晩年からロマノフ朝成立までを念頭に置いて考えてみたい。終わりの時期も、あえていえば、ロマノフ朝成立年と断定することはできないが、一応の区切りということでこう考えておく。

さて、何ゆえ「動乱」といわれるのかであるが、いくつかの要因が考えられる。まずリューリク朝が断絶し、政治状況が不安定になったことである。たしかにボリス帝などはよき統治に心掛けたのであるが、結局は失敗したのであった。つぎに自然災害も無視できない。すなわち一六〇一～〇三年にわたる大飢饉などがロシアを直撃したのである。大規模な反乱が起こり、帝位僭称《せんしょう》者があいついで出現し、外国軍が侵入したのも、すべてそこに起因したと考えることができるが、これらはこれらでさらに時代を混乱と崩壊に導く原因となったのである。しかし、これもそれまでのロシア社会が安定していれば、克服できたかもしれない問題であった。ところがそれがそうではなかった。つまり最後のリューリク朝皇帝フョードルと実力者ボリスが引き継いだロシアは、すでにおおいに病んでいたのである。その意味で「動乱」の遠因はイヴァン雷帝治世に潜んでいたと考えなければならない。

「動乱」の始まり――リューリク朝の断絶とボリス・ゴドゥノフの治世

雷帝の子フョードルは自ら統治する能力を欠いていた。彼の名で権力をふるったのは、権力争いに勝利したボリス・ゴドゥノフであった。彼はフョードルの妻イリーナの兄であった。ボリスの妹がフョードルと結婚した一五七五年ころは、フョードルが帝位を継ぐ可能性はほとんどなかった（有能な兄のイヴァンが健在であった）ので、ボリスも地味な存在にとどまっていた。それが思いもかけぬことにフョードルが帝位に就いたために、ボリスの存在は俄然注目されることになった。彼はツァーリの義兄の立場を利用して、宮廷内の貴族諸党派を巧みに操縦し、一五八六年から八七年にかけてはついに実権を握るにいたった。そしてフョードルが没し、リューリク朝が断絶した一五九八年には、全国会議を召集して自らがツァーリに選出されることになる。それゆえボリスは、実権を握ってから皇帝在位期間をも含めて、一九年ものあいだ最高権力者の地位にいたことになる。彼の統治が重要とされる所以である。いわば彼の統治しだいでは雷帝期の負の遺産を帳消しにし、「動乱」を阻止することができたかもしれなかったのである。

ボリスは有能な統治者であったようにみえる。まず彼は外交面で成果をあげた。クリミア・タタールへの備えを堅くし、一五九一年にはその侵入を撃退した。これはリヴォニア方面での戦争に集中し、南方への備えを怠った雷帝とは異なる政策の成果であった。シベリア方面への進出も順調に進められた。対西方外交の面でも、ポーランドの攻勢を未然に防止し、スウェーデンからは若干の領土を奪い返すことに成功した。

もっともボリス外交の最大の成果は、一五八九年の総主教座の創設であった。ロシア正教会の最高位はモスクワ府主教位であった。これを総主教に格上げするという考えがいつあらわれたかは不明である。モスクワはビザンツ滅亡後、唯一の正教帝国となった。それゆえ、それが全正教世界の中心であるとする考えは、すでにフィロフェイの「第三ローマ」理念にもあらわれていた。世俗権力がただちにこの考えを採用したわけではなかったが、ツァーリ権力が強化されるにつれて、たとえば雷帝期にそれが具体化されようとしたとしても不思議ではなかった。だがこれを正式に提起したのはボリス政府であった。モスクワはコンスタンティノープル総主教のモスクワ訪問の機会をとらえて、これを承認させたのである。これによりモスクワは、少なくとも正教世界の中心地のひとつとなった。

内政面でもボリスは奮闘した。ボリス政府の最大の課題は雷帝期に疲弊した国土の復興であった。とくに長期の戦役と農民の逃亡で破滅しかかっていた士族・勤務人層の救済が、緊急の課題であった。ボリスは一五九七年十一月二十四日の法令で、過去五年間に逃亡した農民を捜索して旧主のもとに連れ戻すことを定めるなど、農奴制への方向を一層進める政策を採用した。都市ではポサード建設策をはじめて本格的に追求し、国税を負担するポサード民が大領主の「託身民」となることを禁じてポサード共同体の保全をはかり、租税収入の減少を防いだ。

このようにしてボリスの統治は順調に推移したようにみえる。彼がフョードル亡きあと全国会議においてツァーリに選出されたのも、けっして不自然であったわけではない。もちろん権力掌握に際しての振る舞いは巧みであったが、やはり彼の統治者としての非凡な才能と実績が彼を帝位に押し上げたと考えるべきである。彼の統治手法も雷帝のそれと違って慎重で、門閥貴族層と不必要な摩擦を起こさず、テロルに走ることもなかったのである。

にもかかわらずボリスの統治が結局は「動乱」を阻止できなかった理由は、彼の引き継いだ負の遺産のあまりの大きさと、事態の過酷な推移のうちに求められるべきであろう。

まず三年間におよぶ大飢饉がロシアを襲った。ボリスは迅速に対応した。穀物の固定価格制を導入し、困窮者に補助金を与え、一時的にユーリーの日の規定を復活し、領主も養えないような農民にそのもとを去ることを許した。成立しつつあった農奴制を一時的に緩めたといえる。つまりボリスはロシアにおいてすら前代未聞といわれた大飢饉のなかで、考え得る限り最善の対策を講じたが、それは焼け石に水でまったく効果がなかったのである。正当な資格もなく皇帝の位に就いたボリスは、誰をも満足させることができず、むしろすべての者の怨嗟《えんさ》の的となった。

こうしたなかでポーランドに、自分こそが真のツァーリで、ボリスは帝位簒奪者であるとする人物が出現した。いわゆる偽のドミートリーである。その軍がロシアに侵入するなかで、病床にあったボリスが死去する。偽ドミートリーがクレムリンに入城して即位する。一年後に彼がクーデタで倒されると、大規模な反乱が起きる。雨後の筍のように、帝位僭称者たちが続出する。外国軍が侵入してくる。「動乱」である。以下に順を追ってみていこう。

偽ドミートリー1世　F.スミャジェッキ作の版画。1604〜05年。

「動乱」の深まり——偽ドミートリー一世の出現

ポーランドに皇子ドミートリーを名乗る人物があらわれたのは、一六〇二年秋のことであった。ドミートリーというのは雷帝の子で、フョードル帝の異母弟であったが、一五九一年に不慮の死をとげていた。当時八歳であった。その死については、当時からボリス・ゴドゥノフによる暗殺という疑惑がささやかれていた。フョードル後の権力を希求したボリスが、帝位継承者を排除したのだと考えられたのである。これが暗殺死であったかどうかは歴史家のあいだでも論争があるが、いずれにせよ皇子の死自体は否定できない事実と考えられるので、のちにあらわれる皇子ドミートリーはすべて偽者ということになる。

さて最初の偽ドミートリーは、一六〇四年秋、モスクワで一旗あげようというポーランドの中小貴族(士族《シュラフタ》)やあぶれ者、傭兵、カザークなど数千人を率いて国境をこえ、ロシアに侵入した。それは必ずしも強力な軍隊ではなく、時には敗北し多数の死者を出して退却したりするありさまであったが、「真の皇子」あらわれるという噂は大飢饉に痛めつけられていたロシアの地方都市民や農民のあいだに広がり、偽皇子の軍を支えることとなった。他方、モスクワではボリスが長いこと病床にあって、これに効果的に対処することができなかったこともあり、市民のあいだに動揺が広がっていた。しかもまもなく一六〇五年四月十三日、当のボリスが世を去ってしまう。政府軍が瓦解する。かくて六月二十日、僭称者が混乱するモスクワに入城した。偽ドミートリーはツァーリ・ドミートリーとなったのである。

「動乱」の極限状況――僭称者の続出、ポーランド軍の侵入

偽ドミートリーはわずか一一カ月しか皇帝の座にとどまることができなかった。モスクワに依拠すべき社会層も政治勢力ももたなかった偽皇帝が、その場あたり的、浪費的統治をそう長く続けられるはずもなかった。彼につき従ってきたポーランド人やカザークがモスクワの住民の反感を買うことになるや彼らに暇を出しはしたものの、もはや人々の不満を抑えることはできず、結局ヴァシーリー・シュイスキーらによるクーデタであっさりと倒された。

クーデタ直後、貴族らによりシュイスキーがツァーリに選ばれた。シュイスキー家はアレクサンドル・ネフスキーの弟に発する名門であったが、同家からそれまでモスクワ大公・ツァーリとなった者はいなかった。それに今回の即位はほとんど簒奪に近かった。状況も混沌としており、統治は困難であった。かつて偽ドミートリーを支えた南西ロシアにおいて、反乱が起きつつあった。また「真の」皇帝ないしその縁者を称する者が続々とあらわれてきた。

反乱の狼煙《のろし》をあげたのはプチヴリの軍司令官シャホフスコイ公であった。彼はシュイスキー政府打倒を叫び、折から激化しつつあった広汎な人々の反中央の運動と連動して兵をあげた。そのなかからあらわれたのがボロトニコフで、彼は一六〇七年の夏、反乱軍を率いてモスクワをめざし、十月末にはこれを包囲するまでにいたった。しかし農民・ホロープに依拠するボロトニコフと反政府的士族層とではめざすものが違っていた。反乱軍に分裂が起こり、ボロトニコフ軍は撤退、結局トゥーラで逆に政府軍に包囲され、その間これに合流した偽皇子ピョートル(イレイカ・ムーロメッツ)とともに、一六〇七年秋、ボロトニコフは捕らえられた。ソヴィエトの歴史家はこの反乱を中心とするこの時期のさまざまな動きを、全体として「農民戦争」と規定したが、必ずしも農民中心の反乱ではなかったし、明確に封建体制打倒を志向していたわけでもなかった。

一方、偽ドミートリーが倒れてまもなく、ツァーリ・ドミートリーは生きているという噂がささやかれ出した。やがて一六〇七年六月、南西ロシアのスタロドゥプに偽ドミートリー二世があらわれた。秋にはポーランドのシュラフタや傭兵も加えて、ボロトニコフ救援のためにトゥーラへ向かう。途中ボロトニコフ軍降伏の報が入ると、翌一六〇八年には今度はモスクワへ向けて進撃し、六月にはモスクワ郊外のトゥシノに布陣、その後一六〇九年末まで一年半にもおよぶモスクワ包囲戦に入った。

この後さらにドミートリーを騙《かた》る第三の人物があらわれたほか、フョードル帝の子、あるいは雷帝の孫を名乗る者などもあらわれ、混乱が深まった。僭称現象はこれ以後ロシアの伝統となり、十九世紀まで多数の僭称者が出現することになる。

さてこうしたなかで今度は外国軍が介入してくる。まずシュイスキー政府の要請で一六〇九年五月、スウェーデン軍が北方から南下し、偽ドミートリー支配下の北部地域を解放する。ところがこれをみて今度はポーランドが乗り出す。ポーランド人はすでに偽ドミートリー一世軍に多数加わっていたが、そのときはポーランド王はモスクワとの全面対決を望まず、自国の冒険者たちからは距離を置いていた。それが一六〇九年の夏の終わりにジグムント三世自身が軍を率いてロシアに侵入したのである。ポーランド軍は九月にスモレンスクを包囲し、さらに一軍をモスクワへ向けて進撃させた。スモレンスク包囲は一六一一年六月まで二〇カ月余り続き、その間ここのポーランド王の陣営は、シュイスキーのモスクワから、またトゥシノの偽ドミートリー二世のもとからさまざまな人々がおとずれ、さながらミニ外交交渉の中心地と化した。

その間トゥシノ軍の崩壊が進行する。偽ドミートリー二世軍中のポーランド人のなかに、スモレンスクの王のもとへ去る者が続出し、ロシア人のなかにも長期の包囲戦に疲れて去る者が出てきた。偽ドミートリーは南方へと撤退を余儀なくされる。その後、彼は一旦は態勢を建て直しふたたびモスクワに押し寄せるが（このとき一六一〇年七月モスクワでクーデタが起こり、シュイスキーが廃位され、かわっていわゆる七人貴族会議《セミボヤールシチナ》政府が成立する）、時を同じくして西方からポーランド軍もモスクワに迫ったために、なすすべもなく撤退し、結局その年の末、配下の手にかかってあえない最期をとげたのであった。

モスクワに到達したポーランド軍は七人貴族会議政府とのあいだで協定を成立させ、一六一〇年八月、モスクワに入城した。その後に結ばれる協定ではポーランド王子ヴワディスワフが正教に改宗のうえ、ツァーリとして即位することになっていた。モスクワの貴族層は権力が下層民の手に移ることを恐れたのである。彼らは実権を自らの手中に確保できると確信していた。ポーランド軍の占領はこのあと二年二カ月にわたって続けられる。

「動乱」の収束——国民解放軍の成立、モスクワ解放

モスクワからロストフ府主教フィラレート（フョードル・ロマノフ）、貴族ヴァシーリー・ゴリーツィンらの使節団がスモレンスクへ向けて出立した。ジグムント王とのあいだで王子を迎える準備交渉をおこなうことになっていた。もっとも王のほうでは交渉などする気はなかった。そもそも彼は自らがツァーリになろうと考えていた。ロシアがポーランドに併合される危険性が出てきた。使節団は王の軍営のなかで、さながら捕虜のような状態に置かれた。

モスクワでは状況が悪化していた。入城直後は慎重に振る舞っていたポーランド占領軍がしだいに横暴化し、住民や士族・勤務人層に不満が高まってきたのである。総主教ゲルモゲンは王自身がモスクワを支配しようとしているとして、反ポーランド・反カトリックの立場を鮮明にしたため、キリー

ロフ修道院に拘禁された。モスクワでは一六一一年二月、三月と続けて蜂起が起こった。いずれも占領軍の追放には成功しなかったが、三月の蜂起後はポーランド人はクレムリンとそれに接するキタイ・ゴロド(クレムリンの東側の商工街区)のみを確保するだけになっていた。

こうしたなかで一六一一年一月以来、ニジニ・ノヴゴロドやヴォログダの町が反ポーランド闘争を呼びかけ、ヤロスラヴリなど多くの町がこれに呼応した。二月から三月にはリャザン軍司令官リャプノフを中心に、いわゆる第一次国民軍が結成された。トゥシノの偽ドミートリー二世軍の崩壊後、行く先を失っていた多くの士族、カザーク、時には貴族もこれに加わり、三月にはモスクワを逆包囲するにいたった。国民軍は士族層を束ねるリャプノフのほか、トゥシノ陣営にいたトルベツコイ公、カザークを率いるザルツキーが指導部を構成し、六月には「全土の決定」を発し、今後のロシア統治のあり方を示した。「決定」は諸階層の利害の調整をはかることをひとつの目的としていたが、この点では第一次国民軍は成功せず、リャプノフは翌月カザークによって殺害され、士族・勤務人層は陣営を離れた。国民軍は瓦解した。モスクワ郊外はカザーク諸集団が跋扈《ばっこ》する状況となり、混乱が続いた。

そのころスモレンスクがポーランド軍に降伏し(六月)、かつての同盟国スウェーデンも公然と領土を要求し始め、ノヴゴロドを占領した(七月)。ノヴゴロド市民はスウェーデン王子カール・フィリップをツァーリとして受け入れることを誓った。

危機が深まるなか、ニジニ・ノヴゴロドからふたたび国民軍召集の動きが出てきた。同市のポサード民、商人クジマ・ミーニンの呼びかけで第二次国民軍が結成される(一六一一年九月)。私財を投げ打ち、寄金を募り、兵を集め、武器弾薬を調達し、諸都市に呼びかけたのである。獄中の総主教ゲルモゲンの国土解放を呼びかける回状も効果があった。指揮官には、半年前のモスクワ蜂起を率いて負傷したポジャルスキー公が選ばれた。一六一二年二月、第二次国民軍はモスクワへ向けて進撃した。それはヤロスラヴリで数カ月間態勢を整えたあと、七月南下し、首都をめざした。モスクワ周辺のカザークは、国民軍と、このころモスクワのポーランド人の救援に向かっていたジグムント軍の双方の接近に脅え、多くは南方へと逃げ去った。一部は国民軍に合流した。国民軍とポーランド軍はモスクワ郊外で衝突するが、国民軍がこれを撃退し、そのままモスクワを包囲する。十月二十二日国民軍はキタイ・ゴロドを奪い、十月二十六日にはクレムリンに閉じこもっていたポーランド人部隊が降伏、モスクワは解放された。あらたなツァーリを選出し、国を建て直すことが緊急の課題であった。

2　初期ロマノフの時代

「動乱」後の政治と社会

一六一三年二月、ポーランド人の支配から解放されたモスクワで、空位となっていたツァーリの座に新しい君主を選ぶ全国会議が開催された。会議は、イヴァン雷帝の最初の妃を出したロマノフ家の若い後継者ミハイルを選出した。ロマノフ家はイヴァン・カリターの時代にさかのぼる古い家柄の貴族ではあったが、まだ十六歳のミハイルが選ばれたのには理由があった。彼の父親で実力者のフョードル・ロマノフがポーランドに囚われていて同情を買ったこと、また、古い名門貴族にとっては若いツァーリは操りやすい存在であったことなどである。ミハイルに始まるロマノフ朝が、その後三〇〇年にわたってロシアの君主として君臨するとは誰も予想だにできなかっただろう。彼はおとなしく、

ミハイル・ロマノフの即位　1613年２月，モスクワの赤の広場で催された初代ミハイルのツァーリ選出宣言。17世紀の細密画から。

敬虔な人柄であった。したがって初期にはサルティコフ家、ムスチスラフスキー家などの寵臣《ちょうしん》が政治の実権を握ったが、全国会議は引き続き開催され、若いミハイルの統治を支える重要な役割を果たしたのである。

ロマノフ新政権の当面の課題はロシアを占領している外国の敵を追い払い、人々に安全をもたらすことであった。だがそれは容易ではなかった。三十年戦争の前夜の一六一七年二月、政府はスウェーデンの国王グスタフ・アドルフと和平にこぎつけた。ロシアはノヴゴロドの返還とツァーリの承認を受けるかわりに、東カレリアとインゲルマンランドを譲り、二万ルーブリを支払った。スウェーデンはその後三十年戦争の戦勝国としてドイツにも領土を獲得するが、このときから約一世紀にわたってバルト海の制海権を握るのである。翌年にはポーランドとも、モスクワの北のデウリノで休戦がなされた。三十年戦争の勃発にあたって、ポーランド議会がロシアとの戦いのための資金供出を拒否したためである。それでもロシアはスモレンスクを含む西部地域の回復を諦めなければならず、ミハイルのツァーリとしての承認も拒否された。唯一の成果は捕虜となっていたミハイルの父の帰還であった。

一六一九年夏に帰還したフョードルはすぐに総主教に就任して、フィラレートを名乗った。彼は「大君」の称号を受け、ミハイルの共同統治者としてエネルギッシュに活動を開始した。ポーランドにたいする復讐を意図して、軍隊の拡充がなされた。銃兵隊の財政的手当てのために税制改革に着手し、また歩兵連隊中心の「新軍」を編成した。その軍隊を指揮する将校としてヨーロッパ人が採用された。「新軍」は六万六〇〇〇人の規模となり、ヨーロッパ人将校も二五〇〇人におよんだ。こうして一六三二年からスモレンスク包囲が始まったが、フィラレート自身は翌年亡くなった。また、モスクワ解放の英雄の一人シェインの部隊も敗れて、スモレンスク奪還はまたしても失敗に終わった。ポーランドはロシアの占領地域を返還させ、二万ルーブリを支払わせるかわりに、国王ヴワディスワフはようやくツァーリの位の要求を断念した。

一六三七年、政府はあらたな対外的な困難に直面した。ドン・カザーク（コサック）の部隊がアゾフ要塞を占拠して、モスクワに軍事的援助を求めたのである。いわゆる「アゾフ籠城」である。スルタンは彼の帝国に住むすべての正教徒住民を根絶すると脅した。政府には強大なオスマン帝国を敵にして戦う資金の力はなく、ドン・カザークに要塞の放棄を命じた。四年におよぶ「アゾフ籠城」は不名誉な結末を迎えたのである。

「動乱」は、もとより経済的にも真の破局であった。人口は大きく減少し、耕地の多くは打ち捨てられ、木々が生いしげっていた。各地で盗賊や農民の暴動が頻発した。また、税負担を逃れるために貴族や修道院といった有力者の「託身者」となる者もあとを絶たなかった。とくに被害が大きかったのは中央部の諸郡とノヴゴロド地方であった。封地をもつ領主たち、つまりツァーリの軍隊の主力であった士族たちは集団嘆願書を提出して、政府にたいして自己の苦境を訴えた。裁判制度の改革、南部の豊かな地方での土地の下賜、そしてとりわけ五年間という逃亡農民の捜索期限の撤廃を求めた。

彼らの勤務中に村から農民たちが辺境の豊かな土地へ逃亡し、あるいは他の領主たちによって自領に強制的に連れ出されたからである。士族たちの強い求めに応じて逃亡民の捜索期限は九年、そして一〇年に延長された。また「連れ出し」については一五年とされたが、なお全面的な撤廃にはいたらなかった。

他方で、ロシアの商人たちは外国人との競合というあらたな問題に直面していた。ヨーロッパ、とくにイギリスやオランダといったプロテスタント諸国からやってきた商人や企業家たちは、ツァーリ政府の保護のもとに工場を建て、その利益を独占した。アンドレイ・ヴィニウスが仲間とともにトゥーラに建てた鉄工場は一六三七年に操業を始めたが、そうした国家の軍事的需要に応える精銅・ガラス・製紙などのプラントがあいついで建設された。また外国人商人たちはアルハンゲリスク経由の外国貿易や卸売りだけでなく、ロシア人商人を使って小売り業にも進出し始めた。危機感をいだいたロシア人商人は、一六二七年以来、何度も政府に嘆願書を出して彼らの排除を訴えた。大商人《ゴスチ》は外国貿易、土地所有などの諸特権のかわりに政府の代理人として各種の事業にたずさわった。

一六四九年法典と農奴制の確立

ロマノフ家の初代ミハイルは一六四五年に没し、十六歳の息子のアレクセイがツァーリの座に就いた。新しいツァーリの即位に際して全国会議が開かれることはなかった。つまりツァーリの座は世襲されたのだが、アレクセイの不人気の原因のひとつがここにあった。若いアレクセイを支えたのは、彼の扶育官であったボリス・モロ－ゾフであった。彼の領地は全国一九郡にあり、農民九一〇〇世帯を抱えていたが、そのほかに石灰製造など数多くのマニュファクチュアを経営して、巨万の利益を手にしていた。だがその恵まれた地位は束の間であった。一六四八年六月にモスクワで発生した塩一揆によって権力の座から引きずり降ろされたからである。

ロシアの農民　ロシアの農奴制は1649年の「会議法典」により法的に確立した。主人である土地貴族に人格的に隷属したが，国有地農民など比較的自由な農民もかなり存在した。

塩一揆は、モロ－ゾフによる塩税の引き上げに端を発する。彼はほかの諸税の撤廃のかわりに、直接税である塩税の引き上げという税制改革に乗り出した。だがこれは塩の買い控えなど民衆の反発を引き起こしたため、撤回を余儀なくされた。そして前の二年間に「滞納された」諸税の徴取に乗り出したために、一六四八年には三年分の税の徴収を求めた。怒った都市民衆はクレムリンに押しかけ、首謀者であるモロ－ゾフの引き渡しを求めた。アレクセイは眼に涙をためて、自分の扶育官の助命を乞うた。モロ－ゾフは許されたが、修道院へ入った。この一揆で政府高官や特権商人たちの館が襲撃を受け、命を落とした。また民衆にも約二〇〇〇人もの犠牲者が出たが、モスクワでは社会改革に向けてのあらたな動きが始まった。全国会議が召集され、新しい法典の作成が決定された。

翌年一月に発布された「会議法典」は全体で二五章九六七項からなるが、そのうちもっともよく知られているのは第一一章の「農民裁判について」である。逃亡農民の捜索期限が撤廃され、今後逃亡農民を隠す者には高額な罰金が定められた。農奴制つまり農民の土地緊縛が完成したのであり、長年にわたってそれを求めてきた士族たちの「勝利」であった。このことは農民逃亡がなくなったことを意味するわけではない。むしろその逆である。逃亡が増えた一六五〇年代後半には士族たちの強い要請に応じて、政府の手による全国的な捜索が実施され、罰金も引き上げられたのである。

「会議法典」は、そのほかに聖俗の領主が都市にもつ無税の商工地区《スロボダ》を撤廃することで、都市民衆の利益に応えたが、彼ら担税民は居住地の変更を禁じられた。また、貴族たちは担税民を私的な奴隷《ホロープ》として受け入れることが禁じられた。とくに教会の受けた打撃は大きかった。都市にもっていた多くの無税の商工地区を失っただけでなく、あらたな土地の受け取りは禁止された。さらに世俗の修道院官庁の設置によって、既得の裁判権なども制限を受けることになったのである。一六四九年の法典は、もとより旧来の既定の集成がおもであり、半世紀後にはすでに時代遅れになったが、形式的には一八三五年一月まで効力を有したのである。

ウクライナの「併合」

モスクワの塩一揆とほとんど時を同じくして、ドニエプル川流域のカザークたちが、ポーランド国王にたいして反旗をひるがえした。ポーランド貴族たちによるウクライナ農民の抑圧、カトリックによる正教会の差別、そして登録カザーク（俸給を受けて国王に仕えるカザーク）の削減などが反乱の原因であった。首領《ヘトマン》ボグダン・フメリニツキーはモスクワのツァーリの支援のもとに、独立したカザーク共和国の樹立をめざしたのである。だがこのとき中世後期以来ウクライナを中心に住んでいた「東欧ユダヤ人」約一〇万人が犠牲となった。ユダヤ人にたいするキリスト教徒の憎悪に加えて、彼らがポーランド貴族の領地管理人や居酒屋の経営主として周辺農民の反感を買っていたことがその大きな原因であった。

アレクセイは慎重であった。カザークの支持はポーランドとの戦争を意味したが、ロシアにはその力がなかったからである。彼がカザークの支持に踏み切ったのは一六五三年二月のことであり、これには正教会、とりわけニコンの総主教就任が大きかった。翌年一月にペレヤスラヴリで、フメリニツキーはウクライナにたいするツァーリの主権を認め、忠誠を誓った。こうしてロシアはポーランドとの十三年戦争に突入したのである。

ポーランドとロシアの戦争が始まると、すぐにスウェーデンが介入した。スウェーデン軍はまたたく間にポーランドに深く進攻し、各地に壊滅的な打撃を与えた。のちに「大洪水」と呼ばれたこの侵略は、ポーランドの政治と経済の大きな転換となった。一世紀余りのちに完成する「東欧の大国ポーランドの解体」は、このときから始まったのである。ロシアもスウェーデンに宣戦したが、カディスの和平で現状維持が確認された。一六六七年にポーランドとのあいだで結ばれたアンドルソヴォの和平で、ロシアはスモレンスクを含む西部を取り戻し、ドニエプル左岸のウクライナとキエフの町を手に入れた。右岸はポーランド領となった。だが、ロシアに「併合」されたウクライナには政治的社会的に広範な自治権が保証されており、外交においてもそうである。ウクライナ史学がフメリニツキーの忠誠の誓いを、「独立の首領国家」の始まりとみなす理由もそこにあるのだが、ともあれ一六四八年はロシア史においてひとつの分水嶺であった。

ラージンの大反乱

ポーランドとの戦争が始まると、ロシア政府はたちまち財政難に陥った。その危機を切り抜けるために、政府は一六五八年、銅貨の鋳造に乗り出した。銅貨一ルーブリは銀貨一ルーブリと等価とされたが、民衆はすぐにその価値を疑った。一六六一年には銅貨は額面の四分の一でしか通用せず、翌年には一五分の一にまで低下した。その年の夏、コロメンスコエのツァーリの離宮に民衆が押し寄せた。政府は銃兵隊をさし向けて、九〇〇〇人の群衆を蹴散らした。「銅貨一揆」は、こうしてすぐに鎮圧されたが、都市民衆の不満はくすぶり続けた。

長引く戦争は農村により大きな被害をもたらした。臨時税の導入は多くの農民たちの零細な経営を根底から揺さぶり、将来への展望を奪った。だが彼らの領主の多くも軍役のために村を離れていた。農民たちは危機から逃れる古来の方法に頼るしかなかった。つまり村をあげての、あるいはその一部の農民たちの集団的移住である。もとよりそれは不法であり、一六四九年の法典は彼らを「逃亡農民」として無期限の捜索・送還の対象としていた。にもかかわらず、ポーランド戦争の最中、多くの農民が村を離れ、南部・南東部の肥沃な地方へ移住した。一六五〇年代後半には、逃亡農民はそれまでの四倍に達したと推測されている。なかには農業に見切りをつけ、ドン・カザークの地へ逃げる者も少なくなかった。ラージンの大反乱の原因のひとつはここにある。

ドン・カザークは十六世紀半ばに発生した自立・自主の軍団である。ツァーリ政府から委ねられたクリミア・タタールにたいする国境警備の代償として、穀物・塩・ラシャ布・火酒《ウオツカ》などの提供を受けており、また牧畜・漁業にも従事していた。だが彼らの生業は略奪遠征であった。大小の集団で黒海やカスピ海の沿岸にある町や村を攻撃して、貴重品をもち帰り、平等に分けたのである。犠牲者も少なくなかったが、そのぶん分け前は増えた。したがって彼らは乗馬に優れ、巧みな船乗りでもあった。そしてすべての懸案は、本部のあるチェルカッスクの全体集会で決定されたのである。

だが、このころドン・カザークの社会は逃亡民の大量流入によって、かつての平等的な性格が失われていた。カザークは二万人を数えるまでになった。新参のカザークたちはドン川上流域や支流の町に住むことを余儀なくされ、軍団の運営、そして政府からの給付品の分配からも排除された。それはチェルカッスクなど下流域の町に住む一部の富裕な古参カザークの手に握られたのである。そうしたなかで一六六七年、スチェパン・ラージンを指導者とし、新参カザークを中核とする二年におよぶカスピ海略奪遠征が実施された。部隊はかなりの犠牲があったものの莫大な戦利品をもって帰還した。ラージンの声望は高まり、ドンはもとよりザポロジエからも大勢のカザークが押し寄せた。ラージンはチェルカッスクの意見に従わず、ドンの指導部は二分された。一六七〇年春、ラージンは数千の大軍を率いてふたたび遠征に出たが、この度はヴォルガ川下流沿いの町を攻撃した。その支配者を退けてカザーク体制が敷かれ、すべての財産は平等に分けられた。また周辺の村々に「魅惑の書」をばらまき、領主と役人の打倒を呼びかけた。反乱にはヴォルガ川流域の非ロシア人異民族や都市細民なども加わり、大きくふくれ上がった。政府は最新の装備の大軍を送り出し、一六七〇年十月のシムビルスクの戦いで、ラージン軍に打撃を与えた。一旦ドンに帰ったラージンは翌年春、仲間によって捕らえられた。政府軍に引き渡された彼は、六月、赤の広場で処刑された。ラージンには明確な政治的プログラムはなく、ツァーリ専制を不可侵とみなしていた。反乱ののち旧来のドンの自治権はすべて失われ、カザークは政府軍の指揮下に置かれたのである。

西欧化と教会の分裂

商人や軍人など西ヨーロッパからの人々の到来は十七世紀に入るとしだいに増加したが、それとともに正教のロシア人との摩擦を引き起こした。政府は一六五二年にモスクワ郊外に「外国人村」を設けて、外国人とその家族を移住させた。この村には、一六六五年の調査によると約一二〇〇人が住み、二つのルター派教会もあった。多くは軍人であった。こうして直接の接触は避けられたが、時代が進むにつれて西欧化の波はいよいよ強く押し寄せた。

より重要なのはもうひとつのルート、つまりウクライナの「併合」であり、これは文化面でも重要な画期となった。一六三二年にキエフ府主教ピョートル・モギラはポーランド各都市に設けられていたイエズス会の学院にならって、ラテン語を取り入れた新しい神学校を設立した。このキエフ神学校の評判は遠くモスクワにまで届いていたが、「併合」はこの動きを促進した。キエフからラテン人文主義思想に通じた博識の学者たちが、大学はおろか神学校さえないモスクワに流入した。ルティシチェフははじめて修道院付属学校を建て、シメオン・ポロツキーはアレクセイ帝の子どもたちの家庭教師として宮廷に入った。

こうした西洋文化の浸透は正教会の根底を揺るがすものであった。だがロシア正教会の側でも、すでにその欠陥の是正に向けてツァーリの聴聞司祭ヴォニファチエフやノヴゴロド府主教ニコン、そしてアヴァクームなど「敬虔派」が活動を開始していた。だが「敬虔派」は典礼書の改訂をめぐって分裂した。ギリシアの原本を基礎にした改訂を主張したのがニコンである。モスクワを東方正教会の中心とする野望をもつツァーリのアレクセイの支持のもとに、一六五二年に総主教に就任した彼は、ギリシア人やキエフ神学校での聖職者の協力を得て、この方針を強引に進めた。改訂は典礼書にとどま

貴族会議の審議　貴族会議は，少数の名門貴族を構成員とするツァーリの諮問機関として，古くから存在したが，17世紀末に形骸化した。

皇后マリアの教会行列　ツァーリであるアレクセイの最初の妻マリアが皇太子などとともに教会に向かうところ。神聖ローマ帝国の使節メイエルベルクのスケッチ(1661～62年)から。

らず、教会儀礼の改革にまで拡大した。つまり十字を切るには二本ではなく、三本の指を用いること、祈拝は投身ではなく腰までとすること、教会周囲の練り歩きの方向を逆にすることなどである。性急な改革はアヴァクームなどの仲間から強く反対され、ニコン以前の古い儀礼を守る「古儀式派」の抗議は広範な社会運動という性格を帯びた。そこには農奴制、集権化的諸政策、そして西洋化的改革にたいする反発、あるいは終末論思想も認められた。古儀式派のなかには辺境に逃れて共同生活を営む者も少なくなかった。政府の軍隊が近づくと、彼らは小屋にたてこもって自ら火を放ち、集団自殺した。また、白海の名刹《めいさつ》ソロヴェツキー修道院の抵抗は八年におよんだ。アヴァクームは流刑ののち一六八二年に火刑に処されたが、その間に書かれた「自伝」は、力強い口語文でいきいきと書かれたロシア中世文学の傑作として、高く評価されている。

ニコンの教会改革は一六六六年ないし六七年の教会会議で正式に認められ、その反対者は異端とされた。だがそこにニコンの姿はなかった。俗界と聖界との「協調」というビザンツ的概念をこえて、ツァーリは総主教に従属するとかたくなに主張するニコンはアレクセイと衝突し、数年前にその地位を追われていたからである。東方教会の総主教たちを集めたこの会議で、ニコンの解任が正式に認められた。だが改革は教会からもっとも敬虔な人々を引き離し、その精神的な権威を損ねたのである。

アレクセイの時代はロシアにおける絶対主義の形成期であった。彼の父は全国会議の選出によってツァーリの座に就いたが、その全国会議はアレクセイ治世の後半にはもはや活動をやめた。他方で、より古いツァーリの諮問機関である貴族会議のほうも、アレクセイによる「側近会議」の設置によって、ますます形骸化した。会議構成員は増えたが、影響力は減じたのである。そして教会もニコン以後、もはやツァーリに強く異を唱えることはなかった。かつてアレクセイは「穏和なツァーリ」として描かれてきた。だが彼は単に穏和ではなかった。彼の理想はイヴァン雷帝であり、アレクセイは自己の権威で法に署名し、そして自己の肖像画を描かせた最初のツァーリでもあった。彼の三〇年余りにおよぶ治世は新旧の思想の対峙と戦いの時代であったが、その末期には西欧文明への大きな傾斜を認めることができる。

3 十七世紀末のロシア

社会経済の再建

十七世紀後半にいたり、ロシアはようやく「動乱」の荒廃から立ち直った。また、ベルゴロド・シムビルスク防衛線の完成によって、肥沃な南部の安全が確保され、入植が進んだ。貴族および士族たちは競って南部に土地を手に入れ、中央部の領地から自分の農民を移住させて開拓にあたらせた。かつて農業を忌避したドンの地でもカザークたちが農耕に従事するようになった。

一六七六年に即位したフョードルは若く病弱ではあったが、専制の根本的な改革に乗り出した。シメオン・ポロツキーによって教育を受け、ポーランド語を解した彼の最初の后《きさき》はポーランド系貴族の娘であった。こうしてポーランド・ラテン世界にたいして強い好みをもっていた彼は、ロシア古来の伝統《スタリナー》にとらわれずに改革を進めた。その正当化のために「公共善」の実現というヨーロッパ絶対主義の理念がもち出されたのである。

改革はまず門地制という貴族の古い位階制度に向けられた。生まれと父親の経歴によってその地位が決定されるという門地制は能力による任用を阻み、際限のない不毛な論争を引き起こしていた。軍役や外交については例外規定が設けられたのも、そのゆえであった。だが名誉とともに物質的な利益をも生むこの制度は、その弊害が指摘されていたにもかかわらず存続してきた。一六八二年、その基礎となる系譜書が火にくべられ、ようやく門地制は廃止された。だが中央の「統治エリート」の支配は、門地制の存否にかかわらず一貫しており、「地方」は政治から排除されたのである。

またフョードルの時代には課税単位を土地から世帯に移す税制改革がおこなわれた。そのために全国的な世帯調査が実施された。世帯隠しなどさまざまな課税忌避の動きがあったが、結果として七八万九〇〇〇世帯が計上された。人口にすると約一一二〇万人となる。こうして世帯税が導入され、さらに貴族・士族たちの長年の要求であった土地測量も着手された。

対外的にはオスマン帝国との直接的対峙という課題が日程にのぼってきた。これまでロシアは反オスマン同盟に加わることを慎重に避けてきたが、今や政策の転換を迫られた。ウクライナの首領ドロシェンコによるドニエプル川両岸の統一の動きを契機として、ロシアとオスマン帝国は二度にわたって戦った。結果は現状維持であったが、その後、両国は何度も交戦することになる。

一六八二年の政変

一六八二年四月、フョードルが二十一歳で亡くなると後継者をめぐる対立が表面化した。アレクセイは二度結婚した。フョードルは先妻のミロスラフスカヤとのあいだにできた子どもだが、その彼に子どもはなかった。弟のイヴァンがいたが、心身とも病んでいた。他方で後妻のナルイシキナはピョートルという頑丈な子どもに恵まれたが、まだ十歳であった。ここで年少だが賢いピョートルをかついだのがナルイシキン家と総主教であった。総主教がミロスラフスキー家の「ラテン的傾向」の継続を恐れたからである。貴族会議が召集され、ピョートルが新しいツァーリとして宣言された。その六年前にピョートル擁立のとりなしをして流刑されたマトヴェーエフは、刑を取り消された。だが彼がモスクワに戻る前に、事態は急変した。

危機に立ったミロスラフスキー家は、故意にナルイシキン家によるイヴァンの殺害という噂を流布して、政府に不満をもつ銃兵隊の反乱を引き起こしたのである。五月十五日、クレムリンに入った銃兵隊は、三日間にわたって略奪と殺戮を繰り返した。帰ってきたばかりのマトヴェーエフもその犠牲になった。もちろんイヴァンは生きていたが、流血の現場にいたピョートルは生涯消えることのない精神的衝撃を受けた。このとき積極的に動いたのがイヴァンの姉ソフィヤであった。彼女は反乱の指導者で銃兵隊官庁の長官ホヴァンスキーとともに五月二十六日、イヴァンを「共同統治者」とした。そしてその三日後、ソフィヤは幼い「二人のツァーリ」の摂政に就任した。銃兵隊をなだめるために惜しみなく金品が下賜された。

だが問題はこれで片づくことはなかった。増長した銃兵隊は政治と信仰問題に口を出した。彼らの多くは異端とされた「古儀式派」であり、今やホヴァンスキーがその指導者とみなされた。クレムリンでは「真の信仰」をめぐって討論の場が設けられた。そこには総主教はじめ教会幹部が出席して、古儀式派と激しい論争がなされたが、最後に決着させたのはソフィヤであった。彼女の巧みな議論、そしてその後の戦略によって、ホヴァンスキーの銃兵隊は敗北し、古儀式派はその直後から徹底的な迫害を受けた。こうして権力を手にしたソフィヤは、開明派の寵臣ゴリーツィンとともにその後七年にわたってロシアを治めた。士族たちの長年の要求であった封地の世襲領化がほぼ完成され、逃亡農民の捜索も強化された。

ソフィヤの対外政治の重点は、ヨーロッパとの同盟関係の強化に置かれた。一六八三年のウィーン包囲とポーランド軍によるその解放は、オスマン帝国からのキリスト教世界の防衛として広く宣伝されたが、これによって脅威が薄れたわけではなかった。ロシアは翌年、オスマンのくびきの下にある正教徒を保護するという立場からも、反オスマンの神聖同盟（ハプスブルク、ポーランド、ヴェネツィア）に加わった。また、一六八六年にはポーランドとは永久平和が結ばれた。だが同盟軍は自らの負担を軽くするためにもロシア軍によるクリミア攻撃を求めた。こうして一六八七年と八九年、ゴリーツィンの指揮するロシア軍がクリミアに派遣された。結果は二度とも失敗に終わったが、ソフィヤは真実を隠した。戦勝の絵を描かせ、帰還したゴリーツィンと彼の軍隊に報償を惜しみなく与えた。

だがクリミア遠征の失敗は、まもなく明らかになり、摂政ソフィヤと、成人となったピョートルをかつぐナルイシキン派との対立、相互不信は強まった。一六八九年九月、ソフィヤの陰謀を契機として軍がピョートルの側についた。ゴリーツィンは流刑され、ソフィヤはノヴォジェヴィチイ修道院に幽閉された。こうして権力はナルイシキン家の側に移ったのだが、ピョートルその人は錯綜した国内政治よりも海事の魅力に取りつかれていた。

ラテン派とギリシア派

フョードルとソフィヤの時代はポーランド・ラテン文化の最盛期であった。彼らはシメオン・ポロツキーとその弟子シリヴェストル・メドヴェージェフのもとでラテン語を学び、古典に親しんだ。メドヴェージェフはフョードルにアカデミーの創設を提案した。彼らラテン派にとっても正教会の護持は関心事であったが、ギリシア語だけを「敬虔」とみなす保守的な総主教ヨアキムを筆頭とするギリシア派とは明確に一線を画した。ラテン語、そして生きたヨーロッパ諸語を有益とみなしていたラテン派は、しだいに宮廷に影響力を強めたのである。

だが総主教はもとよりギリシア派であり、いくらか頑迷であった。一六八七年にロシア最初の高等教育機関「ギリシア・スラヴ・ラテン・アカデミー」が開設された。「ギリシア学校」と通称されたこのアカデミーは、校長としてギリシアのアトスから修道士リフド兄弟を招いた。アカデミーは高等教育機関であったが、教育・宗教問題について全権を委ねられた。つまり外国語教育の独占権をもち、そのメンバーは正教会信仰を保つ誓約を求められた。このようにアカデミーはいわば異端審問所であり、ラテン語の浸透にたいして設けられた防波堤であった。そうした機関でカリキュラムにラテン語が組み込まれ、教授されたのである。だがソフィヤの失脚とともに、ラテン派も力を失った。庇護者を失ったメドヴェージェフは、一六九一年、正教会を打破する「陰謀」を企てた廉《かど》で処刑された。

第五章　ロシア帝国の成立

1　ピョートル改革期のロシア

親政の開始と大使節団

一六八九年九月の事件を契機として政治の実権を握ったナルイシキン派、つまりピョートルの母親ナタリヤとその兄レフ・ナルイシキンの政治は、前の時代に着手された改革とは逆の、その点で反動的な性格をもつものであった。だが一六九四年一月のナタリヤの死によって、その政治も終わりを告げた。二十二歳の若いツァーリ、ピョートルの親政が始まった。

ピョートル・アレクセーエヴィチは生来壮健で、大柄であった。その少年ピョートルの心を虜《とりこ》にしたのが「戦争」であった。モスクワ郊外の別荘地で、同じ年ごろの仲間を集めて組織した「遊戯連隊」では、のちの大元帥メーンシコフなどとともに本格的な軍事演習を実施するほどの熱の入れようであった。のちにロシア軍の中核となるプレオブラジェンスキー連隊は、ここで生まれた。他方でピョートルは「外国人村」に出入りして、西ヨーロッパからやってきた軍人や商人と親交を結んだ。とくに彼の関心を惹《ひ》いたのは海事で、オランダ語を学んだのも同じ関心からであった。一六九三年と翌年、彼はロシア唯一の外国貿易港アルハンゲリスクをおとずれ、白海を航行した。こうして開かれた海と貿易の実際を見学することによって、その重要性を悟ったのである。

ピョートル新政府の最初の仕事はアゾフ遠征であった。一六九五年初め、ピョートルのロシア軍はモスクワを発ち、アゾフに向かった。ドン川の河口にあってロシア人のアゾフ海、黒海への航行を阻んでいたオスマン帝国の要塞アゾフを落とすのが遠征の狙いであったが、ピョートル政府はそれまでの対外政策を踏襲したのである。だがこの遠征は失敗に終わった。ロシア軍は要塞を包囲したものの、オスマン海軍による海からの補給を断つことができなかった。また軍司令官には統一が欠けており、そしてクリミア・タタールによる背後からの攻撃にさらされた。ロシア軍の損害は著しく、ピョートルは軍を引き上げなければ

ピョートル1世(大帝)　ピョートル改革の諸前提は17世紀に形成されていたが，その妥協なき実施は彼のエネルギッシュな活動に負うところが大きい。また改革には，かなり明確な計画性も認められる。

ならなかった。

だがピョートルはすぐに新しい遠征の準備に入った。ドン川中流の町ヴォロネジに造船所が設けられ、外国人技術者を集めて軍艦の建造に着手したのである。一六九六年四月にはロシア最初のガレー船が誕生した。また兵員の増強のために、人格的自由を約束して志願兵を募った。こうしてピョートルは再度アゾフ遠征を敢行した。軍艦の投入によってオスマン海軍の一部は破壊され、残りは撤退を余儀なくされた。海からの補給を断たれたアゾフ要塞は、二ヵ月の包囲ののち陥落した。要塞はロシアの支配するところとなり、あらたに軍港タガンロークが建設された。こうしてロシアは黒海への進出という積年の課題を手の届く近さまで引き寄せた。だがさらに一歩進めるためにはヨーロッパ諸国との協力が不可欠であった。

一六九七年三月、約三〇〇人からなる大使節団がヨーロッパへ派遣された。使節団の派遣は珍しくなかったが、これほど大規模なものはかつてなく、またツァーリの(匿名での)同行も前代未聞のことであった。使節団は目的として反オスマン同盟の結成に向けての外交的折衝を掲げたが、ピョートルの第一の関心は海事にあった。使節団はケーニヒスベルクに二ヵ月滞在したのち、八月半ばにアムステルダムに入った。案内役の市長ニコラース・ヴィツェンは、かつてオランダ使節団の一員としてモスクワに滞在したことがあり、ロシアと若いツァーリに強い関心をいだいていた地理学者であった。ピョートルは東インド会社の造船所でハンマーをふるうなどしてそこで四ヵ月過ごしたのち、ロンドンに渡った。当時の最先進の海洋大国イギリスで、彼はうむことなく造船所、博物館、植物園、劇場、病院、あるいは政府諸機関などをたずねた。若いピョートルにとってその体験は強烈であった。帰国に際しては、海事関係者をはじめ、現地で雇い入れた九〇〇人もの専門家を連れ戻ったのである。

他方で使節団の掲げた反オスマン同盟の可能性はほとんど皆無に近かった。この問題に敏感なウィーンでの皇帝レオポルト一世との接触のなかで、同盟政策は捨てられた。彼の眼は南から北へ転ぜられた。一六九八年七月末、モスクワでの銃兵隊の反乱の報告を受けて急遽帰路についたピョートルは、途中、ポーランド国王アウグスト二世と会談して、対スウェーデンの共同行動について口頭で約した。

帰国後ピョートルがとった一連の行動はセンセーショナルな反響を引き起こした。帰国の翌日、出迎えた大貴族たちの顎《あご》ヒゲを切り落とし、また長いロシア服の裾も裁断された。ヒゲ剃りと「洋服」の着用はその後勅令によって強制された。そしてすでに別居していた妃エウドキアを修道院に送り、まだ幼い皇太子アレクセイから母親を奪った。さらに姉ソフィヤの関与が疑われた銃兵隊の反乱について取り調べが再開された。九月から翌年二月にかけて約一五〇〇人が処刑された。死体は放置され、モスクワの町は死臭に覆われた。銃兵隊は、こうして最終的に解体された。またピョートルは西洋諸国にならって一七〇〇年からユリウス暦を採用し、新年も従来のように九月ではなく一月に変更した。

大北方戦争

ピョートル一世の親政が始まったとき、バルト海を中心とする北東ヨーロッパ地域を制していたのはスウェーデンであった。三十年戦争の戦勝国としてバルト海南岸にも領土を広げたスウェーデンは、十七世紀末にはその強力な軍事力によって周辺諸国に脅威を与えていた。だがバルト海貿易に利益をもち、しかもスウェーデンに大幅な領土の割譲を余儀なくされたデンマーク、ポーランド、そしてロシアは領土回復を狙って機会をうかがっていた。スカンディナヴィア半島の外にまで拡大され、したがって陸続きでない領土を治めるのはスウェーデンにとっても容易ではなかった。エストニアやリヴォニアのドイツ人貴族たちには大幅な自治と特権が認められていたが、彼らは「王領地の回復」などに示されたストックホルムの政策に不満であった。いつでもスウェーデン国王に反旗をひるがえす用意があったのである。

一六九七年、スウェーデンでは弱冠十五歳のカール十二世が即位した。このときザクセン出身のポーランド国王アウグスト二世は、王権の強化のためにもスウェーデン領リヴォニアの奪還を計画した。モスクワとコペンハーゲンにリヴォニアの亡命貴族ヨハン・パトクリが派遣され、対スウェーデン戦争を打診した。かくて一六九九年十一月までにポーランド、デンマーク、そしてロシアとのあいだに「北方同盟」が結ばれたのである。

ピョートル一世は、一七〇〇年八月にスウェーデンの要塞ナルヴァへの攻撃を開始した。これをもってロシアは大北方戦争に突入したが、カール十二世の動きは機敏であった。彼の軍隊はただちにコペンハーゲンに上陸して、デンマークを同盟から離脱させた。ついで十一月末、彼の二万足らずの精鋭の軍隊は、ナルヴァを包囲したものの攻略しかねていたロシア軍の前にあらわれ、規模のうえでは遥かに凌駕するロシア軍に壊滅的な打撃を与えた。ロシア軍は大勢の死傷者を出し、すべての大砲を失ったのである。ピョートルはアゾフ遠征で得た名声を一日で失った。

ナルヴァで勝利したカール十二世は軍隊をポーランドに向けた。反アウグスト派の貴族たちはアウグストの廃位を宣言して、カールの薦《お》すスタニスワフ・レシチンスキを国王に選んだ。だがアウグスト派は徐々に盛り返し、スウェーデン軍は各地を転戦しなければならなかった。アウグストが正式に王位の放棄と同盟からの離脱を約束したのは一七〇七年一月のことであった。この間ピョートルは軍隊の建て直しを急いだ。大砲の鋳造のために全国の町や村の教会から鐘が集められた。また一七〇五年には徴兵令が出され、毎年二万人の新兵を確保した。こうして短期間に軍隊を再建・拡充するとともに、ロシア軍はナルヴァを含むバルト海沿岸の重要な要塞をつぎつぎと手に入れた。一七〇三年五月からはサンクト・ペテルブルクの建設も始まった。「スウェーデン人がポーランドにはまり込んでいる」あいだに、ピョートルのロシア軍はナルヴァの敗戦から立ち直りつつあったのである。

一七〇七年八月、カール十二世の四万の軍隊はザクセンを発ち、ロシアに向かった。自らの軍事的才能に絶対の自信をもち、勝利を確信していた彼の頭にはロシアの分割支配の案しかなく、待ち受ける困難について十分な認識はなかった。他方ピョートルは決戦に備えて、進攻が予想される地域住民を立ちのかせ、物資の略奪を断つために一帯を焼き払った。さらに自ら遊撃部隊を率いて、モギリョフ南東のレースナヤ村でスウェーデン軍の大補給部隊を襲い、これを壊滅させた。カールの軍隊はやむなくウクライナに方向を転じた。だがこのとき、ピョートルのもとに思いがけない報告が届いた。ザポロージェ・カザークの「首領《ヘトマン》マゼッパの裏切り」である。それまでピョートルに忠誠を誓ってきたカザークの首領マゼッパは、ウクライナの分離・独立を画策して、ひそかにカール十二世に接近していたのである。ピョートルはただちに腹心メーンシコフを派遣して、本拠バトゥリンを攻撃させた。マゼッパとともにスウェーデン軍に加わったのはわずかで、カザークの大多数はピョートルに忠誠を誓った。

カール十二世は劣勢にもかかわらず、和平の提案に耳を傾けることはなく、一七〇九年四月、ウクライナの要塞ポルタヴァを包囲した。よく装備され、補給も十分なピョートルのロシア軍がポルタヴァに集結していた。六月二十七日の早朝に始まった両軍の全面的な対決に決着がつくのに時間を要さなかった。スウェーデン軍はほとんど解体され、カールとマゼッパはわずかの軍勢とともにドニエプル川をこえ、かろうじてオスマン帝国に逃れた。ロシア軍の圧勝であった。

ポルタヴァの戦いは北方戦争の転換点となった。戦争はその後一〇年以上も続き、プルート遠征ではピョートルは窮地に立たされた。だがそれ以外ではロシアの優位のもとに進められた。ユトレヒト和平ののち西欧諸国もバルト海問題に関心を示したが、優位は動かなかった。カール十二世は帰国後も和平に応ずることはなかったが、一七一八年十二月、ノルウェーの要塞で急逝した。ロシアは和平に向けて交渉を始めるとともに、スウェーデン本土にまで攻撃をかけた。

一七二一年八月、フィンランド南部の小さな港町ニスタットで和平が締結された。この条約でロシアはイングリア、エストニア、リヴォニア、そしてカレリアの一部というバルト海沿岸の広大な地域を手に入れた。バルト海への出口の確保だけではなく、北東ヨーロッパにおけるヘゲモニーを掌握したのである。他方「バルト海帝国」スウェーデンは完全に崩壊した。ロシアの新首都サンクト・ペテルブルクでは、一ヵ月にわたって勝利の祝典が続いた。その祝賀会で元老院はピョートルに「皇帝」「祖国の父」そして「大帝」という名誉ある称号を授けた。礼砲が撃たれ、ここに皇帝が統治する「ロシア帝国」が誕生した。たしかに北方戦争の勝利が後進国ロシアにもたらした経済的・精神的意義ははかり知れない。だがそれだけが「大帝」の理由ではなかった。困難な戦争を戦うなかで、また強い抵抗を排除しながら進められた国の根本的な改造が、すでにその成果をあらわしていたのである。

軍事・税制改革

十七世紀末のロシアの軍事力は、海軍こそ欠いていたけれども、その規模と装備においてヨーロッパ諸国にさほど遜色はなかった。中小貴族層を主要な構成員とする騎兵部隊ならびに銃兵隊からなる旧来の軍隊にかわって、歩兵部隊を中心とする「新軍」が主力を形成していた。北方戦争の前夜、ピョートルのロシア軍は、二七歩兵部隊と二竜騎兵部隊を含む約一六万人の規模を誇っていたのである。

だがナルヴァの敗戦は、ピョートルにあらたな軍事改革を迫った。敗戦から五年たった一七〇五年二月、全国の町村に住むあらゆる階層の担税民にたいして、二〇世帯につき一人の若者を徴兵する、という勅令が出された。これによって約三万七〇〇〇人の新兵を徴用しようとしたのである。一七〇五年の勅令は、一定の明確な基準のもとに、しかもその後、毎年のように実施されたという点で、それまでの徴兵とは異なった。また担税民とは、当時のロシアにあっては農民であり、彼らに照準をあわせた点でも画期的であった。ロシアにおける徴兵制の歴史はここにその起点を求めることができる。

もとより徴兵作業は順調には進まなかった。村と家族からの完全な切り離しを意味する新しい義務にたいする農民の抵抗は強いものがあった。結果として大量の「兵士の滞納」が生まれた。第一回から第五回(一七〇九年十一月)までを取ると、政府は予定の六五%しか徴兵できなかった。それさえ遅延や違反にたいする威嚇と厳罰によってかろうじて達成された。ともあれ平均すると毎年約二万人の農民が全国の村々から引き抜かれたのである。

他方で指揮官の不足も深刻な問題であった。それには貴族たちがあてられたが、有能な将校の不足を指摘する声は絶えなかった。当初は外国人が大量に投入されたが、ロシア人からみて「異端」である彼らは一般の兵士の不信を招いた。だが終戦の時点でも、外国人将校の比重は約一三%を占めていた。ともあれ一七二五年末の段階で、緑のカフタンと黒の帽子のロシア軍将兵は約二一万人の規模に達した。カザークなど非正規軍一〇万人を加えると、ロシアはヨーロッパ最大の軍事力を擁したのである。

海軍はゼロからの出発であった。アゾフ要塞の攻略に端を発するロシア最初の海軍アゾフ海艦隊は、プルート遠征の失敗によって解体を余儀なくされ、短命に終わった。ピョートルは北方戦争を戦うなかでバルト海艦隊を創設し、その増強に並々ならぬ力を注いだ。一七一三年にはペテルブルクの海軍工廠で約一万人の労働者が造船などの仕事に就いていた。ロシアは造船資材のすべてを自給できたが、造船技術については依然として外国人の指導を受けなければならなかった。また、将校の不足は陸軍以上に著しかった。それでも若いバルト海艦隊は、一七一四年七月にハンゴー沖海戦（「海のポルタヴァ」）でスウェーデン海軍を撃破した。一七二四年にバルト海艦隊は六〇隻以上の大型艦船とガレー船を擁するにいたった。

ピョートル政府は、こうして戦争を戦うなかで軍備を強化し、結果として近代的な陸海軍をつくり上げた。だが問題はその維持費用である。そのためには何よりも税収の増加がはかられねばならなかった。この間、さまざまな名目で臨時税が導入された。導入にあたって政府はその臨時性を強調したが、多くは毎年のように徴収された。また塩や酒といった収益の大きなものは政府が販売を独占した。さらに新しい課税対象を提案する「利得者」が登用され、河川の渡船場、旅籠《はたご》、内風呂などがあらたに課税された。有名なヒゲ税と印紙税もその一環である。「貨幣こそ戦争の動脈である」。ピョートルはたとえわずかな税収といえども軽視しなかったが、それだけでは限界があった。

一七一八年十一月、全国の農村住民の調査が指示された。翌年から実施された人口調査の目的は、課税の基礎単位を「世帯」から「人間」に変えることにあった。従来の世帯調査とそれに基づく世帯税は欠陥が多く、人口増が税収の増加につながらなかったからである。だがこれにはもうひとつの狙いがあった。戦争の終結に向けて、ピョートルは戦後における軍隊の維持費を真剣に考えなければならなかった。臨時税の多くは、その大義名分を失うからである。「人間」を対象とする新しい人頭税は、こうして平時における軍事費(年間四〇〇万ルーブリ)として位置づけられたのである。人口調査とその点検の結果、一七二四年春に担税人口は五四〇万人と集計された。かくて軍事費を人口で割った数字、七四カペイカが一人あたりの税額とされた(国有地農民と都市住民は一ルーブリ二〇カペイカ)。

以上のように税制改革は軍事費と一体であったが、農民にとってとくに重荷になったのは、軍隊の農村配備という新しい体制である。農村部に建てられた宿舎に入った部隊は、管轄下の村々に出向いて直接人頭税を取り立てた。慢性的な不作、宿舎建設などで疲弊していた村にとって、新しい徴税方法はあまりに過酷であった。農民逃亡が頻発し、人頭税の滞納は大きくふくれ上がった。人頭税の導入は、ホロープと呼ばれる非課税の家内奴隷をも農民と同じく調査・課税することで、長い歴史をもつホロープ制度に終止符を打った。このことは間接的に農民の地位の低下をも招いたのである。

工業化と外国貿易

戦争とそれにともなう軍備の増強は、工業化にとって大きな刺激となった。この時期ウラルの製鉄業はめざましい発展を示した。高品質で、採掘も比較的容易な鉄鉱床をもつウラルに着目し、製鉄業を始めたのは官営企業であった。だがまもなくトゥーラ出身の鍛冶工ニキータ・デミドフへの払い下げを契機として、ウラルの製鉄業はデミドフの独占的な事業となった。ここで産出される銑鉄の六〇%を彼の工場が占めた。問題は自由な労働力の欠如であったが、官営民間を問わず国有地農民を利用することで隘路《あいろ》が打開された。ウラルは、こうして短期間でロシアの製鉄業、つまり武器生産の中心地となった。そのほかコルィヴァニ、ネルチンスクでは銀・銅鉱石の採掘が始まった。

重工業と同じく、軽工業も軍需物資の生産と結びついていた。その中心は原料と労働力に比較的恵まれていたモスクワ地方の繊維工業であった。ここでは海軍向けの帆布、軍服用のラシャ布、綱などを製造する三〇をこえる工場が操業していた。その多くは八台から一〇台の織機を備え、二〇人から三〇人が働いている中小規模の工場であった。なかには絹織物やゴブラン織など、もっぱら宮廷社会向けの高級品を製造する大きな工場もみられたが、その多くは大貴族が経営するものであった。そのほかロシア各地で製材、火薬、皮革、ガラス、製紙など全体で約二三〇の工場が操業していた。そのうち約二〇〇はピョートル期になって建設されたのである。軽工業でも労働力問題がアキレス腱であったが、ここでは出稼ぎ農民、そして逃亡農民が働いていた。もとより後者は不法であったが、ピョートル政府は一七二三年五月、工場労働者は出稼ぎか逃亡かにかかわらず、その意志に反して強制的に送還してはならないと指示した。さもなくば工場は操業中止に追い込まれたからである。

ピョートルの工業化政策が軍事的性格をもつことは明らかだが、そこにはヨーロッパ先進国で支配的な重商主義思想も反映されていた。それによると国家の富は金銀の貨幣蓄積にあり、そのためには積極的に国内の産業振興をはかり、その製品を輸出する。他方で輸入品にたいしては高額関税を設けて、できる限り抑制するという保護主義的な経済政策である。ルイ十四世治下の宰相コルベールのとった政策(コルベール主義)が典型であるが、その思想がロシアにも移入された。

ロシアにおける重商主義政策の萌芽はアレクセイ帝の治世にみられるが、ピョートル政府によって本格的に実施された。ネヴァ川の河口に建設された都市サンクト・ペテルブルクは、北辺にあって不便なアルハンゲリスクにかわる「ロシアのアムステルダム」として、外国貿易において中心的役割を果たすことが期待された。その期待は彼の治世末に達成された。バルト海に平和が戻った一七二二年、ペテルブルク港に入港した外国商船の数は早くもアルハンゲリスクを上回り、以後ペテルブルク経由の輸出入は飛躍的に伸びた。このことは逆に外国商品の奔流をもたらしたが、一七二四年一月に最高七五%という高額の輸入関税が設けられた。

バルト海貿易の出現にともない、ペテルブルクと国内諸都市を結ぶ新しい交易ルートが形成され、河川間の運河建設にも着手された。ヴォルガ川とドン川を結ぶ構想も浮上した。ピョートルはヨーロ

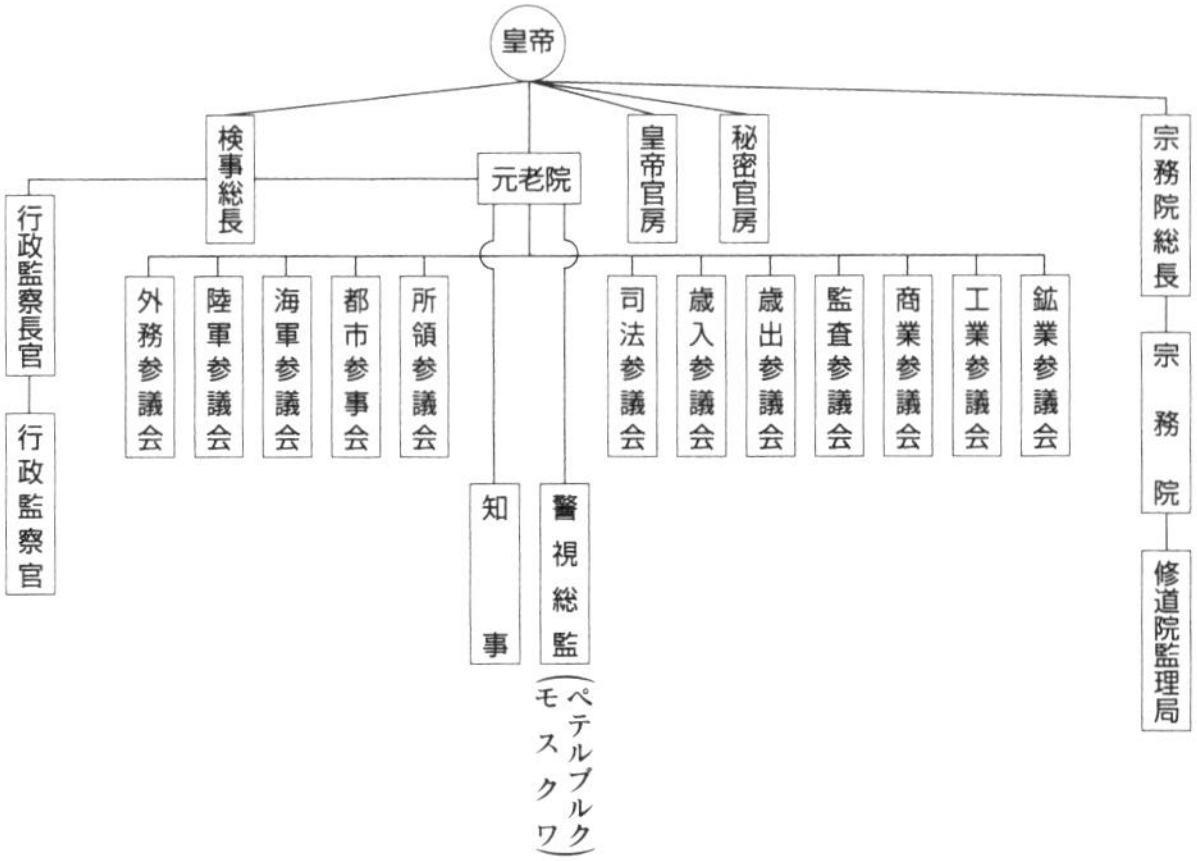

ピョートル末期の国家機構（1724年）

ッパの君主たちと同様に、東方にも目を向けた。中国に使節団を送り、インドとの通商路の発見が試みられた。晩年にはベーリングにカムチャツカ探検を命じた。アジアとアメリカが連続するか、海峡によって分離しているかの見極めを強く提言していたドイツの哲学者ライプニッツに応じた探検であった。その結果、「ベーリング海峡」の存在とともに、第二探検では「日本」の発見にいたった。

行政改革

一七一一年二月、ピョートルはプルート遠征に先立ち元老院を設け、九人の議員を任命した。旧来の貴族会議はすでに数年前から召集されていなかった。元老院はツァーリの命令を遂行し、重要案件について仮の決定を下す一時的な機関として発足した。だが遠征後も廃止されず、常設の最高政府機関となったのである。

新しい法令の多くはここで作成され、中央地方行政のすべてがここで統括された。また元老院直属の行政監察官が中央と地方に配置され、監視の目を光らせた。

他方でプリカースと呼ばれた旧来の中央官庁も統廃合された。ピョートルは当時スウェーデンをはじめ北西ヨーロッパ諸国で設置されていた「参議会《コレギア》」制度を調査させ、一七一七年からこれを導入した。外務、陸軍、海軍という主要な参議会をはじめ、一二の新しい参議会の特徴は、画一的な構成と合議による決定にあった。また、多くの外国人が副長官として参加した。こうして中央行政機構は一新され、事務手続きも規則化された。ネヴァ川の川岸にはイタリア人建築家の設計による参議会の新しい建物が立ちならんだ。もとよりこれによって行政の不正行為が断たれたわけではない。行政のトップにある元老院議員、県知事、そして行政監察長官自身が贈収賄のために処罰された。ピョートルはあらたに検事局を設けて、その総長に腹心ヤグジンスキーを据えて毅然とした姿勢を示した。一七二一年には元老院のもとに紋章局を設けて、貴族の勤務と行状を監督させたが、翌年には「官等表」を制定した。これは家柄や出自にかかわりなく、功労と年功だけを昇進の条件とするもので、武官・文官・宮内官それぞれ一四の等級が定められた。貴族の等級が「官等表」によって定められたのである。

地方行政はロシア社会のアキレス腱であった。中央から短期間派遣され、郡の行政・裁判権を一手に握った地方長官《ヴォエヴォダ》は、新しい時代の要請に合わなかった。ピョートルは地方貴族の代表を行政に参加させるというヨーロッパでは当然の、だがロシアでは新しい方法を導入しようと試みたが、これは失敗した。不慣れで、高くついたうえに、戦争はそうした改革の余裕を与えなかった。迅速かつ滞納なき納税と徴兵という政府の要求のほうが優先されたのである。ピョートル治世末に地方行政の末端にいたのは旧来型の地方長官であった。この点で唯一新しいのは県制《グベルニヤ》の導入であった。一七〇八年からロシア全国はモスクワ、サンクト・ペテルブルク、キエフ、アルハンゲロゴロド、スモレンスク、カザン、アゾフ、そしてシベリアの八県(三四一都市)に分けられた。のちにアゾフ県からヴォロネジ県が独立した。県制の導入には軍事的、税制的な狙いがあったから、各県には強大な権限をもつ県知事が置かれ、ピョートルの側近がそのポストに就いた。モスクワ県は人口の三分の一を占める最大の県であったが、ほかの県も広大な面積を擁していた。したがって実際の行政を担当するのは郡の長官であったが、地方役人の数は少なく、質も劣っていた。ツァーリの勅令を伝えるためには、依然として町や村の教会の手を借りなければならなかったのである。

教会改革と世俗文化

　十七世紀末のロシアでは農民の四人に一人は聖界領に住み、領主である修道院・教会に地代をおさめていた。つまりロシア正教会は莫大な富をもったが、それとともに世俗権力からほとんど自立した組織であった。だが正教会もピョートルによる根本的な改革から逃れることはできなかった。

一七〇〇年十二月、ピョートルは前任者の死去のために空席となっていた総主教にリャザン府主教ヤヴォルスキーを任命した。だが彼に委ねられたのは聖務だけで、聖界の所領と行政については、翌年設立された修道院庁がその権限を握った。さらに一七二〇年八月には総主教座そのものが廃止され、翌年一月に設立された聖職参議会が聖職者に関わるすべてを統括することになった。聖職参議会は一七二二年に宗務院《シノード》と改称され、ほかの世俗の参議会とは異なり、元老院と同格に位置づけられた。だがそれは形式上であって、俗人の事務総長が実権を握るなど、世俗国家に仕える一機関に格下げされたことに変わりはなかったのである。

宗務院は、ほかの参議会と同じく「聖職規則」をもった。そこでは教会の統治が「至高の牧人」であるツァーリと元老院の決議によることとされ、聖職者もほかの世俗の役人と同じくツァーリへの宣誓を義務づけられた。また各管区に神学校を設けて聖職者の子弟はそこで教育を受けるよう指示された。「聖職規則」の著者は優れた神学者フェオファン・プロコポーヴィチで、ピョートルは母校のキエフ神学校で教鞭をとっていた彼をペテルブルクに招いて教会改革にあたらせた。プロコポーヴィチは『君主の意思の正義』などの著作で、伝統的なツァーリ権力を当時のヨーロッパ自然法思想と結びつけ、世俗権力の優位を基礎づけるなど、ことばとペンでピョートルの改革を支える重要な役割を果たしたのである。

教会改革の狙いは総主教の廃止にともなう宗務院の設立にあり、この点でプロテスタント諸国の領邦教会と同じ性格をもつものである。修道院については当面その存続を許されたが、新しい修道院の建設は禁じられ、修道士の数にも制限が加えられた。彼らは旧来の収入源を断たれ、一定の俸給と穀物を受けたにすぎない。他方でロシアの在俗の司祭たちは、その叙任以前の結婚義務のために家族をもち、司祭職は基本的に世襲されていた。この点でも改革が導入され、あらたに教育が義務づけられた。司祭たちの質の向上をはかり、異端や迷信の流布に対処することが求められた。今後設けられる神学校でラテン語をはじめとする神学教育を受けた者だけが叙任されることになった。だがキエフ神学校の伝統を引き継いだカリキュラムは不評であった。暗記だけのラテン語教育は何の役にも立たなかった。長期的にみると、たとえ一握りではあっても西欧文化の本質を理解する優れた知識人を生み出す種が蒔かれた、とポジティヴに評価することは可能である。だが当面は、改革は司祭たちの身分的閉鎖性を強めただけであった。

改革はあらゆる分野で新しい知識をもつ新しい人材を必要としたが、とくに世俗の科学的知識が求められた。航海学校、海軍兵学校、砲術および医術学校など、実践的な性格をもついくつかの専門学校がモスクワに、少し遅れてサンクト・ペテルブルクに設立された。この点で多少ユニークなのが、一七一四年二月に設置が定められた算術学校である。国家勤務には初等数学の習得が不可欠とみていたピョートルは、その卒業証明のない貴族の子弟に結婚を禁ずる、として算術学校への通学を強制した。だが学校は多くの生徒を集めることができず、のちにほかの学校に統合された。

各種の教育機関の設立とともに、ピョートル政府は印刷出版にも力を入れた。ロシア最初の新聞『ヴェードモスチ（報知）』の刊行もその一環である。部数は約五〇〇〇で、その内容も国内の政治・経済や戦争の成果、政府の方針などに限られていて、むしろ官報に近かった。『ヴェードモスチ』は当初、古い装飾的な字体を用いていたが、一七一〇年からは簡素な新しい綴り字とアラビア数字が導入された。宗教書を除くあらゆる書物に、その使用が義務づけられた。また政府自ら資史料の蒐集に努め、歴史書の編纂に取りかかった。とりわけ北方戦争の歴史にはピョートルも執筆に加わった。だがこの時代の社会を批判的に分析した『貧富の書』の著者ポソシコーフは投獄され、その書は一八四〇年まで陽の目をみなかった。科学によせるピョートルの関心は並々ならぬものがあった。彼は大使節団がヨーロッパからもち帰ったコレクションを基礎にして自然博物館を設立し、その充実に努めた。またライプニッツなどの助言をもとに科学アカデミーの創設を決定したが、一七二五年十二月の開設に立ち会うことなく亡くなった。

ピョートル改革の歴史的意義

ピョートル改革は、その後約二〇〇年にわたるロシアの基本的方向を規定した。一八四〇年代に改革の評価をめぐって西欧派とスラヴ派が論戦を繰り広げたが、議論はかたちを変えて現在まで続いているともいえる。ここで改めて改革の基本的性格について整理することにしよう。

サンクト・ペテルブルクの遠景　ピョートルの守護聖人の名前をとったこの町は，1703年に建設着工され，10年後に首都となった。古いモスクワにかわる「ヨーロッパへの窓」として，近代ロシアのシンボルとなった。

第一に、ツァーリ個人の強い改革意志である。ピョートルは親政前の「外国人村」での体験からロシアの後進性を自覚し、改革の必要性を認識していた。これはある程度は彼の前任者にもあてはまるが、彼にはそれを断行する強い意志、そして強靭な体力が備わっていた。だが改革は困難な戦争のなかで進められ、社会諸階層に大きな犠牲を求めたから、反発も大きかった。「どんなに良く、必要なことでも、新しいこととなるとわが臣民は強制なしには(何ごとも)なさない」という彼の慨嘆と、負担の著しい増大、そして旧習の変更にたいする民衆の不平不満とのあいだには、架橋できない大きな溝があった。そうした不満において貴族も聖職者も同じだった。だがピョートルは妥協を排し、一時《いっとき》も改革の手綱を緩めることはなかった。暴力に訴えることもまれではなかったが、彼には自らを「国家の召使《スルーガ》」とみる近代的な意識が認められる。

第二に、ピョートルの近代化政策が著しい成果をもたらしたことである。彼が断行した諸改革は、その芽がほとんど前任者の治世に出揃っていた。また彼は身分制や農奴制といった社会の根幹に手をふれることもなかった。そうした諸条件は当然考慮されなければならないが、にもかかわらず改革の成果は著しいものがあった。工場の数は一桁《ひとけた》増えたし、外国貿易による繁栄の基礎が置かれた。行政改革や軍事改革も単にヨーロッパを模倣しただけではなく、徴兵制のようにある面では先行していた。それは民衆に歓迎されるどころか、逆に彼らの反発を強めた。だがその点は西欧諸国でも同じであり、ロシアの軍事力がこれによって確固たる基礎のうえに置かれ、軍事大国として強い発言力をもつにいたった点に着目しなければならない。

第三に、国際的地位の上昇、とりわけ北東ヨーロッパにおけるロシアの支配的地位の確立である。「バルト海帝国」スウェーデンにたいする戦いはきわめて厳しいものであった。だがその勝利によって、ロシアはヨーロッパ国際政治の一員として認められ、各国に大使館、領事館が設置された。これは一時的な使節団の派遣という十七世紀のあり方とは根本的な違いである。もとより西欧列強の支配的な状態は揺らぐことはなかったが、その一角に食い込み、また結婚という手段でネットワークを張りめぐらすことによって、その地位を確かなものにしたのである。戦争の結果、北東ヨーロッパではスウェーデンは弱体化し、ポーランドもその衰退に歯止めがかけられなかった。新興のプロイセン・ドイツは徐々に力をつけていたが、まだ独力で戦争を戦うだけの力はなかった。こうした状況のもとで、ロシアの動きが北東ヨーロッパ地域の政治に強い影響力をもったのである。

ピョートル改革は、以上のようにツァーリの強い改革意志、国内の近代化、そして対外的な権力拡張、これらが明確な時期的一致を示した、ロシア史のうえで比類のない改革事業であった。だが改革は大きな犠牲をともない、とくに民衆の強い抗議行動を引き起こした。遊牧民バシキール人やアストラハンの都市住民の蜂起(一七〇五年)、ドン・カザークのブラーヴィンの反乱(一七〇七／〇八年)など、辺境で起こった大きな抵抗運動から農民逃亡のような日常的な抵抗まで、改革にたいする反発は治世を通じて絶えなかった。「良きツァーリ」という民衆の素朴な観念が、本物のツァーリは別にいる、ピョートルは「すりかえられたツァーリ」であるというかたちをとったこともその具体的なあらわれであった。

2　改革後の国家と社会

ピョートル大帝の後継者たち

一七二五年一月、ピョートルは五十三歳で没した。三年前に定められた「帝位継承法」は、現在統治しているツァーリがその後継者を指名するという絶対主義的な規定であったが、自ら指名することなく世を去ったのである。メーンシコフなどのピョートル時代に台頭した新しい貴族たちは、自分たちにとってもっとも都合のよい人物としてピョートル妃を推した。法は女性を排除していなかった。こうしてロシア最初の女帝エカチェリーナが誕生した。さらにメーンシコフは、二年後、病床にあった女帝から自分の娘と皇太子アレクセイの遺児ピョートルとの婚約の同意を取りつけ、彼女の後継者に指名させた。一七二七年五月、エカチェリーナの死去によってピョートル二世が即位するとともに、メーンシコフは幼いツァーリの摂政として政治の表舞台に登場したのである。

だがすぐに名門貴族たちの巻き返しが始まった。メーンシコフの強い名誉欲と傍若無人な態度は仲間のあいだでも反感を買っていた。一七二七年九月初めのクーデタによって、メーンシコフはシベリアのベレゾフに流刑となり、その膨大な財産と官位は没収された。権力を握ったゴリーツィンとドルゴルーコフなどの一〇人から一二人の名門貴族からなる最高枢密院は、さらにもう一歩進めた。

一七三〇年一月にピョートル二世が風邪のためにあっけなく没すると、イヴァン五世の遺児でクールラント伯未亡人であったアンナ・イヴァーノヴナを帝位に迎えることが決定された。だがアンナは即位に際して、再婚そして後継者の指名権を放棄することを求められた。そのほかに交戦と講和、新税の導入、文官武官の昇進、土地の下賜、貴族の生命・財産・名誉に関することがらなどについては最高枢密院の同意を必要とするという「条件《コンディツィイ》」が付された。もしそのひとつでも破るならば、「ロシアの帝位を奪われる」。「条件」はロシアの専制に制限を加え、少数の名門貴族による貴族寡頭制を樹立する試みであった。二月二十五日、モスクワのクレムリン宮殿ではアンナの即位のための盛大なレセプションが開催された。その場に出席していた大勢の貴族たちのなかから、「条件」の撤廃を求める多くの嘆願書が読み上げられた。自分を帝位に招き、「条件」を飲ませた高官たちが広い支持を受けていないと判断したアンナは、公然と「条件」の文書を破り捨てた。こうして貴族寡頭制の試みは、あえなく挫折した。

アンナ・イヴァーノヴナの統治した一〇年間は、ビロンやオステルマンなどドイツ人の支配した時代として知られる。とくに大帝に長く仕え、一七二三年から事実上ロシアの対外政策を指導していたオステルマンはアンナの官房会議を指揮するなど、対外政策だけでなく、軍事や財政など行政全般の責任者となった。寵臣ビロンは女帝を通して影響力を行使して私腹を肥やしたが、政治に介入することはまれであった。こうしたロシアにおけるドイツ人の影響の起源は、いうまでもなくピョートル大帝による外国人の積極的な登用政策にある。だが大帝没後、彼ら外国人を手足のように使う強力な指導者はいなかった。それゆえ時として彼らの利己的な挙動が表面化し、女帝と「ドイツ人の政府」への不満が強まった。あらたな宮廷革命の発生を恐れたアンナは、政府高官を追放し、時に処刑台に送った。また、君主を誹謗中傷する「ことばと行為」、つまり不敬罪の取り締まりが強化された。

一七四〇年十月、アンナが没すると、お定まりの宮廷騒動が始まった。権力を握ったのはピョートル大帝の実の娘エリザヴェータ・ペトローヴナであった。新しい女帝は、即位後ただちに大帝の政治的聖化に着手し、大帝の統治原則を彼女の政府の活動の基礎とする旨を宣言した。彼女こそ大帝の理念の継承者であるとして、自己の即位の正当性を訴えたのである。寵臣政治が廃止され、元老院が復活した。他方で女帝は外国人偏重の弊害から、「能力あるロシア人」の登用を優先させたため、多くのドイツ人がロシアを去っていった。エリザヴェータの治世は二〇年におよぶが、政治にたいする当初の熱意はしだいに薄れ、観劇や舞踏会などありとあらゆる贅沢《ぜいたく》な娯楽に身を委ねるようになった。実際の政治を担ったのはラズモフスキー兄弟、そしてシュヴァーロフ家の人々であった。

エリザヴェータ時代においてとくに著しいのは商工業の発展であったが、その政策立案者はピョートル・シュヴァーロフであった。彼はすべての国内関税を廃止して、商業流通を活性化させるとともに、富裕な貴族たちを企業活動に引き込む条件を整備した。一七五四年にロシア最初の銀行として貴族のための貸し付け銀行が設立された。貴族たちは土地と農民を担保として年利六％で多額の貸し付けを受けることができた。また同年に醸造業が貴族の独占とされた。原料と労働力をただで調達できる醸造業は、貴族の領地でもっとも普及した産業であったが、政府はそれから商人を締め出したのである。土地測量事業の実施もまた、貴族の土地所有権を強化した。それとともに当時の貴族にとって強い関心は国家勤務の問題であった。

貴族の国家勤務

ピョートル死後、彼の側近たちは改革による重荷からの解放、さらには改革前の古い秩序への復帰という声に配慮せざるを得なかった。ピョートルというカリスマ的指導者を失った今、改革の部分的修正が当面の課題となったのである。一七三〇年十二月、アンナ政府は一子相続制を廃止して、均等相続制を復活させた。イギリスなどの制度にならって、一七一四年三月に発布された一子相続制は、均等相続による「名誉あるファミリー」の没落という「国家の利益」を損なうことを改革の必要性の理由としてあげていた。だがより切実な問題は貴族の子弟がすべて土地を相続するために「強制なくして」勤務に就こうとしない、という点にあった。相続権を一人に限る新しい相続制度は、「怠慢に暮らして」いる土地貴族から地代収入の途《みち》を断ち、勤務に向かわせるだろう。勅令は改革の狙いを以上のように具体的に述べていた。だが社会制度の根幹に関わる相続制度の文字通り抜本的な改革は、貴族たちの執拗な抵抗を受けた。すぐに制度の抜け道が考案され、そしてピョートルの死とともに、この勅令は有名無実と化していた。廃止されたのは彼の死のわずか五年後のことであった。

貴族の生涯国家勤務についても、大きな修正が試みられた。一七三六年十二月の布告において、国家勤務は二五年に短縮されるとともに、複数の息子がいる場合には、一人が「経営の保全のために」勤務から完全に解放された。その実施はオスマン帝国との戦争が終わるまで凍結されたが、貴族たちの強い要求が部分的にせよ認められたのである。だが貴族の子弟の勤務原則には変わりなく、彼らは

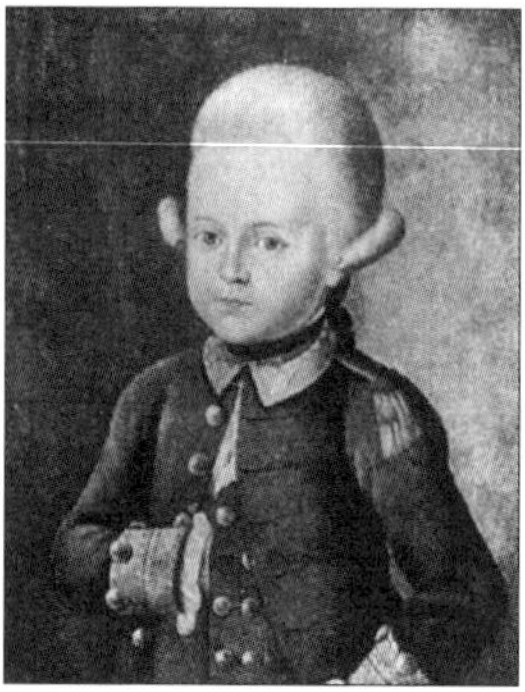

子どもの士官(18世紀半ば)
貴族たちは息子を早めに勤務に「登録」して，期限を満たそうとしたため，こうした現象が生まれた。

四度の定期的な査閲を受けなければならず、また以前より厳しく教育が義務づけられた。だがここでも抜け道があった。子弟を幼くして勤務に登録することによって、早めに勤務から解放させる貴族もいたのである。

一七六一年十二月、プロイセンとの戦争の最中に没した女帝エリザヴェータの跡を継いだのは甥のピョートル三世であった。彼はフリードリヒ大王の崇拝者であり、勝利目前のロシア軍を占領中のベルリンから一方的に引き上げる、という度の過ぎた親プロイセン的な政策のために、クーデタで倒されることになる。だが国内政治については、彼は従来の路線を引き継いだ。一七六二年二月に公布された「貴族の自由についての布告」は、そのあらわれである。一般に「貴族の解放令」として知られるこの布告は、ピョートル大帝以後、徐々に緩和されてきた貴族の国家勤務の義務を撤廃したという点で画期的であった。布告は大帝の偉大な事業を称え、そのためには勤務の強制はやむを得ない措置であったと弁明したのち、「今や軍隊でも行政でも勤務への熱意がみられるようになった。したがってこれまでのように、貴族は勤務を強制されることはない」として貴族の勤務からの解放を宣言したのだが、もとより自発的な勤務の継続が望まれたのである。

貴族の解放令は、すべての貴族の歓迎するところであった。だが具体的な対応は二つに分かれた。まず軍隊や行政で高いポストにあった政府高官たちは、勤務の継続を選んだ。彼らにとっては勤務こそが権力と威信を保つ手段であったからである。他方で勤務で一定以上の昇進を望むことのできない中下層の大多数の貴族たちは、手続きをすませたのち、ただちに自分の領地・村に帰っていった。彼らにとっては領地経営のほうが遥かに強い関心事であった。したがって布告がもたらしたものは中小貴族層の勤務からの解放、そして地方への「脱出《エクソダス》」であった。だがこのことは国家勤務、とくに武官としての勤務が貴族にとって不可欠なものとして意識されていたことと矛盾するものではない。ピョートル大帝が制定した「官等表」上の等級が家柄や財産よりも重視されつつあった。地方に帰った貴族のあいだから教育施設の充実を求める声が上がるのも、それを裏付けるものである。

村社会と農民

十八世紀半ばのロシアでは人口の九割が農村住民であった。彼らの農業は依然として中世的な三圃農法であり、その生産性は低かった。一頭の馬による木製の犂《ソハー》では浅くしか耕作されず、一粒のライ麦の種子から三、四粒の収穫しか得られなかった。農耕期間が短く限られていた北国ロシアでは、春秋の冷え《ザーモロスキ》、夏の日照りなどの天候異変、あるいはバッタの襲来などによって凶作が繰り返された。一七三三年から翌年と翌々年にかけての大凶作で、数万世帯の農民が餓死したか、村を離れた。監視

農家の内部　ロシアの農民は木造の小屋(イズバー)に暮らしていて，平均7～8人の家族構成であった。小屋の東南の隅にはイコンが安置され，灯明があげられた。18世紀末。

の強化にもかかわらず逃亡農民は増え続け、政府の資料によるだけでも、一七二七年から四一年のあいだに約三二万七〇〇〇人が逃亡中であった。

他方でこのころ、ロシアの村では土地割替というユニークな土地利用慣行が広がりをみせていた。ロシアの農民は古来、村の森林や草刈地などを共同利用してきたが、租税支払いの連帯責任制の強化は、この慣行を各世帯の利用する耕地にまで広げた。つまり耕地そのものについても割り替え利用する慣行が定着したのである。春先の集会で、農民たちは世帯の労働力などを勘案して、前年通りの耕作地の割り当ての適否について議論した。労働力の減った世帯は、租税・地代の滞納を避けるためにも、より小さな規模の土地を割り当てられ、余った土地はより労働力の多い世帯へと追加割り当てされた。それに応じて負担する人頭税と地代の額も変化した。したがって当初、土地割替は毎年のように実施されており、それが定期化されたのは十九世紀に入ってからのことである。

土地割替は村の集会にあってもっとも重要な議題であったが、農民に課された兵役義務もまた村が独自に処理しなければならなかった。政府の指示はおおまかな規定に限られていて、具体的な人選は村に委ねられたからである。当初は籤《くじ》による方法もみられたが、兵役は村の経営に負担となる貧しい農民、あるいは大酒飲みなどに押しつけられ、一種の懲罰的な性格をもつようになった。村の領主もこれを支持した。地代支払い能力の大きな富農を村から出すことは避けるという点で、村も領主も一致していたのである。

短い夏に種まき、干草刈り、そして収穫という、時間に追われる緊張した農作業が続いたのにたいして、冬の仕事量は大きく減少した。各自の農具、荷馬車、あるいは橇《そり》の修理、そして道路や橋、あるいは井戸の補修などの共同体の作業がおもなものであった。余剰の労働力は、春まで運送業や大工の仕事などの副業にあてられた。ヴォルガ川の運搬中継地であるヤロスラフ郡ルイビンスクには、各地の農民が大勢曳《ひ》き船人夫の出稼ぎにやってきた。

農民の心の拠りどころは村の教会であった。司祭となる者は、ピョートルの教会改革の一環として各地に建てられた神学校に通学を義務づけられたが、司祭の無知は少しも改善されなかった。彼らはしばしば大酒飲みで、お布施の額をめぐって農民と争った。したがって神に仕える司祭の評判はけっしてかんばしくなかったが、農民の信仰そのものが揺らぐことはなかった。彼らはキリスト者としていつも十字を切り、教会の長いお勤めに参加し、そして断食日を守った。文字の読めない彼らは聖書を見たこともなく、「主の祈り」さえ知らなかったが、教会儀礼を守ることによっておのれの魂の救いを信じていた。またキリストや聖母、諸聖人を独特の手法で描いたイコンを家の東南の隅に供え、灯明をあげて「生ける神」として祈りを捧げた。

3　女帝エカチェリーナ二世の時代

一七六二年のクーデタ

一七六二年六月二十八日の夜、オラニエンバウムに滞在していたピョートル三世の妻エカチェリーナ・アレクセーヴナはペテルブルクからの使者に揺り起こされた。首都に入った彼女は皇帝として迎えられた。彼女の夫は、すでにクーデタによって監禁されており、翌二十九日に正式に帝位放棄の書類に署名させられた。そして一週間後には追放先で殺害されたのである。

新しい女帝エカチェリーナ二世にはロシア人の血は流れていなかった。一七二九年にプロイセンの将軍の家に生まれた彼女がロシア皇太子の妃としてペテルブルクにきたのは、十五歳のときであった。彼女はすぐに正教徒へと改宗して、翌年、皇太子ピョートルと挙式した。夫が子どもじみた娯楽にふけり、またプロイセン好みを隠さなかったために、女帝エリザヴェータをはじめ周囲の失望を招いていたのにたいして、エカチェリーナはロシアのことばを学び、その習慣にとけ込むことに努めた。と同時に、夫にかわってロシアを治める、という野望が芽生えていった。彼女がクーデタにどの程度深く関わったかは不明だが、クーデタはいかなる抵抗もなく遂行され、夫の死は彼女にとって好都合であった。かくてロシアではふたたび女帝が誕生したが、生粋《きっすい》のドイツ人であった彼女は民衆にはきわめて不評であった。亡くなったピョートル三世の名前を僭称《せんしょう》する者があいついであらわれた。彼は民衆のためによき政治をおこなおうとしたために、貴族たちの陰謀によって葬られたのだ、あるいは彼は生きている、という噂が絶えなかったのである。また、望まれて帝位に就いたとはいえ、エカチェリーナの権力も初期にはけっして安定していなかった。

即位後のエカチェリーナが直面した問題のひとつは、かつて女帝アンナの「条件」の場合と同じく、身分的権利の拡大を求める名門貴族たちの動きであった。ニキータ・パーニンなどの政府高官は常設機関として「皇帝会議」の設置を求めたが、これは君主の絶対的な権力に制限を加えようとするものであった。またヴォロンツォフらの名門貴族たちも君主による土地財産の没収を改めて、個人的財産権の確立、そして不名誉な体刑の廃止を求めた。エカチェリーナはこうした要求に理解を示したが、ただちにそれらの諸権利を認めることはなかった。鋭い現実感覚と強い意志をもつ彼女は、それまでの女帝のように寵臣に政治の実権を委ねることはなかった。ヴャゼムスキー公などの協力を得ながら、自ら政策決定にあたったのである。

初期のエカチェリーナ政府は国内経済の活性化のためにヨーロッパ諸国に植民を呼びかけ、ヴォルガ川の中下流域にドイツ人を中心に約六三〇〇家族を入植させた。またピョートル三世のときに宣言された修道院領の世俗化を実現した。所領は新設の「経済参議会」の管轄下に置かれ、約一〇〇万人の旧修道院農民には国有地農民に等しい地位が与えられた。一七六五年にはペテルブルクに「自由経済協会」が設立された。『論叢』が刊行され、懸賞論文を募集して農奴労働の経済的得失が論ぜられた。このようなエカチェリーナの政策の根底には当時のヨーロッパの時代精神である啓蒙思想があった。彼女は早くからモンテスキュー、ディドロ、ロックなどの思想家の著作に親しんでいた。そうした啓蒙思想を利用しながら改革を進め、政権の安定をはかろうとしたのである。したがって彼女の思想を付け焼き刃と呼ぶことはできないが、その方法はきわめてプラグマティックな借用であった。しかもこの「帝位の啓蒙家」は宣伝癖が強く、啓蒙思想は自己の名声を高める手段として利用された。

啓蒙君主エカチェリーナ

一七六六年十二月、エカチェリーナは新しい立法委員会を招集する旨を布告した。ピョートル大帝以来、こうした委員会は何度か設けられており、先の女帝エリザヴェータの治世にも設けられたものの、作業は未完に終わった。エカチェリーナの委員会は元老院、参議会などの政府機関だけでなく、各身分の代表を招いた点に新しさがあった。聖職者、貴族、郷士、都市住民、国有地農民、カザークそして非ロシア人合計五七三名であった。だが、委員会には人口の多数を占める農奴、つまり世俗領主のもとの農民からは代議員は送られなかった。農民の利益はその土地の領主によって代表されると考えられていたからである。

翌年八月、立法委員会の開催に先立って、女帝の「訓令《ナカース》」が読み上げられた。「訓令」は全体で二二章六五五項からなる長大なものだが、改革の骨子を示すとともに彼女の統治理念が謳われた。エカチェリーナは、ロシアのような広大な国家には専制君主による統治がふさわしいと述べて、自己の強大な権力を正当化するとともに、他方で市民の自由、法の前での平等などの法治主義の理念を掲げた。また経済活動の自由の原則が述べられた。「訓令」はあらかじめ西欧諸語に翻訳・印刷されており、ヨーロッパ世界に広く知られることとなった。だが「訓令」全体の約四分の三が西欧の啓蒙思想家からの借用、しかもほとんどコピーに近い代物であった。とりわけモンテスキューの『法の精神』からの引用が多くを占めたが、ベッカリーアの『犯罪と刑罰』からも少なくなかった。エカチェリーナの「訓令」は、いかなる意味においてもオリジナルと呼ぶことはできない。

女帝エカチェリーナ　エカチェリーナ２世はピョートル３世に嫁いだドイツ人だが，ロシアの大国化，西欧化に力を注いだ。「祖国の賢母」「大帝」の称号を授けられた。

立法委員会は一年と四ヵ月にわたって開催された。だがこうした形式に不慣れなこともあって、具体的な成果をまとめることはできなかった。委員会は一七六八年十二月に始まったオスマン帝国との戦争のために中断され、ふたたび開かれることはなかった。唯一の成果はエカチェリーナにたいして「祖国の賢母」「大帝」の称号を贈ったことである。だが地方の代議員たちが一緒にもち込んだ一五〇〇通をこえる要望書には、「貴族の解放令」によって地方に帰った中小貴族たちの行政にたいする不満、そして農業や土地問題の解決への訴えが述べられており、要望書はのちの地方改革への契機となったのである。

他方で、エカチェリーナは「訓令」のなかで古代の奴隷制の弊害に言及することにより、ロシアにおける農奴制の緩和の方向を探ろうとした。だが委員会では貴族たちの強い反対にあった。委員会が開かれていた一七六七年八月に、女帝はロシアの農民が自分の領主の不正について皇帝に直訴する古来の権利を禁止した。その背景としては農民一揆の頻発がある。モスクワ県では一七五一年から七三年のあいだに二一六件の蜂起が起こり、農民による領主殺害事件が一一二件、未遂事件が四九件を数えた。また「貴族の解放令」は、農民もまた貴族から解放されるはずだという期待をいだかせ、各地で領主の指示への不服従を引き起こしていた。エカチェリーナ政府は農奴制の強化によって事態を乗り切ろうとしたのだが、より大きな火の手が辺境のカザークの地から上がった。

プガチョフの大反乱

一七七三年夏、ウラル地方のヤイク・カザークの町に一人の男があらわれた。彼は亡くなったピョートル三世を名乗り、ヤイクの人々に失われた自由の回復を約束した。彼の名はエメリアン・プガチョフ、三十歳を少し過ぎたドン・カザークであった。プガチョフは旧来の諸特権を削られ政府の統治下にあったカザークの不満をよく知っていた。また民衆のあいだでは「ピョートル三世が生きている」という噂が広く流布していた。彼は女帝エカチェリーナを「権力の簒奪《さんだつ》者」と呼んで、「よきツァーリ」のための戦いに加わるよう呼びかけたのである。

プガチョフの呼びかけにたいして、ヤイクとその周囲から多くの人々が集まり、軍団がかたちづくられた。プガチョフの軍団は日を追うごとにふくれ上がり、彼の遠征は何ら抵抗を受けることはなかった。町の多くは「パンと塩」を手にして彼の軍団を出迎えた。カザークの反乱に驚いた政府は、十月に「故ピョートル三世の名前を用いて無思慮な人々を堕落と破滅に導いている悪人・盗賊」プガチョフを激しく非難する布告を出すとともに、彼の「偽の布告」を集めて燃やすよう指示した。だが政府の布告はほとんど効果はなかった。プガチョフは「軍事参議会」を組織して征服地域を治め、さらに勢力の拡大をはかった。一七七四年七月のプガチョフの「勅令」によると、彼に仕えるものには自由が与えられ、兵役や人頭税あるいは地代などすべての負担と重荷から解放される。他方で「わが権力の謀反人」「帝国の騒乱者」「農民の零落者」である貴族たちは捕らえられ、処刑されるべきであるとされた。反乱には町や村のロシア人住民が参加しただけでなく、ウラルの製鉄工場で働いていた人々、あるいはロシア人の進出によって露骨な支配を受け、社会的経済的にも大きな損失をこうむっていたバシキール人、カルムイク人などの非ロシア人、異教徒も積極的に加わった。

一七七四年十月初め、プガチョフの軍団は約三〇〇〇人の軍勢と二〇門の大砲で、ロシア南東部における政府の拠点オレンブルクの包囲を開始した。そこには大勢の守備隊が陣取っていたものの、包囲部隊はその一〇倍近くに達した。周囲との連絡を断たれたオレンブルクの町は苦境に陥った。政府の援軍も機動力に富んだバシキール人やカルムイク人によって混乱させられた。政府がビビコフ将軍率いる大軍の投入によって包囲から町を「解放」したのは、翌年三月末のことであった。他方でプガチョフの軍団は守勢にまわり、逃避を余儀なくされた。「プガチョフは逃げた。だが彼の逃亡は侵入として受け取られた」(プーシキン)。退路にあたるヴォルガ川中流域では農民一揆が続発し、貴族たちは都市に逃げ出した。だがそれも八月末のツァーリツィンの戦いで決着がつけられた。プガチョフの軍団は全滅した。彼はわずかな手勢とともに逃れたが、九月初めに仲間のカザークにつかまり、政府軍に引き渡された。翌年一月、プガチョフはモスクワで処刑された。

プガチョフの大反乱はカザークの不満に端を発するが、政府首脳が認めたように民衆のあいだに広がっていた「全般的な憤懣《ふんまん》」に、その素因をみることができる。女帝の評判は最初からかんばしくなく、啓蒙君主というまばゆい看板の陰で農奴制はかえって強化された。こうした動きを察知したプガチョフは、民衆の「よきツァーリ」というナイーヴな幻想に依拠して、「貴族身分抜きの国制」を樹立しようと試みたのである。反乱軍の犠牲者は数万人に達したが、貴族身分の根絶という反乱の呼びかけのために殺害された貴族やその妻子の数もけっして少なくなかった。プガチョフ派(プガチョフシチナ)の再来をいかにして阻止するか、これがエカチェリーナ政府の最大の課題となったのである。

地方改革と都市文化

一七七五年十一月、エカチェリーナは地方行政についての基本法を発布した。プガチョフの反乱がほとんど抵抗を受けることなく広がった最大の原因を、女帝は地方の無力にみた。ロシアの地方行政は十分に機能していなかった。地方役人は少なく、しかも怠慢で、地方からの税収そして徴兵は慢性的に滞っていた。ピョートル大帝の地方改革は理念が先行し、あまりに高くついたため彼の死後すぐに放棄された。地方行政は十七世紀の慣行に逆戻りしたのだが、反乱は地方行政の欠陥を根本的に是正することを迫った。エカチェリーナの基本法はロシアの地方行政史において画期的な試みであった。

基本法によると、まず一県あたりの人口(人頭税の賦課された男子)は三〇万から四〇万人の規模が適正とされた。そして一県あたり一〇から二〇郡を置き、一郡あたり二万から三万人を標準とする新しい地域区分が設定された。その結果、ロシアはそれまでの二五県から四一県へ、治世末には五〇県へと細分された。各県には知事と副知事が置かれたが、重要な県や若干の県には「総督」が配され、有力な政治家が送り込まれた。実質的な地方分権化がはかられたのである。郡もそれまでの一六九郡から三七四郡へ、治世末には四九三郡へと細分された。郡はその適正な人口規模とともに、地方の経済的、地理的、そして民族的な一体性にも配慮するとされたが、新しい郡都のかなりのものは「大きな村」であった。たとえばヤロスラヴリ県は一二郡に分割されたが、そのうち中心都市をもっていたのは五郡だけであった。残りの七郡についてはその都市をあらたにつくり出さなければならず、比較的大きな村やポサードが「都市」に格上げされたのである。また反乱の震源地であるウラル地方はそれまでの一九郡にかえて四一郡に細分されたが、新しい「都市」のほとんどは何ら経済力をもっていなかった。ともあれこの新しい行政区分が、基本的にはロシア革命まで存続したのである。

エカチェリーナの地方改革のもうひとつの狙いは、勤務から解放された貴族たちを地方の行政・裁判に参加させることにあった。それには行き過ぎた中央集権にたいする彼らの強い不満もあった。改革は県・郡の在地の貴族たちをそれぞれ身分団体に組織して、団体内部の互選によって地方役人や裁判官が選ばれた。こうして三年に一度、冬期間に各県・郡では貴族集会が開かれ、選挙がおこなわれた。集会は地方貴族に固有の問題を話し合う場となったが、娘の縁談とかゴシップ、そしてビジネスなどが参加の誘因として働いた。こうした貴族集会をその活動の核として成立した県・郡の貴族団は、貴族の身分的自治、そしてロシアの地方行政においても重要な位置を占めるにいたった。

ロシアの人口は、一七九六年には約三七四〇万人に達したが、都市住民は四・二%にすぎなかった。

年	総人口 （百万人）	1646年の国境内 （百万人）	 （%）	1646年以後の併合地域 （百万人）	 （%）	人口密度 （1 km²当り）
1646	7.0	7.0	100.0			0.5
1678	11.2	9.6	85.7	1.6	14.3	0.8
1719	15.6	13.6	87.2	2.0	12.8	1.1
1762	23.2	18.1	78.0	5.1	22.0	1.6
1782	28.4	22.1	77.8	6.3	22.2	2.0
1796	37.4	23.8	63.6	13.6	36.4	2.3

ロシアの人口　ミローノフ『ロシア社会史』第１巻より。

都市は農業と切り離されておらず、しかも都市の住民のなかには出稼ぎ農民や「商業農民」なども含まれていた。したがって西欧の旅行者が口を揃えて指摘したように「大きな村」にほかならなかった。だがエカチェリーナの地方改革を経て、とくに県都は地方における政治・経済・文化の中心地として発展の緒に就いた。たとえばヤロスラヴリ県の県都ヤロスラヴリには最初の県知事（総督）として政府高官アレクセイ・メリグーノフが送り込まれた。古都ヤロスラヴリは一七六八年の大火によって大きな被害を受けていたが、彼の指導のもとで新しい公共建物、民衆学校などが建てられ、近代的な都市に脱皮した。人口は約一万九〇〇〇人で、とくに多くはなかったが、女帝の勅令に基づいてはじめて印刷所が開設され、ロシア最初の地方誌『僻遠《へきえん》のポシェホーニエ人』が刊行された。ロシア中世文学の代表作『イーゴリ軍記』の写本が発見されたのも、ここヤロスラヴリのスパスキー修道院であり、テキストは一八〇〇年にはじめて刊行された。

ヴォロネジ県でも同じような動きがみられた。十六世紀末に建設された要塞都市であるヴォロネジに生まれた聖職者ボルホヴィチノフは、モスクワの神学アカデミーで学業を修了した。一七八八年に故郷の町に帰った彼は、数人の仲間とともに地方史のサークルをつくって、活動を始めた。ここでも印刷所が開設され、そしてロシア最初の本格的な地方史研究が一八〇〇年に出版された。彼はその後町を離れたが、「キエフ府主教」としてその学識と名前が広く知られた。このような動きはほかの県都でも多かれ少なかれみられたのであり、女帝の地方改革が大きな刺激となったのである。

ポーランド分割・露土戦争・ロシア化政策

一七六三年十月、エカチェリーナはポーランド国王アウグスト三世の死去にともない、ロシアの影響力を維持するために寵臣スタニスワフ・ポニヤトフスキを送り込んだ。だがポーランドの新国王は、彼女の意図に反してポーランドの再建に乗り出した。貴族たちもバールという町で武装同盟を結成して、「主権の危機」からの脱出をはかろうとした。エカチェリーナは軍隊を派遣して町を占領した。そしてポーランドにたいして領土的野心をいだいていたプロイセン、オーストリアとともに分割についての長い交渉に入った。一七七二年七月、ペテルブルクでの会議で三国の合意が成立した。この第一回の分割によって、ロシアはリヴォニア、ベラルーシなどを獲得した。ポーランドは国土の約三〇%と人口の約三五%を失ったのである。

第一回分割はポーランドの改革の動きを早めた。教育の整備のために国民教育委員会が設けられ、一七九一年には国会で新しい憲法が採択された。それらはいずれもヨーロッパでも先駆的な改革であ

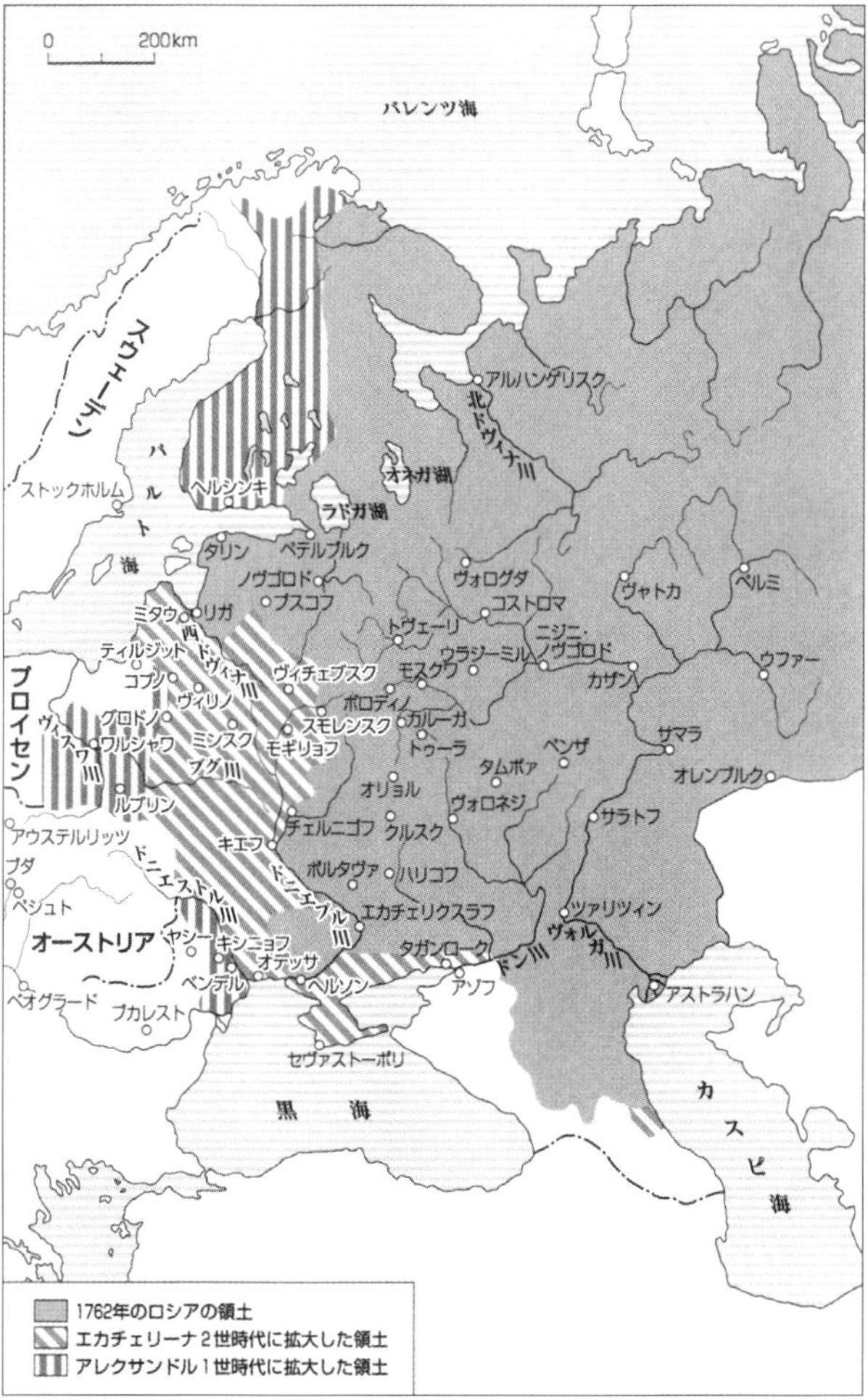
0
200km
バレンツ海
スウェーデン
バルト海
ストックホルム
ヘルシンキ
アルハンゲリスク
北ドヴィナ川
オネガ湖
ラドガ湖
タリン
ペテルブルク
ノヴゴロド
プスコフ
ヴォログダ
コストロマ
ヴャトカ
ペルミ
ミタウ
リガ
西ドヴィナ川
ティルジット
トヴェーリ
ウラジーミル
ニジニ・ノヴゴロド
カザン
ウファー
プロイセン
コブノ
ヴィチェブスク
モスクワ
ヴィリノ
ボロディノ
グロドノ
ヴィスワ川
ワルシャワ
ミンスク
スモレンスク
カルーガ
モギリョフ
トゥーラ
ペンザ
サマラ
ブグ川
タムボァ
オレンブルク
オリョル
ルブリン
ヴォロネジ
サラトフ
チェルニゴフ
クルスク
アウステルリッツ
キエフ
ブダ
ドニエストル川
ポルタヴァ
ハリコフ
ドニエプル川
ペシュト
エカチェリクスラフ
ツァリツィン
オーストリア
ヤシー
キシニョフ
オデッサ
タガンローク
ドン川
ヴォルガ川
ベンデル
ヘルソン
アゾフ
アストラハン
ベオグラード
ブカレスト
セヴァストーポリ
黒海
カスピ海
1762年のロシアの領土
エカチェリーナ2世時代に拡大した領土
アレクサンドル1世時代に拡大した領土

ロシアの拡大

ったが、またしてもロシアとプロイセンの武力介入を招くこととなった。一七九三年一月に調印された第二回分割によって、ポーランドは事実上、国家としての機能を停止した。その後、コシチューシコの蜂起とその鎮圧を経て、一七九五年の第三回の分割でポーランドはヨーロッパの政治地図から消えた。ロシアが獲得した領土の大部分はギリシア正教徒であるベラルーシ人とウクライナ人の土地で、モスクワ大公以来ロシアが主権を要求していた地域である。エカチェリーナはこれらの地域の行政のロシア化を実施した。その結果「小ロシア」、つまりウクライナでも一七八三年に農奴制が導入された。

他方でオスマン帝国との戦いにおいても、エカチェリーナは大きな成果を手にした。一七六八年十二月にクリミア・タタールによるロシア南部の襲撃に始まった戦いは、六年もの長期におよんだが、一七七四年七月にクチュク＝カイナルジで条約が結ばれた。この条約によって、ロシアはブグ川とドニエプル川のあいだの地域、ケルチ要塞、そしてアゾフと沿アゾフ地方を獲得することにより、黒海への出口を確保した。ロシアの商船は今や黒海と両海峡を自由に航行でき、ドン川とドニエプル川はロシアの農産物を運ぶ運河となったのである。そのほかにワラキア、モルダヴィアが保護領とされた。クチュク＝カイナルジ条約によって黒海への進出を果たしたエカチェリーナは、黒海北部沿岸の肥沃な地域の開拓を急ピッチで進めた。この開拓事業にあたったのは女帝の寵臣ポチョムキンであった。一七七五年に「新ロシア」の県知事となった彼は、先の条約で決着のつかなかったクリミア半島を領有して、軍港セヴァストーポリの建設を始めた。ここに黒海艦隊が置かれた。もとよりオスマン帝国はこれを認めず、両国は一七八七年からふたたび交戦した。だが名将スヴォーロフ将軍の指揮のもと、海でも陸でもロシアの優位は揺るがなかった。一七九一年のヤッシーの講和において、ロシアは黒海の北部沿岸のすべてを領土化した。黒海沿岸にはオデッサなどの港湾都市が建設され、急速に成長した。

一七八七年初め、エカチェリーナの豪華なクリミア巡幸が実施された。一行がおとずれる町や村には新しい建物が立ちならび、セヴァストーポリでは祝砲を打ち上げて女帝を迎えた。演出者はポチョムキンその人であり、一部は誇大な偽物であったことから、「ポチョムキンの村」と皮肉をもって語られた。

十八世紀末、ロシア帝国はすでに圧倒的な多民族国家であり、ロシア人の比重は五〇%を割り込んでいた。ウクライナ人、ベラルーシ人、ポーランド人が約三五%を占めた。そのほかにバシキール人、カルムイク人など多くのアジア系諸民族がいたが、多くはバシキール人の場合のようにロシア化政策にたいする反乱と厳しい弾圧を体験しなければならなかったのである。

貴族帝国の光と影

一七八二年四月、サンクト・ペテルブルクの元老院広場でピョートル大帝の「青銅の騎士」像の序幕式が催された。大帝即位一〇〇年にあたるこの年に、エカチェリーナは彼の功績を称えることで、彼の事業の継承者としての自らの存在を誇示したのである。大帝によって一七〇三年に建設が始められたこの町は、世紀末には約二〇万の人々が暮らす大都市になっていた。当時の事典によると、「わずかのあいだに、サンクト・ペテルブルクはとても大きく、美しい、そして可能性のある都市となり、全ヨーロッパを驚かせた」。大帝の時代に建てられた海軍工廠の隣には、壮麗な冬宮が完成した。また、旧都モスクワの人口三〇万人に多少劣っていたとはいえ、新しい首都は外国貿易の中心地としてロシア商業の倉庫の役割も果たしており、経済的にもモスクワを凌駕しつつあった。女帝は「訓令」のなかで「ロシアはヨーロッパの大国である」と述べていたが、世紀末にはその内実が備わった。

その三年後の一七八五年四月、女帝の五十六歳の誕生日に「貴族の恵与状」が公布された。恵与状は従来の貴族の諸権利と自由を確認したうえで、あらたにそれらを拡大した。とくに注目されるのは貴族の領地にたいする国家の諸規制が撤廃されて、完全な私有財産として認められたことである。つまり領地内の森林や天然資源などは自由な利用に委ねられ、そして貴族の重大な犯罪に際して領地没収という処罰が廃止された。罪をおかした本人は処罰を受けるものの、領地はその相続人の手に渡ることになったのである。領地の私有財産化は、逆に領地の農民には否定的に作用した。農民は国家の「法の保護」から除外されることにつながったからである。恵与状は「ロシア貴族の金印勅書」にほかならず、貴族帝国はここに完成した。世紀初めから、大貴族たちはモスクワやサンクト・ペテルブ

モスクワのクレムリン前での露店　18世紀のモスクワは政治の中心地であることをやめたが，経済的文化的な意義を失うことはなかった。冬には，貴族とその大勢の召使いのために町の人口は５万人増加したといわれる。18世紀末。

ルクの郊外をはじめ、各地に壮麗な館を建てていたが、そうした彼らの「館の文化」も世紀末に最盛期を迎えたのである。

ロシアはまだ圧倒的な農業社会であったが、新しい産業の飛躍がみられた。ウラルの工業地帯エカチェリンブルク、ペルミで採掘・精製された鉄は大量にイギリスに輸出され、かの国の「産業革命」の原動力となった。織物業の村イヴァノヴォはのちに「ロシアのマンチェスター」と呼ばれ、グラチョフ、ガレーリンなどの農奴企業家が生まれつつあった。各地に新しい都市が誕生して、地域産業の拠点として重要な役割を果たした。

啓蒙君主エカチェリーナは政府機関として社会福祉局を設け、病院を建設した。また異教徒にたいしては寛容政策をもって対処した。最大の異端である古儀式派も許されて、モスクワにその拠点を構えたのである。文芸の保護においてもエカチェリーナは同時代のヨーロッパの君主たちに劣ることはなかった。一七五七年にペテルブルクに開設された芸術アカデミーはエカチェリーナの時代に多くの優れた人材を輩出した。また、百科全書的な科学者ロモノーソフによって一七五五年に開設されたモスクワ大学は、当初こそ教授の多くがドイツ人であったが、その弟子であるロシア人によって学問と教育の基礎がつくられた。エカチェリーナが蒐集したヨーロッパの絵画は、彼女が冬宮のなかにつくった美術館に陳列された。

ようやく芽生えたロシアの出版文化はニコライ・ノヴィコフの名前を抜きに語ることはできない。彼は月刊文芸雑誌や新聞を発行するとともに、自ら印刷会社を設立して、教科書、読本の出版から西欧哲学者の著作の翻訳にたずさわり、モスクワ以外の一六都市に書店を開くなど傑出した存在であった。文学でもデニス・フォンヴィージンの『親がかり』やニコライ・カラムジーンの『哀れなリーザ』など新しい傾向が生まれた。

啓蒙君主が治める繁栄せる帝国で、一七九〇年一月に『ペテルブルクからモスクワへの旅』というタイトルの書物が刊行された。それは旅日記のかたちで農民の悲惨な日常と貴族による農民にたいする人格的愚弄をリアルに描いた農奴制告発の書であった。エカチェリーナは激怒した。ただちに発禁処分とされ、その著者アレクサンドル・ラジーシチェフはシベリアに流刑された。その二年後にはノヴィコフも逮捕され、投獄された。かつてエカチェリーナは専制や農奴制にたいする批判について比較的寛大であった。だが一七八九年のフランス革命、そして国王ルイ十六世の処刑という事実は彼女に強い衝撃を与えた。革命思想にたいする敵視は強まり、穏健な作家デルジャーヴィンにまでその疑いがかけられた。帝国の繁栄の陰で、一部の農民が奴隷のように、土地から、家族からさえ切り離されて売買されていたのは、厳然たる事実であった。村にはもちろん富農もいたが、農民の多くは貧しく、しかもまったくの無権利状態にあった。エカチェリーナは、ツァーリへの嘆願という農民の最後の手段をも禁止した。カザークや帝国内の多くの異民族もかつての自立的なあり方を完全に否定され、沈黙を強いられていた。エカチェリーナが『旅』の著者を「プガチョフよりもおそろしい」といったのは理由のないことではなかった。

第六章

ロシア帝国の発展

1　アレクサンドル一世の時代

パーヴェル一世の政治

一七九六年にエカチェリーナ女帝が没すると、四十二歳の皇太子パーヴェルが即位した。自分を愛さなかった母を憎んでいた彼の最初の命令は母に殺された父、ピョートル三世の遺骸の埋葬のやりなおしであった。そして、新帝の続く命令は、すべて母帝の政策の否定に向けられた。ラジーシチェフやノヴィコフらを含めた赦免がおこなわれたのは当然だといえたが、母帝は朝十時から大臣たちの上奏を聞くことにしていたのを朝の五時に改めたのは臣下をいらだたせるものであった。パーヴェルは秩序を立てようと、精力的に執務に励んだ。四年四ヵ月の治世のうち、二二五一件の法が出されたが、これは空前絶後の記録である。

最初の重要な立法は帝位継承法（一七九七年）であった。後継皇帝を指名する従来のやり方にかえて、定められた順序で男系の男子が継承していくことになった。これによって以後ロシアでは女帝の可能性が封じられた。ついでパーヴェルはエカチェリーナが与えた貴族の特権を改めて制限しようとして、貴族からの反発を買った。農民に日曜日に仕事をさせてはならない、一週間に三日までしか賦役を課してはならないとする勅令も、実効性は疑わしいものの、貴族領主の怒りを呼んだ。

パーヴェルは官吏の汚職の摘発をいい立て、役人の更迭のスピードを上げた。財政は破綻状態であったので、緊縮が命じられ、紙幣の流通量を減らすということで紙幣の公開焼却がおこなわれた。これらの措置も反感を招いた。軍隊を好んだパーヴェルはプロイセンのフリードリヒ大王の崇拝者で、将校にたいして規則の峻厳なる遵守を要求し、違反者には懲罰を加えた。また新しい軍服を制定したこともよく知られている。

しかし、最大の問題は外交政策である。はじめパーヴェルはイギリス、オーストリア、プロイセンとの反仏同盟に加わった。ロシアの誇る元帥スヴォーロフは一七九九年、同盟国のイタリア派遣軍司令官に任命され、ミラノ、トリノを占領した。それからアルプス越えの大胆な秘策によりスイスでフランス軍を破り、勇名をとどろかせた。ところが、この年ナポレオンがフランスで権力を握ると、パーヴェルは彼に心酔して、一八〇〇年には一転して、ナポレオンと反英同盟を結ぶにいたった。スヴォーロフは召還され、失寵のなかで急死する。皇帝の専横と気まぐれにたいする不満が高まることに

皇帝パーヴェルの殺害　ベニグセンの回想では，殺害の計画はなく，混乱のなかで殺してしまったとしている。

なったのは必然である。

　イギリス大使ウィットワースも関与して陰謀が始まった。中心人物は名門貴族ニキータ・パーニン、外務参事会副総裁である。陰謀の狙いは、皇帝を廃して、皇太子アレクサンドルを擁立し、立憲制へ進むことであった。若いパーニンは老練な政治家、首都総督パーレンを仲間に誘い込んだ。パーニンは摂政を立てるという案だったが、パーレンは皇帝を殺害するしかないと考えた。やがてパーニンは皇帝に嫌疑をかけられ、領地に追放された。

　ロシアは一八〇一年の初め、反トルコ(オスマン帝国)の同盟関係にあった正教の国グルジア王国を併合したが、パーヴェルはナポレオンとの協力を頼みにカザーク部隊のインド遠征という途方もない企てに着手した。このとき、一八〇一年三月十一日夜、パーレンは近衛兵を二隊動かして、ミハイル宮を襲撃した。寝室でパーヴェルを殺害したのは、軍人ベニグセンとエカチェリーナ時代の実権者プラトン・ズーボフ公爵を中心とする将校たちであった。陰謀家たちは皇太子を皇帝に擁立した。これは帝政ロシア最後の宮廷クーデタである。アレクサンドルは父の廃位を承認していたが、殺害するとは知らなかったといわれる。しかし、彼が父帝殺害の陰謀に関与したという噂は消えることはなかった。

アレクサンドル一世の即位と改革への動き

即位したアレクサンドル一世はエカチェリーナ女帝のお気に入りの孫であった。スイス人の共和主義者ラアルプを家庭教師につけられて育ち、開明的な思想の持ち主であった。彼は父殺しの陰謀家たちを退けて、「若き友人たち」と呼ばれたストローガノフ伯爵、コチュベーイ伯爵、ノヴォシリツェフ、ポーランド人チャルトルスキー公爵らを自らのまわりに集めた。ストローガノフの提案で、六月にこの人々からなる秘密委員会が構成され、皇帝と討議して改革案の策定に努力することになった。ここで検討された主題は行政改革と農民改革であった。秘密委員会の最大の成果は一八〇二年に従来の参議会《コレギヤ》にかえて八つの省を設置し、大臣の合議体である大臣委員会を設置したことである。秘密委員会は、このほか、貴族領主が自発的に農奴を有償解放することを許可する一八〇三年二月の「自由農民勅令」を出したり、同じく〇三年に古い伝統あるヴィリノ(ヴィリニュス)の中央学校をヴィリノ帝国大学として認可するなど、アレクサンドルを説得して、改革を進める努力を重ねた。しかし、一八〇三年、英仏断交からナポレオン戦争が全ヨーロッパに拡大するなかで、ナポレオン打倒を主張する「若き友人たち」は皇帝と衝突して辞表を提出し、秘密委員会は解散となった。

結局ロシアは一八〇四年にオーストリアと同盟し、一八〇五年にはイギリスと同盟し、フランスと戦うことになった。一八〇五年十一月二十日(十二月二日)、クトゥーゾフの率いる五万のロシア軍はオーストリア軍とともにモラヴィアのアウステルリッツでフランス軍と戦い、敗北した。前線に到着したアレクサンドルが決戦を主張したことが、損害を大きくした。以来、連合軍は敗北に敗北を重ねた。このため、アレクサンドル一世は一八〇七年六月十三日(二十五日)、ナポレオンとネマン(ニーメン)川の筏《いかだ》の上で会見し、翌日プロイセン王をまじえて、ティルジット条約を結んだ。こうしてロシアはフランスとの同盟に戻り、イギリスにたいする大陸封鎖に参加することになった。もっともアレクサンドルは戦争をやめたわけではない。一八〇八年にはスウェーデンと戦争し、翌年、フィンランドを獲得した。アレクサンドルはフィンランド大公国をつくり、その大公ともなるのである。フィンランドは自治を認められた。

この段階で、アレクサンドルの関心はふたたび国内問題に戻り、今度はスペランスキーという改革者を登用した。スペランスキーはウラジーミル県の村の司祭の子で、ペテルブルクの神学校で学び、官途についた人であった。三十歳のとき、内務省の局長になり、皇帝に認められて、一八〇七年、教会学校改善委員会の委員に任命された。一八〇八年九月には皇帝がエルフルトでナポレオンと会うのに供奉《ぐぶ》し、さらにフィンランド行きにも従った。これ以後、彼は司法次官に任じられ、新設された法律作成委員会主任となり、皇帝のもっとも近い顧問となったのである。

　スペランスキーの構想力は並外れたものだった。一八〇九年にまとめられた彼の国家改造案は、法による絶対権力の統治という考えに基づいていた。領地保有者が選挙権をもって、郷会、郡会、県会を間接選挙で選び、そこから各レヴェルの行政府と司法府を選ぶとともに、県会で選ばれた候補のなかから皇帝が国会(国家ドゥーマ)議員と最高司法府の元老院《セナート》法官を任命する。国会は立法機関とされているが、立法権は皇帝の大権であり、国会は皇帝が任命する省の大臣への諮問・請願機関にすぎない。このような国会と元老院、各省という三権の区分の上に皇帝が立って統一をはかるのだが、皇帝を助ける諮問準備機関として国家評議会が考えられていた。この国家の下にある臣民については、スペランスキーは臣民を三つの身分(貴族、商人・町人、農奴)に分け、各身分の権利を定めるとともに、全身分に共通に適用される民法的権利を考えた。

スペランスキー

　しかし、この壮大な改革案を皇帝は一括採用することはできなかった。スペランスキーの説得にもかかわらず、アレクサンドルは個別に検討するとの方針をとり、国家評議会だけを一八一〇年に設置した。誕生した国家評議会は大臣退職者などの元高宮と軍人から任命された議員の合議体であり、皇帝の立法権行使への諮問機関であった。

スペランスキーはもともと中央政界では孤立していた。皇帝の信任が唯一の拠りどころであったが、一八一〇年にフランスとの協調体制が破綻し、反仏的雰囲気が強まるなかで、モスクワの貴族の代表で、激しい反仏派のロストプチンが、スペランスキーはロシアを危うくするフリーメーソンで、神秘主義者だと攻撃し、トヴェーリ総督の妻となっている皇帝の妹エカチェリーナ・パヴロヴナと提携して、スペランスキー排撃に動いた。エカチェリーナは保守貴族を代表する作家カラムジーンにスペランスキー批判の一文、「古き、新しきロシアについての意見書」を書かせ、皇帝に提出させた。皇太后とつながる宮廷内の親独派も動いた。皇帝はついにスペランスキーに不信をいだくにいたり、一八一二年三月、彼を首都からニジニ・ノヴゴロドへ、ついでペルミへと流刑した。

一八一二年戦争

一八一二年六月、ナポレオン軍はロシアに侵入した。五七万五〇〇〇の大軍はモスクワめざして進撃した。アレクサンドル一世はヴィリノで「わが国に一人の敵兵もいなくならないうちは、朕は武器を置くことはしない」と誓ったが、バルクライ＝ド＝トーリイやバグラチオンに率いられるロシア軍は公称二二万しかなく、後退を重ねた。焦土戦術がとられた。八月五日、フランス軍がスモレンスクに入城すると、八割以上の建物は焼け落ちていた。混成軍のナポレオン軍も急速に兵力が減少していく。他方で、ロシア側では侵略者に抗して祖国戦争に立ち上がれという意識が日増しに高まった。六十七歳のクトゥーゾフが総司令官に任命され、八月二十六日(九月七日)、モスクワ郊外ボロジノで初の本格的決戦がおこなわれた。未明から夕刻までの大軍の激突で、ナポレオン軍二万五〇〇〇、ロシア軍七万の損失が出たが、ナポレオン軍はロシア軍を壊滅させて勝利を手中にすることはできなかった。逆にロシア軍は後退させられたものの、なお意気は盛んであった。九月一日、モスクワの郊外フィリでクトゥーゾフは軍議を開き、決戦するか、モスクワを明け渡すかを問うた。将軍たちの意見は分かれた。そこでクトゥーゾフは「モスクワを失ってもロシアを失うわけではない。……しかし、軍隊が壊滅すれば、モスクワとロシアが滅びる。私は退却を命ずる」と裁断を下した。

かくして九月二日、一一万の兵を率いたナポレオンがモスクワに入城すると、ロシア最大の都市は無人だった。二七万人の住民はすべてロシア軍とともに撤退していて、一万人程しか残っていなかった。そして、その夜からモスクワの各所には火が放たれ、一週間燃え続けた。モスクワの三分の二は廃墟と化した。モスクワ総督ロストプチンの命令によるものであった。ナポレオンは停戦交渉を求めて、使者をタルチノに陣を敷くクトゥーゾフのもとに送るが、クトゥーゾフは交渉の権限を与えられていないと拒絶した。食糧がなくなったフランス軍はカラスを撃ち、猫も食べざるを得なくなった。

ついに十月四日、クトゥーゾフはフランス軍への攻撃を命じ、大きな打撃を与えた。ナポレオンはモスクワを一ヵ月で捨て、十月七日、撤退を開始せざるを得なかった。この退却する部隊にロシア軍

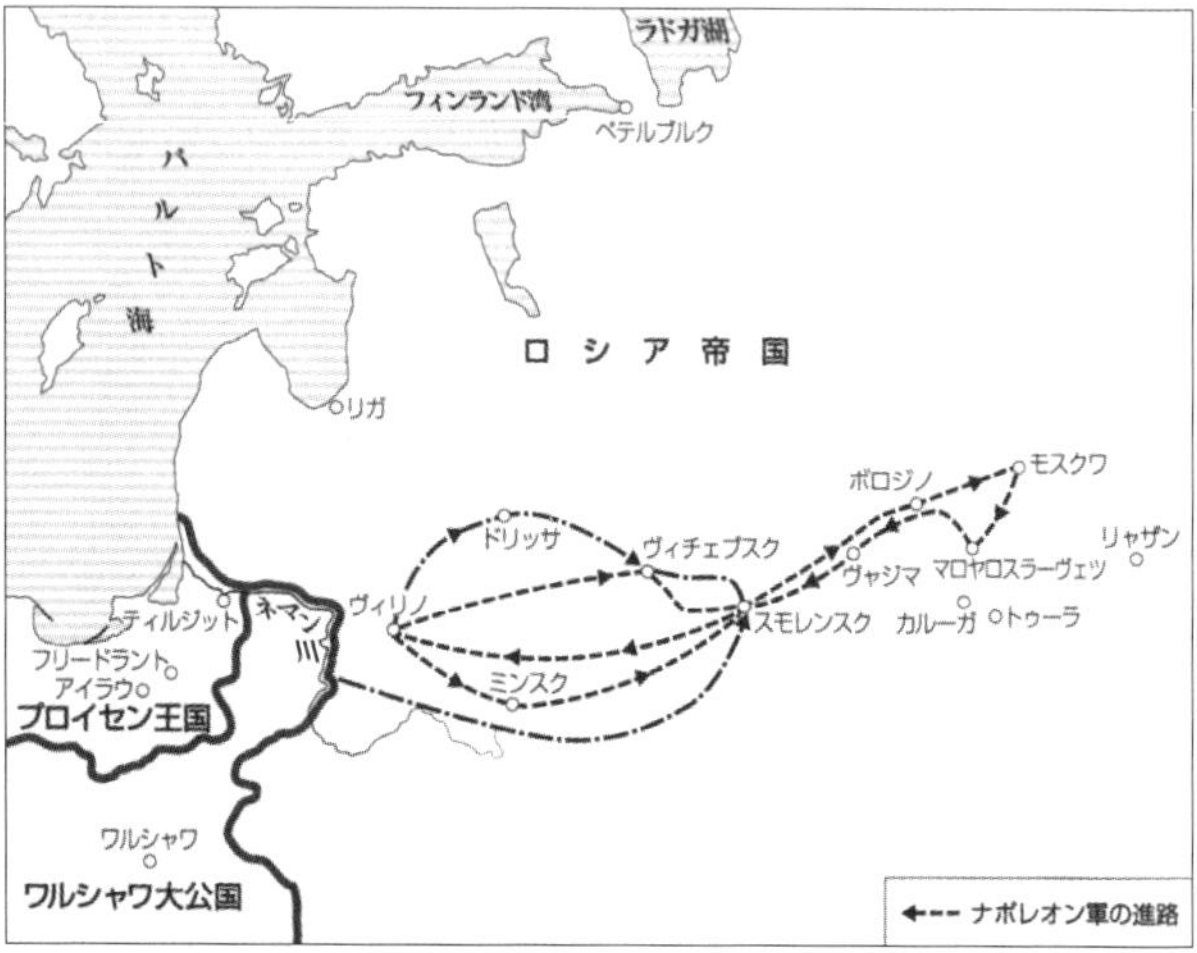

ナポレオン軍の進入と敗退

ボロジノの戦い　1812年戦争最大の会戦。フランス軍13万，ロシア軍10～12万が12時間にわたり死闘を続けた。

と農民パルチザン、それに冬将軍が襲いかかった。十一月末、ナポレオン軍がロシアの領内を出たときには、わずか一万の敗残兵部隊と化していた。

クトゥーゾフはこの勝利の翌年に病死したが、ロシア軍は皇帝とともにナポレオン軍を追って、ヨーロッパに進撃し、一八一四年三月、ついにパリに入城した。ナポレオンは退位して、エルバ島に流された。アレクサンドルはナポレオンを破ったという実績を背景に一八一五年のウィーン会議で主役を演じ、神聖同盟を提唱した。彼はナポレオンのワルシャワ大公国を大部分吸収してポーランド立憲王国をつくり、自らその王となることで、かねていだいていたポーランド復興の夢を実現した。

ナポレオンとの戦争における勝利は、ロシア帝国にとって大きな出来事であった。この戦争が始まったときに竣工した、首都ペテルブルクのネフスキー大通りの中央にあるカザン聖堂には、壊滅したフランス軍の軍旗が奉納され、クトゥーゾフの遺骸がここに埋葬された。カザン聖堂は祖国戦争勝利の栄光の殿堂となったのである。皇帝の勝利を称えて、冬宮前広場にアレクサンドルの円柱が立てられるのは、のちの一八三四年のことである。モスクワには、戦勝記念の救世主キリスト聖堂の建立が一八三九年より始まり、八三年に竣工する。

アレクサンドル晩年の政治

戦後も国際政治に没頭したアレクサンドルはまた宗教にも強い関心を示した。モスクワが炎上する光景に神の摂理を感じるという宗教的な体験をした皇帝は、全世界に聖書を普及することをめざすイギリスの聖書教会の呼びかけに応えて、ロシア聖書教会の設立を一八一二年十二月に裁可した。総裁には、腹心の宗務院総監、外国宗教庁長官のゴリーツィンが任命された。皇帝は御下賜金を与え、聖書の現代語訳を進めさせ、出版したのである。このような熱中は通常、神秘主義への傾倒だといわれるが、非合理的なところはなく、むしろ宗教上の寛容を助けたといえるだろう。しかし、皇帝はこのほかに明らかに神秘主義的な宗教家との交渉があり、神秘主義的傾向をあらわした。

皇帝に同行して、ウィーンで同盟交渉をまとめたネッセリローデは、一八一六年に外相事務取り扱いに任命される。ドイツ貴族出身の彼はこののち長くロシア外交を推進していくことになる。関税政策はしばしば動揺してきたが、一八二二年には保護関税が採用され、ロシアの産業には有利に働くようになった。

他方で、アレクサンドルは一八一五年から国内政治を元陸軍大臣のアラクチェーエフ一人に委ねるようになった。彼はスペランスキーと対立して大臣の職を解任されていたのだが、ここにきて大臣委員会、国家評議会、皇帝直属官房をすべて握る実力者となった。カラムジーンが彼の大作『ロシア国家史』の第八巻までを皇帝に献上にきたときも、まずアラクチェーエフに許可を願い出なければならなかった。

アラクチェーエフが打ち出した新政策として唯一知られるのは屯田兵制度の実施であった。妻子持ちの予備役兵士を入植させ、その子どもが十八歳になれば兵士に取り、四十五歳で退役させ、この村に戻すという案である。屯田兵制度は一八一六〜一七年に実施された。一八二五年までには、ペテルブルク、ノヴゴロド、モギリョフ、ヘルソン、エカチェリノスラフ県などで実施され、屯田兵は全陸軍の四分の一を占めるにいたったという。屯田兵制度は兵士たちには永遠の奴隷制と受け取られ、反乱も起こった。もとより反乱は厳しく鎮圧された。

アラクチェーエフは危険思想の取り締まりにも力を入れた。彼の名は反動スパイ政治の代名詞となった。宗教・教育大臣になっていたゴリーツィンもアラクチェーエフにその地位を追われ、アラクチェーエフは宗務院総監をも兼ねるにいたった。アレクサンドルの治世の最後に皇帝の政治にたいする不満が高まったのは当然であった。

2 デカブリストとニコライ一世の時代

デカブリスト反乱

ヨーロッパに出陣して、自由の空気にひたって帰った貴族たちはこの反動政治に反発した。そこから立憲制と農奴制廃止をめざす運動、デカブリスト(十二月党員)の運動が生まれた。愛国主義的な青年貴族はフリーメーソンの影響も受け、秘密結社の組織を進めた。一八一六年には、ニキータ・ムラヴィヨフ、セルゲイ・ムラヴィヨフ＝アポストル、トルベツコイらが救済同盟を組織した。このグループのなかには皇帝殺害の考えも生まれている。この組織にかわって、一八一八年には多くの会員を集めた福祉同盟が結成された。意見の分裂から一八二一年にはウクライナのトゥリタンに赴任しているペステリを指導者とする南方結社が生まれ、共和制を志向した。これにたいしてニキータ・ムラヴィヨフを指導者とする首都の北方結社はより穏健な立憲制を主張した。

一八一一年に首都郊外のツァールスコエ・セローに有力な官僚養成の貴族学校、リツェイが開校されていたが、そこで学んだキュッヘリベッケル、プーシチンらもデカブリスト運動に参加し、学友の詩人プーシキンも運動の周辺にいた。なお一八一九年にはペテルブルク帝国大学が開設されたが、こちらの教授、学生はデカブリスト運動とは無縁であった。

一八二四年、ペステリは北方結社と話し合い、組織の統合で合意し、一八二六年に行動を起こすことをめざして準備することとなった。ポーランドやリトアニアにある将校組織とも連携の話し合いが進められた。

一八二五年十一月十九日、アレクサンドル一世は黒海沿岸のタガンロークで急死した。彼には子がいなかった。帝位継承法によれば、次弟コンスタンチンが継承することになるが、妃と離婚したうえ、ポーランド人伯爵の娘と再婚した彼は、帝位継承辞退を申し出て、すでにアレクサンドルに承認され

デカブリスト反乱の鎮圧　1825年12月14日，元老院広場の光景。右手には青銅の騎士像が見える。

ていた。したがって帝位は第三弟のニコライが継承することになるのだが、アレクサンドルはこれをニコライに伝えていなかった。このことが混乱を生み、皇帝の空位が三週間におよんだ。デカブリストは翌年に反乱を決行する予定であったのだが、この混乱に乗じることを決断した。すでに密告により逮捕者も出ていたからである。

　十二月十四日、ニコライへの宣誓式の日の午前十一時、ベストゥージェフ兄弟は近衛モスクワ連隊の一部六七〇人を率いて、元老院広場に出た。詩人ルイレーエフの目論見《もくろみ》では、この兵士の力を背景に元老院議員たちを説得し、新皇帝への忠誠の誓いをやめさせるか、旧統治体制の転覆を知らせる宣言を出させるつもりだったが、すでに宣誓は終わり、元老院議員は散会していた。遅れて、広場には近衛海兵団一一〇〇人、擲弾兵《てきだんへい》連隊一二五〇人が到着して、総勢三〇〇〇人にふくれ上がったが、反乱部隊に新たな方針が出されず、そのまま広場に立ちつくすばかりであった。基本的にはこれは反乱とはいえず、デモンストレーションにとどまったのである。

実は事前討議でしりぞけられた別案では、各連隊はそれぞれがもうひとつの連隊に働きかけ、反乱に加わらせ、六連隊の力で反乱に立ち上がって、残りの連隊を圧倒する、そして攻撃に出て、新帝ニコライを逮捕し、政府機関を占領するとされていた。しかし、この案にかわって、ただちに広場に出るというルイレーエフの案が採択されたのである。別案の策定者で、最高軍事指導者に予定されていたトルベツコイは広場にこなかった。もっとも海兵団は冬宮、擲弾兵連隊はペテロ＝パウロ要塞を占領することになっていたのに、指揮官の動揺のため、実行されなかったという事情もあった。

かくして反乱者たちは広場で無為に時を過ごし、一万二〇〇〇のニコライ軍に完全に包囲され、夕刻には大砲を打ち込まれて、壊滅させられた。

ニコライは即位して、逮捕した百数十人のデカブリストを裁判にかけ、ペステリ、ベストゥージェフ＝リューミン、ルイレーエフ、ムラヴィヨフ＝アポストルら五人を絞首刑にした。残りの人々はシベリアへ流刑された。ニコライ一世は首都追放中であった詩人プーシキンには赦免を与え、権力に屈服させようとした。デカブリストの妻たちのうち、ヴォルコーンスキー、トルベツコイ公爵夫人ら九人が、シベリアの夫たちのもとへ向かった。プーシキンはその一人に詩を託し、デカブリストに「自由の声」を送った。デカブリストの詩人オドエフスキーがこれに答えて、「火花《イスクラ》からやがて炎が燃えあがる」と書き送ってきた。詩人ネクラーソフも後年「デカブリストの妻たち」という長い詩を書いて、彼女たちに捧げた。

デカブリスト運動参加者は貴族エリートの中枢部に広がっていて、兄弟でデカブリストと皇帝派の要人に分かれる者も少なくなく、また転向して政治家になる者もいた。このことは革命が勝利した場合、ロシアを統治する能力を十分備えた人々がデカブリストの側にもいたことを示している。その意味ではロシアは立憲君主制へ転換する最初のチャンスを逸したといえる。のちにシベリアから帰った元デカブリストはアレクサンドル二世の大改革に参加する。

ニコライの帝国

ニコライ一世はデカブリストの首謀者五人を処刑した日に戴冠詔書を発表した。そこには「つねに破壊的な夢」によるのではなく、「漸進的に、上から」「法は公布され、欠陥は治療され、不法行為は正される」、改良への希望、「法の支配の強化、真の開化の拡大、そして産業の発展への希望はかなえられるであろう」と述べられている。それはデカブリスト運動を徹底的に弾圧して、体制変革の道を峻拒したニコライ一世が、自らの握る専制権力を体制の整備、経済成長、そして部分的改革のために使っていくとの宣言であった。

一八二六年には十二月六日委員会と呼ばれる委員会を組織し、行政改革と農奴制に関する検討を始めさせた。この委員会の長は前帝と近かったコチュベーイで、スペランスキーも入り、そのほかゴリーツィン、ブルードフ、ダシコフらが委員になった。ニコライは法の整備に熱心で、スペランスキーを中心に、『ロシア帝国法律集成』(四五巻)と現行法の『ロシア帝国法全書』を編纂させた。貴族の子弟から法律専門家を養成するための法律学校も一八三五年に開設された。

さらに工業の振興にも努力がなされた。一八二二年関税の保護のもと綿紡績業が発展した。捺染《なっせん》工場から始めて成長してきた農奴企業家は一八二〇年代から三〇年代にかけて自由を買い取って、商人身分に移っていった。ロシアのブルジョワジーの代表的な一族であるモローゾフ家の創始者サッヴァ・モローゾフは一八二三年までに四人の息子ともども自由を得た。力を得たブルジョワジーのために一八三二年四月十日、名誉市民という身分が創設された。第一ギルドに一〇年間、第二ギルドなら二〇年間所属した商人はこの身分に移され、人頭税、兵役、体罰を免除されることとなった。貴族につぐ名誉ある身分というわけである。これは貴族身分と同じく世襲もあり、一代限りのものもあった。一八四二年にイギリスが紡績機械の輸出を解禁したあとは、輸入イギリス機械により綿工業は一層発展をとげた。ロシアは綿糸を完全に自給できるようになったのである。

農奴制のもとで、このような産業企業が発達するということは、領主がそのような産業からも利益を引き出すことを意味していた。当初は領主に農奴企業家が多額の支払いをしたが、のちには出稼ぎ農奴がそのような工場で働いて、その稼ぎから郷里の領主に貢租を支払った。

農民問題ではキセリョフ伯爵が中心になって一八三七年から国有地農民の改革が始まった。新しい国有財産省の管理下に国有地農民の自治を認め、その地位を向上させた。国有地農民はヨーロッパ・ロシアの農村人口のほぼ半分に近づいていたから、この改革の意味は大きかった。もっとも一八三九年にはキセリョフ改革を領主農奴にもおよぼす試みがなされたが、こちらは成功しなかった。農奴制の廃止は議論以上には進まなかったのである。

ヨーロッパが産業革命を進行させているなかで、ロシア帝国の力の基礎とされた農奴制の矛盾は深まった。領主貴族の富の源泉は農奴の義務、賦役《バールシチナ》と貢租《オブローク》であった。市場目当ての生産を農奴の賦役を使っておこなっている領主の直営農場の場合、直営地を増やし、賦役を強化すれば、農奴の労働の生産性は低下するし、農奴の経営自体も破産する。これは農奴制の危機を招来した。さらに、貢租増徴の源泉を農奴の出稼ぎに求めたが、産業革命が進むと出稼ぎ農奴の受け取る報酬は減ってくる。そうなると貢租も減少する。この面でも農奴制の危機が進むのである。農奴農民の不満は鬱積《うっせき》していた。

国家はイデオロギーで統合をはかった。その柱は専制主義とナショナリズムである。文部大臣ウヴァーロフは一八三三年に国民教育は「正教、専制、国民原理《ナロードノスチ》」によるべきだと提唱した。しかし、農奴制がある限り、農民の半数を占める農奴は国民の外にとどまることを意味するのである。

外務大臣ネッセリローデは皇帝の意を受けて、中東での覇権とヨーロッパの安定を追求していた。この面ではニコライの帝国は力を発揮した。

一八二六年、正教の民ギリシアの独立運動を理由として、トルコ(オスマン帝国)にたいし撤兵の最後通牒を突きつけた。翌年、イギリス・フランスと連合したロシア艦隊は、ナヴァリノの海戦でトルコ・エジプト艦隊を破った。一八二八年四月、ロシアは正式にトルコに宣戦布告し、翌年九月二日にはアドリアノープルで講和を結ばせた。この条約によりロシアはドナウ川の河口を手に入れた。ギリシアの独立は保障され、セルビア、モルダヴィア、ワラキアの自治が確保された。三年後、トルコはエジプトの太守ムハンマド・アリーの反乱で崩壊の危機に瀕し、ロシアに支援を求めた。ロシアは陸海軍部隊をコンスタンティノープルに送った。この力を背景に一八三三年、コンスタンティノープルの対岸フンカール＝イスケレシ(ウンキャル＝スケレッシ)でロシアはトルコと新しい友好相互援助条約を結び、トルコの保護者となった。この条約の秘密条項で、ロシアの危機に際しては、トルコはダーダネルス・ボスポラス両海峡を閉鎖し、外国軍艦の通過を許さないことが定められた。ロシアはこれをロシア軍艦の自由通過権の獲得と理解したが、この秘密条項を察知したイギリスの抗議で、ロシアの優位は制限されていくことになった。のちに一八四〇年と四一年の国際条約によって、あらゆる外国軍艦の海峡通過は禁止され、戦時にはトルコが外国軍艦の通過を認めることになったため、フンカール＝イスケレシ条約の秘密条項は否定されることになるのである。

一八三〇年にはポーランド反乱が始まり、翌年、ポーランド国会はニコライ一世の廃位を宣言した。ニコライは鎮圧軍をさし向け、反乱を鎮圧した。一八三二年、ポーランド王国憲法は廃止され、ポーランドはロシア帝国に編入されて、行政上の自治だけが残された。

中央アジアのカザフ草原では、ロシアは十八世紀以来カザフ人の部族連合体をつぎつぎと服属させていたが、ニコライの時代には直接統治を導入していった。これにたいして一八三七年に、ケネサルイ・カスイモフ(ケネサル・サドゥク)の反乱が起こり、この鎮圧に苦しんだが、四六年にはほぼ平定した。

だが、ニコライがもっとも頭を痛めたのは北カフカースの情勢であった。ロシアはザカフカース(南カフカース)では、グルジア王国に続いて、独特なアルメニア・カトリックを国教とするアルメニア王国を一八一一年に併合した。続いて、西グルジアの併合を進めていたが、ザカフカースとロシアの旧領とのあいだに位置する北カフカースのダゲスタン、チェチェンの地ではイスラム教徒の山地民族の抵抗が続いていた。一八一六年に特別グルジア軍司令官エルモーロフがアレクサンドル一世の承認を得て平定作戦を開始した。これがカフカース戦争の始まりである。このロシア軍の攻勢を受けて、山地民族の側はミュリディズムと呼ばれるイスラムの信仰によって結束して一段と抵抗を強めた。イマームと呼ばれる政治的・宗教的指導者が率いる国家的体制

シャミーリ

が整えられた。一八三四年にシャミーリがイマームとなって、ロシア帝国にたいする聖戦の気運が高まり、ダゲスタン、チェチェン、北西カフカース全域がシャミーリに握られるにいたった。

ロシア軍は苦戦を続けた。一八四四年にニコライはヴォロンツォフをカフカース太守、カフカース軍総司令官に任命し、その働きで体勢を挽回した。一八五一年になって有力な将軍ハジ゠ムラートとシャミーリのあいだに対立が生じ、ハジ゠ムラートがロシア軍の側に投降したのは、シャミーリ軍にとって大きな痛手であった。しかし、ハジ゠ムラートは脱走し、追跡したロシア軍に殺された。シャミーリ軍は戦い続けた。カフカース戦争は泥沼の戦争であった。

インテリゲンツィヤと近代文学

ニコライは革命運動の再燃を未然に防ぐために、一八二六年には秘密警察として皇帝直属官房第三部を設置し、ベンケンドルフをその長官に任命した。同年検閲法も制定された。他方で、皇帝はこの年プーシキンを首都に呼び出して、たずねた。「デカブリスト反乱の日、首都にいたらどうしたか」と。プーシキンは「反徒の仲間に入っていたと思います」と率直に答えた。皇帝は、考え方を変えると約束してほしいと求めた。プーシキンはそうすると答えた。これによって皇帝はプーシキンの流刑を解いた。秘密警察の監視下にもかかわらずプーシキンの創作活動は実り豊かなものであった。彼は『エヴゲーニー・オネーギン』を完成させ、珠玉の短編『ベールキン物語』を書き、プガチョフを好意的に描く小説『大尉の娘』を書き、さらに『プガチョフ反乱史』を書くにいたった。またピョートル大帝を描いた叙事詩『青銅の騎士』、そして小説『スペードの女王』も逸することはできない。一八三七年に決闘で殺されるまで数々の古典的名作を残した彼は、ロシア国民文学の父となり、文章語としてのロシア語を完成させたのである。

専制権力との緊張のなかで文学の力が飛躍的に伸び、プーシキンの開いた道から多くの詩人、作家が登場した。詩人のレールモントフ、チュッチェフが登場し、作家ゴーゴリの戯曲『検察官』、短篇『外套』、長篇『死せる魂』、ドストエフスキーの処女作『貧しき人々』、トゥルゲーネフの『猟人日記』などの作品が書かれるのである。詩人シェフチェンコは、詩集『コブザーリ』でウクライナを代表する存在となった。

国内外にわたる厳しい統制政策と官僚化、部分的工業化が進むなかで、ロシアはかつてなく安定していた。しかし、知識人にとっては時代閉塞の感が強かった。そのなかで一八三六年から発表されたチャアダーエフの「哲学書簡」は重大な問題を提起した。ロシアはヨーロッパにもアジアにも属さず、白紙であり、ゼロである。いまだ人類文化にいかなる貢献もしていない。この主張をめぐって論争が起こった。

そのなかでロシアはピョートル以来の西欧化の道を一層前に進めるべきだ、その点で政府の施策はあまりに漸進的すぎると主張したのは西欧派であった。これにたいしてはピョートル改革以前のロシア、農民共同体を基礎にする体制を理想化し、そこから出発してロシア独自の道を歩むべきだとしたのが、スラヴ派である。西欧派はチャアダーエフ、グラノフスキー、ベリンスキー、スラヴ派はキレエフスキー兄弟、ホミャコーフ、サマーリン、アクサーコフらが知られている。

知識人のなかには亡命する者も出る。デカブリストに近かった評論家ニコライ・トゥルゲーネフは一八四七年に『ロシアとロシア人』を国外で書いた。作家のイヴァン・トゥルゲーネフも一八三〇年代からパリに住んで、そこで作品を書いた。西欧派に近かったゲルツェンは一八四七年に亡命し、四八年革命を経験して、農民社会主義の思想に到達する。彼は、ロシアを訪問して農民共同体の定期的割替慣行について書いたドイツ人ハクストハウゼンのロシア観察記(一八四七年からドイツでの刊行が始まる)を参考にした。

国内には政治化した知識人のサークルもあらわれた。一八四八年革命の刺激のもと、ペテルブルクのペトラシェフスキーのまわりに集まった急進派は、西欧の社会主義思想に関心をもった。一八四九年、当局は弾圧に乗り出し、二〇〇人以上を取り調べ、二一人にたいして軍法会議で有罪判決を下した。当初死刑の判決を受け、懲役刑に減刑された一五人のなかに新進作家ドストエフスキーもいた。シベリアの「死の家」の体験のなかで大作家が形成されていく。

ニコライ帝国の光と影

ヨーロッパに一八四八年革命が起こると、ニコライ一世のロシアは「ヨーロッパの憲兵」として力をふるった。ニコライは革命に脅えるヨーロッパの王たちにとって、たのもしい後ろ楯であった。一八四九年にはカザーク兵はハンガリーのシェゲシュヴァール平原まで進出して、ハンガリー革命軍を蹴散らし、国民詩人ペテーフィを含め、多くの革命兵士を死にいたらしめた。ロシア帝国は表面的には無敵とみえた。一八三九年にロシアを訪問したフランス人作家ドゥ・キュスティーヌはペテルブルクの壮麗さを指して「粘土足の巨人」と呼んだが、まさにニコライの帝国の実相を言い当てていた。安定は停滞と裏腹であったのである。農奴制に立つ帝国は危機前夜の状態にあった。

嵐の前の静けさといった感のある一八五二年九月、ニコライは日本との国交樹立をめざして、海軍大将プチャーチンの小艦隊を世界一周の旅に出発させた。ロシアは日本を開国させるのにすでに二度の使節を送っていた。プチャーチン自身も一八四三年に中国と日本へ使節を派遣することを提案して、出発が決まりかけたが、財政危機を心配する蔵相の反対で、実現しなかったのである。それが一転してこのとき決行されたのは、アメリカがペリーの艦隊を日本に派遣するとの情報が入ったためであった。アメリカに先をこされてはならないという判断がプチャーチン艦隊派遣の動機であった。しかし、プチャーチンが与えられた老朽船パルラーダ号での困難な世界一周の航海を終えて、小笠原諸島に着いたのは一八五三年八月、一年後のことだった。そこで、プチャーチンは「江戸ではなく、長崎に入港せよ、サハリン島にたいするロシアの関心を強調し、クリル諸島をウルップとエトロフ島のあいだで分け合うように」という皇帝の新しい訓令を受け取った。交渉は一八五四年一月になって始まったが、開始された戦争で、一時は交渉のゆくえもわからなくなった。

3 「大改革」

クリミア戦争と新治世の始まり

一八五三年十月、ロシアとトルコ(オスマン帝国)の戦争がまたもや始まったとき、十七世紀以来九度目の両国の戦争でロシアが勝つことを誰もが疑わなかった。だが、この度はトルコの背後に聖地管理権を要求するフランスがいて、さらにイギリスもついていた。したがって緒戦はロシア軍の勝利であったが、翌年、トルコの側にイギリスとフランスが参戦すると、戦況は一変した。戦争は産業革命を終えた先進国イギリス・フランスと農奴制の国ロシアとの絶望的な戦いとなった。ロシアには鉄道はなく、海軍もいまだ帆船が主力であった。軍隊は農奴から二五年間徴兵される軍隊で、戦時に動員できる予備兵力はなかった。新兵の大量徴募は領主経営から農奴労働力を奪い、兵員の供給は限界に達した。そこで一八一二年と同じく志願の国民兵が募集された。農奴たちはこれに応じれば、自由が

クリミア戦争

与えられると勝手に解釈し、村を捨てて、モスクワをめざした。戦争のための動員は社会秩序を揺るがす不満の爆発に契機を与えたのである。戦費の負担で財政はたちまち破綻し、インフレが起こった。

知識人や開明的な官僚のあいだでは体制批判が噴出した。実名ないしは匿名の意見書が筆写されて、国中に広められた。「ロシアは、東方でのヨーロッパとのおそるべき衝突を通じて文明開化の必要を確信するだろう」と書いたのはモスクワ帝大教授のポゴージンであった。「ヨーロッパに生活していて、その一般的運動に参加しないわけにはいかないし、物理学、化学、機械工学、財政、行政、日常生活の面でのその発明・発見にならわないわけにはいかない」。「もしも鉄道があったら、現在の戦争は変わっていただろう」。

「ヨーロッパの半分を向こうにまわした現在の戦さにおいて、われわれが、国力のどの面で、どの程度敵から遅れているかを公式の自画自賛で覆い隠すことはもはやできなかった。

……どこの国よりも必要な鉄道もなく、街道すらもわが国には十分ではないのだ」と告発したのは現職の県知事ヴァルーエフの意見書『(一八五五年後半の)一ロシア人の思い』であった。「うわべは金ぴかだが、なかは腐っている」。これがロシア帝国に彼の下した判決であった。

一八五五年二月、皇帝ニコライ一世が急死する。皇帝の死を歓迎したゲルツェンが亡命地で雑誌『北極星』を出し始めると、国内から流れ出た意見書がこの雑誌に載るようになる。そしてついに敗北のときがきた。三四九日もちこたえたセヴァストーポリ要塞が一八五五年八月二十七日に陥落する。ロシアは敗北し、危機は現実化した。

父の死を受けて即位したのは、三十七歳の皇太子アレクサンドルであった。ニコライ一世の厳格な教育方針のもとに育てられたが、選ばれた教師は、文学は詩人のジュコーフスキー、法律は改革者のスペランスキーと、開明的な人々であった。新帝アレクサンドル二世は危機打開の改革を進めるのに必要な視野の広さをもっていた。

新帝は講和を急ぎ、一八五六年三月、パリで講和条約が結ばれた。ロシアは黒海に艦隊・基地を維持することを禁じられ、ベッサラビア南部を失った。この屈辱に耐えながら、アレクサンドル二世は終戦の詔書を発し、そのなかで、「国内の整備」の強化と仕上げ、裁判所における「正義と仁慈」の支配、「万人にとって等しく公正な……法のもとで」の「罪なき労働の成果」の享受などを語って、改革路線を宣言した。同じ月、皇帝はモスクワ県の貴族に向かって、領主と農奴のあいだには敵対感情が存在している、「遅かれ早かれ」両者の関係の変革に着手しなければならない、とすれば、「これが下から起こるより、上から起こるほうが遥かによい」と説得している。

「大改革」の始まり

皇帝に幸いしたのは、父帝は長兄から帝位を継承したので、叔父叔母にあたる大公がほとんど残っていなかったことである。ただひとりの叔母エレーナ・パヴロヴナ大公妃は評判の開明派で、彼女のサロンは改革を望む貴族知識人と改革派官僚たちのたまり場となっていた。そこにはカヴェーリン（ペテルブルク帝国大学）、コシェリョフとサマーリン（スラヴ主義者）、ドミートリーとニコライのミリューチン兄弟（陸軍省と内務省）、ザブロツキー＝デシャトフスキー（国有財産省）らが集まっていた。さらにすぐ下の弟コンスタンチン・ニコラエヴィチは「赤い大公」と呼ばれる改革派の海軍総裁であり、彼の海軍省も改革派の官僚を集めており、外国視察に多くの人を派遣していた。大学教授、知識人と官僚の垣根をこえて、改革を求める動きが広がっていた。

農奴解放を求める意見書がカヴェーリン、ミリューチン兄弟、コシェリョフによって書かれ、エレーナ・パヴロヴナ大公妃、コンスタンチン・ニコラエヴィチ大公に提出され、それは皇帝にも伝わった。農奴の解放とともに女性の解放が論じられた。エレーナ大公妃の求めでクリミアの戦場に女性を赤十字看護婦隊として派遣した医師ピロゴーフが、海軍省の雑誌『海軍論集』（一八五六年七月号）に、女性を「人形」とする女子教育から男性と対等に働く女性をつくる教育に移るべきだと呼びかける文章を発表したのは、象徴的である。国外では、亡命者のゲルツェンとオガリョフが、ますます国内からの情報、寄稿を集めて出版し、改革を呼びかけた。その論集『北極星』第二号でゲルツェンは一八五六年の改革綱領を「グラスノスチ」(検閲の廃止)と農民解放(農奴制の廃止)だと定式化した。

一八五七年は皇帝政府が進める改革の最初の具体的動きが示された年である。一月には農民問題秘密委員会が設置され、農奴解放への準備が再開された。ツァーリが委員長で、オルロフ公以下一二人の大臣、高官の会議に原案の作成が委ねられた。この月には、また鉄道建設に関する勅令も出され、民間のイニシアティヴによる鉄道の建設、国家による保護、最初の巨大会社の認可が明らかにされた。当時全長わずか九九四キロの鉄道を一挙に四〇〇〇キロに伸ばす計画が打ち出された。鉄道建設にはレール、機関車などの輸入が不可欠であった。そのために、五月に新関税が制定され、古い特権的なウラルの製鉄業を保護していた高率関税が引き下げられた。七月には官営信用機関の預金利子が引き下げられた。これは株式や社債の購入に遊休資金が振り向けられるようにするための改革であった。のち一八六〇年五月三十一日に官営信用機関を廃止し、あらたに国立銀行を設立するにいたる端緒である。

もっとも農民問題秘密委員会の討議はあまりに保守的であった。一二人の委員中、農奴解放に賛成する者は三人にすぎなかった。六月、委員会の案が皇帝に提出されたとき、皇帝は明らかに内容に不満を表明し、委員として弟コンスタンチン・ニコラエヴィチ大公を補充することを命じた。にもかかわらず、委員会がつぎにまとめた案も保守的なものだった。皇帝は自らのイニシアティヴで新しい局面を開いた。十一月二十日、西部三県の総督にあてた勅書を出し、土地なしの解放、共同体の存続という農奴解放の第一次案を公表するとともに、改革案を審議するための県貴族委員会の設置を公認した。貴族全体を改革に巻き込む狙いである。

農奴解放と鉄道建設——これがさしあたり改革の第一目標であった。

農奴解放へ

一八五八年一月、秘密委員会は総委員会と改称され、あらたな圧力がかけられた。一八五六年から一一点、一六点と増えてきた新聞雑誌の創刊点数はこの年には五九点にのぼり、空前のブームとなった。西欧の最新の論調の翻訳が多数掲載された。活気が社会にみなぎるなかで、皇帝はこの夏、北部・中部・西部と精力的に巡幸をおこない、県委員会で農奴解放に消極的な意見を出している貴族たちを説得した。この年は農民の騒動の件数も増えた。憲兵隊司令官ドルゴルコフは報告している。「農民は……その運命の変革を期待して緊張した状態にある」。「総委員会の作業の開始の際には、一一、三年間は……作業を続けられると私は確信していた。しかし、現在は異なった事態である。期待のもとでの忍耐には限度がある。したがって、この作業の完了を長く遅らすことは不可能である」。

不穏な状況が中間派を改革派に歩みよらせる。皇帝の信任する元士官学校局参謀長の総委員会委員ロストフツェフはそれまでの消極的な立場を転換し、共同体を存続させる有償土地つき解放の原則を打ち出した。皇帝の指示で、この原則が以後の中央と各県での検討の基礎とされた。シャミーリが降伏してカフカース征服戦争が終わった一八五九年には、編纂委員会が設置され、ロストフツェフが議長に任命された。各県の貴族代表の意見が聴取され、編纂委員会でまとめられていく過程は、貴族領主の要求を取り入れていく過程であった。一八六〇年二月、ロストフツェフが急死して、保守派の官僚ヴィクトル・パーニン（ニキータの息子）に議長が交代した。内務次官ニコライ・ミリューチンら改革派官僚は押されながらも、改革の筋を守ろうと抵抗した。結局、皇帝は、保守的だが皇帝に忠実な古参官僚と改革派宮僚との組み合わせで、貴族の抵抗を押し切って、改革を進めることを狙ったと考えられる。

一八六一年二月十九日、農奴解放令は皇帝の裁可を得た。農奴は二年間の準備期間を経て、一八六三年二月十九日に人格的に解放される。農奴には土地が与えられる。その土地の面積と旧領主にたいする義務を定めた「土地証書」が農民共同体と旧領主のあいだに取り交わされる。これを取りまとめるのに仲介するのが、旧領主層から政府が任命する「調停官」である。このように人格的に解放され、土地を得て、義務を支払うのが一時的義務負担農民である。つぎの段階は分与地の買い取りであり、義務の年額を六％で資本還元した額が決定され、農民がその二〇％を現金で、残りを国家が五％利付公債で旧領主に与え、農民は四九ヵ年年賦で国家に返済すると定められた。このように土地の買い取りをおこなった農民は「農民＝所有者」と呼ばれる。農民は共同体を基礎とする身分自治団体、村団に組織され、分与地は村団に与えられ、買い取り金の返済にたいして村団が連帯保証することになった。農民は解放されたが、個人としての解放ではなく、身分的・共同体的自治機関、村団の一員として解放されたのである。

村団は従来存在していた共同体を基礎に組織された。村団には各農家の戸主よりなる村会と、これから選出される三年任期の村長が設けられた。村会は成員の脱退・追放、家族分割の承認、分与地の割り替え、税・買い取り金の割り当てを決定した。村団の上に、同じく農民身分の自治組織として、郷が設けられた。郷には、農家一〇戸から一人の代表からなる郷会、そこで選ばれる郷長、そして農民の取り交わす契約の保証と軽微の刑事・民事事件を扱う郷裁判所が設けられた。郷長は、農民自治の代表であるが、同時に内務大臣、県知事、郡警察署長とつながる国の行政・警察機構の命令系統の末端に組み込まれた。村団も郷も農民だけの組織であるので、仮に別の身分の者が村に暮らしていても、すべて郡に登録することになるのである。貴族地主も同じである。

農民に与えられた土地は従来農民が耕していた土地と比べて、かなりの部分を「切り取られた」、減らされたものであったから、農民の不満は大きかった。「土地は神のもの、ツァーリはすぐに、すべての土地をムジーク（農民）に与えてくださるだろう」と信じていた農民は有償解放であることにも反発した。農民は解放の詔書は偽物だ、本物のツァーリの詔書は別にあると考えたり、本物の詔書を司祭や官吏がゆがめて解釈していると考えた。そして抵抗に立ち上がった。

騒乱は四月には三三県一二〇所領に波及した。とくにカザン県スパスク郡ベズノ村では農民アントン・ペトローフを指導者として、郡内九〇カ村の農民五〇〇〇人以上が軍隊と対峙し、一斉射撃を受けた。ペトローフは、ツァーリによって農民は自由にされた、土地も農民に与えられたと説明し、軍隊と対決するように説いた。農民は彼を守るために抵抗したのである。死者五一人が出て、逮捕されたペトローフは裁判の結果、銃殺された。統治するツァーリは救い主であり、貴族・官吏・聖職者が敵であるという意識が運動を支えていた。一八六一年春の運動が弾圧されると、農民は詔書に六三年二月十九日に人格的に解放されるという箇所があることを取り上げて、その時が「真の時」で、「大きな自由」が与えられる、その時を待つべきだというふうに考えた。この考えによって、運動が盛り上がったのは、一八六二年四月から八月のことであった。

農奴解放令が公布されると、皇帝はこの事業を推進してきた内務大臣ランスコイと内務次官ニコライ・ミリューチンを更迭し、ヴァルーエフを内務大臣に据えた。貴族の批判をかわす方策である。逆に保守的な陸軍大臣を更迭して、ニコライの兄で、改革派のドミートリー・ミリューチンを後任に任命した。

農奴解放は領主貴族、知識人の各層にさまざまな反発を呼んだ。強い不満をもった保守派貴族のなかには、農奴解放にたいする「政治的補償」として、立憲的改革を求める動きもあった。立憲君主制をとり、貴族の政治支配を実現するのが狙いだった。一八六二年一月、モスクワの貴族会では、貴族に有利に農奴解放令を修正すること、全国貴族会の開催を要求することを提案するベゾブラーゾフの主張が過半数の支持を得た。逆に農奴解放が不徹底だと考える急進派の貴族たちも、立憲制を要求した。一八六二年二月、トヴェーリ県貴族会は、農奴解放を批判し、買い取りの義務制、解放の即時完成を主張し、貴族の特権の廃止と「ロシア全土の選出代表の召集」を提案する決議を採択した。この決議には一一二人が連署したが、政府はうち一三人を逮捕投獄した。

改革に絶望して、革命をめざす知識人もあらわれた。急進的な思想で書かれたビラがまかれた。そのなかでとくに注目されたのは、ペテルブルク帝国大学の学生運動であった。皇帝は、この大学の学生が、学生の権利を要求して騒ぎを起こすと、日本への使節として送られ、困難ななかで日露通好条約を締結して帰国した海軍軍人プチャーチンを一八六一年六月、文部大臣に任じ、大学の騒ぎを厳しく取り締まるように指示した。プチャーチンが抑圧策をとると、学生が反発し、九月の新学期から行動を起こしたため、大学は閉鎖された。学生たちは学区学監の家に抗議に押しかけ、彼を大学へ連れ戻して、交渉をおこなった。このとき、首都の路上ではじめてデモがおこなわれたとされている。数十人が逮捕され、ペテルブルク帝大は新大学令が出るまで、長く閉鎖されてしまうのである。一八六二年七月には急進的知識人の指導者チェルヌィシェフスキーが逮捕され、彼の雑誌『現代人』は廃刊処分を受けた。

　ポーランドの民族主義はロシアの変化で勢いづき、衝突を繰り返した末に、一八六三年一月には一大反乱を起こすにいたった。ワルシャワの中央国民委員会は農奴解放と国民政府樹立を宣言したが、反乱は解放区をつくり出すことはできず、圧倒的な鎮圧軍にたいするゲリラ戦として、一年以上続いた。鎮圧軍の司令官はデカブリスト運動の周辺にいたミハイル・ムラヴィヨフであったが、その峻烈な鎮圧策のゆえに彼には「絞首人」の呼び名が与えられた。政府は改革派官僚をポーランドに送り込んで、農奴解放を実施し、反乱から農民を切り離した。反乱の敗北で、ポーランド王国は名前だけになり、完全に併合されたに等しくなった。

　大改革はウクライナ人のあいだでも文化運動を起こさせた。内相ヴァルーエフは一八六三年、ウクライナ語での出版を許可しないように秘密の指令を出した。

社会的諸改革

　だが、このような情勢のなかでも、大改革は進行した。内相ヴァルーエフは一八六一年九月の上奏で、企業家精神の奨励のために根本的な障害になっている「裁判所の構成と訴訟手続きの欠陥」を指摘し、そのすみやかな改革を提案した。さらに一八六二年九月の上奏ではゼムストヴォ（地方自治機関）の設置を提案した。内務大臣のイニシアティヴは、農奴解放に続く社会的諸改革をうながした。

まず一八六二年には財政改革が実施された。二年間海外視察に派遣された会計検査院の官僚タタリーノフの意見書に基づく慎重な検討の結果、この年一月一日、皇帝は予算の公開を承認した。その後、五月二十二日、検討委員会の結論が出て、予算の公開、予算の統一、金庫の統一、会計検査制度の改革などの原則が提示された。この案が皇帝の承認を得て、実施された。

ついで一八六三年には教授会の自治を認めた大学令が制定された。この準備は文部大臣ゴロヴニンのもとで、一八六一年末から始まっていた。文部大臣はカヴェーリンを西欧の大学事情の視察に派遣した。彼の報告も得て、文部省の大学改革案は一八六二年十二月に提出されたが、皇帝はこれに不満を示し、保守派による再検討を命じた。この結果、内容は弱められて、一八六三年六月十八日に公布された。大学令は教授会の自治の原則に立ち、評議会と呼ばれる全学教授会が学長、副学長を選出し、教授人事もおこなうことを定めた。だが、この自治は学区学監と文部大臣の監督下にあった。大学令は学生の自治組織結成を禁じた。

ゼムストヴォは昼食中　上の窓のなかの食堂では貴族議員が昼食中。農民議員は屋外で持参した食物を食べている。

一八六四年にはゼムストヴォが設置された。この改革は内務大臣ヴァルーエフによって、急いでまとめられた。成立した一八六四年一月一日法によれば、県と郡のレヴェルで、財産資格に基づく選挙により、貴族、その他、農民と三つのクーリヤに分かれて議員を選挙し、県会、郡会を構成し、そこから県と郡の参事会を選ぶことになっていた。こうして県と郡に設けられたゼムストヴォは、「地域的・経済的利益および必要に関する事項」、すなわち道路の整備保全、食糧確保、医療・保健衛生事業、教育振興などを管掌したのである。財源は住民に課す土地税・森林税である。

ゼムストヴォはポーランド系地主の勢力が強い西部、西南部を除くヨーロッパ・ロシア部に設置された。一八六五〜六七年の選挙結果では、郡会では貴族が四一・七%、県会では貴族と官吏が七四・二%を占めた。基本的に地主貴族が社会的活動の場を得たということである。郡会議長は郡貴族団長が務めた。この結果、同一人物が郡では貴族団とゼムストヴォの双方を代表することになり、きわめて重要な役割を演じるのである。郡の参事会議長は県知事の、県参事会議長は内務大臣の承認を必要とし、内務大臣・県知事には県会・郡会の決定の差し止めの権限が与えられた。そのように機能は限定されていたが、ゼムストヴォは近代ロシア社会の発展に大きな役割を演じた。

さらにこの年には陪審裁判を取り入れた一般裁判所と治安判事の二本立てからなる近代的な司法制度がスタートした。司法制度の改革はニコライ一世時代より検討が始まっていたのであるが、大改革時代に入って、急進的な改革論がポベドノスツェフらにより提起され、一八六一年九月のヴァルーエフの上奏から一挙に検討が前進したものである。一八六四年九月二十九日に大綱が皇帝の承認を受けて、公表された。これを読んだある人物は日記に書いた。「陛下の裁可を得た新司法制度案を読んだ。ロシアはこの治世になんという信じがたい成功をとげたことか、ニコライ時代に誰かがこんなことを考え、その夢想がいつか口からもれたら、狂人か国事犯とみなされただろう」。

大綱は法制化され、一八六四年十一月二十日法となった。それにより、すべての身分に共通の、治安判事制と普通裁判所体系の二本立ての独立した司法制度が確立された。軽罪を扱う治安判事は、郡会で一定の財産資格をもつ者のなかから選ばれた。普通裁判所は、地方裁判所、控訴院、最高法院破棄部よりなると定められ、判事には身分保証が与えられた。地方裁判所では、刑事事件は陪審裁判によりおこなわれた。陪審員は、年齢二十五〜七十歳で、郡内に二年以上居住する「あらゆる身分の地元住民」のなかから一定の資格をもつ者を選び、県貴族団長を長とする委員会で検討して決められた。これとあわせて、近代的な弁護士制度もつくり出された。

さらにこの年七月十四日には初等国民学校法、十一月十九日には中学校令が公布され、教育改革が実施された。一八六五年には四月六日の臨時規程で検閲制度の改革もおこなわれた。このほかには、軍制改革が始まった。陸軍大臣ドミートリー・ミリューチンのもとで、系統的な努力がなされたが、保守派の反対もあり、一八六四年の軍管区制の導入、士官養成面の改革などが先行された。

この一連の改革は「大改革」と総称される。皇帝権力は農奴制を廃止し、工業化を進め、一連の返代的社会制度を導入した。これもまた「上からの革命」といっていい巨大な改革であった。だが、専制権力は専制権力自体の改革、政治改革には着手しなかった。むしろ保守的な貴族が改革にブレーキをかけるために立憲制を求める動きを起こすなかで、改革派官僚は専制権力こそ改革の保証だと考えたのである。

「大改革」時代は文化的にも充実していた。トゥルゲーネフ、ゴンチャロフ、ドストエフスキー、トルストイらの作家が登場し、ロシア文学を代表する名作が書かれた。『貴族の巣』『父と子』『オブローモフ』『罪と罰』『戦争と平和』などをあげることができる。評論家チェルヌィシェフスキーの小説『なにをなすべきか』も評判となった。女主人公ヴェーラ・パヴロヴナはインテリ青年の心をとらえた。真の男女平等を実現するためには、特権を得てきた男が女により大きな自由を与えねばならない。曲がった天秤棒をまっすぐにするには逆に曲げなければならないというチェルヌィシェフスキー理論が広まった。

このように、女性の解放が農奴解放と同時に進んだのだが、この結果、ロシアの女性解放は一挙に世界でもっとも先進的な地位に立ったのである。

カフカース戦争の終結と中央アジア侵略

敗戦の衝撃のなかで「大改革」を開始したロシアは、カフカース戦争をも、ようやく終結させることができた。シャミーリはクリミア戦争のなかでイギリスやトルコの援助を期待したが、戦争が終わると、ロシア軍のあらたな攻撃を受けるにいたった。一八五七年、ロシア軍はチェチェンに突入し、五八年、チェチェンの降伏が始まった。一八五九年四月一日、シャミーリの首都ヴェジェノが陥落した。八月二十五日、完全に包囲されたシャミーリはついに降伏した。ロシア軍は北西カフカースの山地民への最後の作戦をおこない、一八六一年、カフカースの平定をなしとげたのである。シャミーリはカルーガ、キエフに幽閉されたが、のちメディナへの巡礼を許され、一八七一年にそこで没した。

カフカース戦争が終わったとすれば、別の方向で対外膨張をはかろうという志向があらわれる。中央アジアで国粋派の軍人が暴走した。オレンブルク総督の参謀長チェルニャーエフは一八六四年から独断でコーカンド・ハン国に攻め込み、翌年、タシケントまでを占領した。これが中央政府により追認されるにいたり、侵略の新しいページが開かれた。タシケントには一八六七年、トルケスタン総督府が開かれ、六八年にはサマルカンドが占領され、ブハラ・ハン国が軍事的圧力のもとに保護国化されるにいたった。イスラム世界への侵略は文明化とキリスト教の名においておこなわれた。トルケスタンには綿花の栽培が拡大され、ロシア綿工業の原料基地とされたのである。

一八六六年四月四日、元カザン帝国大学生カラコーゾフは夏の庭園での散歩の日課をすませた皇帝アレクサンドル二世をピストルで撃った。気づいた通行人が彼の腕をおさえたため、銃弾はそれた。皇帝は取りおさえられた犯人に「ポーランド人か」とたずねた。皇帝の命を救った通行人は貴族に取り立てられ、犯人カラコーゾフは絞首刑に処せられた。農奴を解放した皇帝の生命を狙う最初のテロルであった。これは「大改革」時代の終わりを画する事件である。

4　一八七〇年代

経済成長と批判者

「大改革」の経済効果はようやく一八六〇年代の末からあらわれた。企業設立ブームが起こり、政府の保護のもとに鉄道建設が進んだ。政府は鉄道会社の株式の配当保証、社債の利子・償却保証をおこなうというかたちで資金を援助した。一八六五年に三五〇〇キロに達した鉄道の総延長は、七四年には一万八二〇〇キロへと飛躍的な伸長を示した。首都ペテルブルクからモスクワ、ハリコフを経て、クリミア半島のセヴァストーポリまで鉄道が開通した。クリミアのヤルタの近くに皇帝の離宮がつくられ、皇帝一家は年に数回、首都とクリミアを往復するようになった。新しい国の風景ができ上がった。

政府の保護の下、フォン・デルヴィズ、マモントフ、ポリャコーフ、ブリオフらの鉄道王があらわれた。最初は輸入したレールと機関車で建設が進められたが、一八六六年初め、大蔵大臣レイチェルンは対外支払いの負担から免れるためにも、レール生産と冶金業を発展させることが「ロシアの将来の財政的・経済的隆盛の死活の条件のひとつ」をなすと、皇帝に上奏した。この方針に基づいて一八六八年、レール四〇〇万プード（約六・五万トン）の政府発注を受けて始まった海軍技師プチーロフの工場は、ロシアの重工業の代表工場となっていく。一八六九年には南ロシアにイギリス人ジョン・ヒューズが招かれ、製鉄所をつくった。そこは彼の名を取って、ユーゾフカという町になった（のちのスタリノ、現在のドネツィク）。交通省は機関車車両を製造する企業には、数年間の発注を保証し、国立銀行から特別融資をおこなうという方針を打ち出し、これを受けて、二九の企業が名乗りを上げた。実際に発注を獲得した企業のなかからは、貴族軍人が経営する二工場、ネフスキーとコロムナがのちの大企業に成長していった。

この時期に急速に開発が進んだのは、バクーの石油業であった。科学者メンデレーエフの強い主張で、バクーの発展を妨げていた産油地の独占賃貸制度が一八七二年に廃止されたことが転機をなした。ペテルブルクに機械工場をもっていたスウェーデン人のノーベル兄弟がバクーに進出し、タンク車やタンカーなどの新しい試みを成功させ、急速にバクー最大、ロシア最大の原油採掘・精製企業にのし上がった。この時点では、石油業は、照明用に用いられる灯油をつくる消費財生産部門であった。

伝統的な衣料生産部門である綿工業は、農奴からたたき上げたモスクワ商人たちが農奴制時代に農村の織物生産を組織し、都市の紡績工場、捺染工場をもって、市場をすでに支配していた。「大改革」

後、織物業の機械化が進み、紡織捺染の「完全工場」が出現した。モスクワ商人の代表はモローゾフ家である。彼らは形成されつつあるブルジョワジーの中心をなした。

砂糖の生産も、農奴制時代に西南地方の甜菜《てんさい》プランテーションと結合した貴族領主や商人の企業として拡大していたが、「大改革」のなかで、拡散法などの新技術が導入され、砂糖需要の増加とともに発展し、一八六〇年代の後半に砂糖の国内自給を達成した。

皇帝は一八六〇年代の末から若い愛人ドルゴルーカヤとの愛に溺れており、政治にどれほど身を入れていたかは定かでない。しかし、取り残されていた改革は一八七〇年代に実現された。まず一八七〇年六月十六日には、市長と市会という都市の自治組織がつくられた。これもゼムストヴォ同様、全身分を包摂するものであった。一八七四年一月一日には兵役令が出され、軍制改革が実現した。ドミートリー・ミリューチン大臣の努力の結果である。身分の別なく、臣民は等しく兵役の義務を負うことになり、現役は、陸軍なら六年に短縮され、九年の予備役があらたに設けられた。海軍は現役七年、予備役三年である。

だが、一八七〇年代には知識人の一部に反体制的な気分があらわれた。資本主義化の波のなかで不安に駆られた彼らは、共同体を基礎にして資本主義を飛びこえて一挙に社会主義へ進むことをめざす革命的ナロードニキ運動を展開した。きっかけは一八六八年の首都の学生運動である。学生の自治を勝ち取ろうという権利獲得派と、民衆の犠牲のうえで大学で学んでいること自体が犯罪的だとする自己否定派が争った。後者の理論的中心人物はネチャーエフであった。この学生運動に参加しながら、ネチャーエフのマキャヴェリズムに反発して自己形成の道を求めた学生たちのサークルのなかからナロードニキ運動が生まれた。

このころはスイスのチューリヒ大学へ留学する女子学生が多数にのぼり、留学生たちはラヴローフの思想の影響を受けた。「批判的に思惟する個人」たる知識人が民衆に未払いの債務を支払うべきだと呼びかけたラヴローフの『歴史書簡』は、国内でも学生たちのバイブルとなった。一八七四年夏、多数の学生たちは職人や労働者に身をやつして、農村に革命工作に入っていった。「民衆のなかへ《ヴ・ナロード》」の運動である。だが農民は学生たちを拒否し、運動は挫折した。そのなかで得られた認識から、最初の革命結社「土地と自由」が一八七六年に生まれた。この結社の人々は、抽象的な社会主義理論から農民の願望、「土地と自由」へ顔を向けなおし、民衆に姿を変えて渡り鳥方式で宣伝してまわるのではなく、郷書記や補助医のような半インテリとして農村に根を下ろし、定住地をつくる方式をとった。この新しい農民工作は一定の成功をおさめた。しかし、当局の圧迫は厳しく、農村の定住地はつぎつぎにつぶされていった。

露土戦争

アレクサンドル二世は対外政策の面でも一八六六年以降は消極的になったようにみえる。一八六七年にはロシア領アラスカをアメリカに七二〇万ドルで売ってしまった。もとよりアラスカを防衛するのはコストが高く、中央アジアへの進出に集中するという判断があったと考えられている。ヒヴァ・ハン国は一八七三年に保護国とされた。一八七五年には、日本と条約を結び、サハリン全土をロシア領と認めさせるかわりに、ウルップ以北のクリル諸島を日本に譲ることにした。これによってクリル諸島(千島列島)はすべて日本の領土となったので、オホーツク海から太平洋に出るロシアの海軍艦船は日本領の島のあいだを抜けなければならなくなった。このことで国内には批判が出た。

しかし、バルカン問題となれば、ロシア帝国は消極的な政策にはとどまることはできなかった。一八七五年にトルコ(オスマン帝国)の支配下にあったボスニア゠ヘルツェゴヴィナで反乱が起こった。同じ正教徒である南スラヴの兄弟を救えというキャンペーンがロシア国内に高まり、義勇兵が出かけていった。一八七六年にはブルガリアで反乱が起こり、トルコ軍による虐殺の報が伝わると、ロシアとトルコの関係は緊張の度を加えた。汎スラヴ主義の旗頭《はたがしら》になっていたチェルニャーエフ将軍はセルビア入りして最高司令官に就任した。皇帝も弟コンスタンチン・ニコラエヴィチ大公も戦争の回避を望んだが、名誉ある平和が得られなければ、軍隊を引くべきでないと主張した陸軍大臣ミリューチンが開戦へと議論を牽引した。ついにロシアは一八七七年四月十二日、露土戦争を開始した。トルコ軍も頑強に戦い、ロシア軍は苦戦した。ロシアが占領したシプカ峠はトルコ軍の反撃を受け、トルコ軍のプレヴナ要塞はなかなか陥落しなかった。しかし、七七年十一月、カフカース戦線でのトルコ軍の要塞カルスが陥落し、ついでプレヴナ要塞が包囲一四〇日目で陥落した。ロシア軍はコンスタンティノープルの近くまで進出した。ついにトルコは講和を申し出て、戦争はロシアの勝利に終わった。国民皆兵の徴兵制を導入して生まれ変わったロシア軍の勝利である。

一八七八年二月十九日のサン・ステファノ条約でセルビア、モンテネグロ、ルーマニアの独立が認められ、ブルガリアは自治公国となった。ロシアはベッサラビアを取り戻し、ザカフカース方面で領土を拡大した。だが、六月のベルリン会議でイギリスとオーストリア＝ハンガリーが介入し、ロシアは譲歩を強いられた。ブルガリアは分断され、南ブルガリアはトルコ領内の自治地域とされた。オーストリア＝ハンガリーはボスニア＝ヘルツェゴヴィナの占領を認められた。この外交上の敗北にロシアの国内世論は沸騰した。

皇帝暗殺

すでに一八七八年一月二十四日には、獄中で政治囚が鞭打ちの罰を受けたことに憤激した女子学生ヴェーラ・ザスーリチが、ペテルブルク特別市長官トレポフを狙撃する事件が起こっていた。この事件をめぐる裁判は注目を集めたが、三月三十一日、陪審員は被告無罪の評決を出した。八月二日に逮捕にきた警官にピストルを撃って抵抗した革命青年が処刑されると、翌日、第三部長官メゼンツォフが首都の路上で、短刀で刺殺された。その後もテロルが頻発し、ナロードニキ革命家のなかに専制権

血の上の救世主教会　アレクサンドル2世が暗殺されたエカチェリーナ運河沿いに建設された。1882年着工，1907年完成。

力との直接対決という志向が生まれた。ついに一八七九年四月二日、農村工作をしていた元教師が冬宮前広場で散歩中の皇帝をピストルで狙撃するにいたった。このときは革命家の内部にも異論があったが、夏には「土地と自由」結社は分裂し、プレハーノフら少数のテロル反対派は「土地総割替」派をつくり、ジェリャーボフ、ペロフスカヤら多数派は皇帝暗殺をめざす「人民の意志」党執行委員会を結成した。この組織の考えは、資本主義の発展の結果、共同体が崩壊しつつあるので、共同体を基礎に社会主義へ向かう可能性が失われようとしている、だから資本主義を生み出す原動力である専制権力を打倒して、ロシアの進路を転轍《てんてつ》しなければならないというものだった。「今か、それでなければ、永久にだめだ」という積極的悲観主義が唱えられた。そこから皇帝暗殺が中心的な闘争手段とされたのである。

「人民の意志」党はダイナマイトを使って、一八七九年十一月十八日、モスクワ近郊でクリミアから帰る皇帝のお召し列車を爆破し、さらに八〇年二月五日には皇帝の居城、冬宮の地下室の爆破にまでおよんだ。皇帝はそのつどかろうじて難を免れたが、繰り返されるテロルは皇帝に強い心理的圧迫を加えた。危機を一層深刻にしたのは、公衆がテロルに中立的であることだった。皇帝政府は露土戦争の英雄ロリス＝メリコフ伯爵に事実上の全権を委ねて、事態の打開をはかろうとした。ロリス＝メリコフはゼムストヴォからの選出代表の参加を得て、懸案の法案作成を進める政治改革を提案し、皇帝の承認を得た。大改革が生み出した諸制度、社会的変化が新しい社会勢力（弁護士、ゼムストヴォ議員、市会議員とそれらの職員、医師、ジャーナリスト、大学教授、企業家、銀行家）を登場させていた。その人々の声を立法の過程に取り込み、国家から離れて存在する公的な非国家的な領域の支持協力を得るというのが改革の目的であった。それは専制を制限する道への第一歩になり得るものであった。その改革の発表文案にも承認が得られた一八八一年三月一日、首都の路上でアレクサンドル二世は「人民の意志」党員に二発爆弾を投げつけられて、ついに殺害された。皇帝殺害犯として逮捕された元新ロシア大学生ジェリャーボフ、将軍の娘ソフィヤ・ペロフスカヤら五人は、首都の広場で公開処刑された。

5　近代ロシアの国家と社会

アレクサンドル三世の国家

新帝アレクサンドル三世は、三十六歳であった。彼は第二子であったが、兄が病死したため、皇太子となり・兄の許嫁《いいなずけ》のデンマークの王女を引き受けて妻にしたという人間であった。教師のポベドノスツェフに専制君主の心構えを仕込まれていた。彼は、愛人ドルゴルーカヤを溺愛する父帝に強く反発していた。父の死で、最終的にロリス゠メリコフの路線を拒絶し、教師であった宗務院総監ポベドノスツェフの助言に従って、父帝が同意していた改革案を退けた。四月二十九日、アレクサンドル三世は独断で、専制護持の詔書を発した。「国民の幸のために、あらゆる秘められたる意図と闘い、専制権力を確立し、守ることこそ、朕が使命である」。これに抗議した内務大臣ロリス＝メリコフら改革派大臣は辞任した。

結局、皇帝暗殺の成功は、暗殺未遂のテロルが続くという政治危機のなかでロリス＝メリコフが進めてきた改革路線を終わらせることになった。他方で、皇帝の死は皇帝に土地の割り替えを期待していた農民を絶望と恐怖におとしいれた。農民は農奴制復活をたくらむ貴族が皇帝を殺したと考えたのである。恐怖の項点で、四月半ばに南部の町エリザヴェトグラードでユダヤ人襲撃（ポグロム）が起こった。下旬にはこれがキエフに飛び火した。革命運動の危機と悲劇は、革命家たちがこのポグロムに民衆運動を見出して、それを支持したことにある。「人民の意志」党は解体していった。

アレクサンドル三世は内務大臣に汎スラヴ主義者イグナチエフを任命し、統治を開始した。革命運動の火元がユダヤ人、総合雑誌、大学にあるとみて、厳しい弾圧策をとった。ユダヤ人にたいしては、農村移住、不動産取得を禁じる臨時条例が一八八二年五月三日に出た。一八八二年八月二十八日には新出版臨時条例を制定し、雑誌の停刊・廃刊処分の権限を元老院から内務大臣ら四大臣の協議に移し、行政的におこなえるようにした。この結果、知識層の指導的な雑誌『祖国雑記』は一八八四年に廃刊に追い込まれた。帝国大学については大学の自治、教授会の自治を廃止する新大学令が一八八四年八月二十三日に発布された。

他方で、アレクサンドル三世は「愛民政策」を推進した。これは大改革のなかで発生したさまざまな不満や矛盾にたいして、個別的な対応策を講じるものだった。地主貴族には地主所領を担保とする不動産抵当信用が再開された。一八八五年六月三日法で貴族土地銀行が設置されたのである。農民のためには一八八一年十二月二十八日に農奴解放による移行措置を繰り上げ完了させるとともに、買い取り金が軽減された。翌一八八二年五月十八日には人頭税が廃止された。労働者のためには、一八八二年六月一日法で、十二歳未満児童の労働禁止、十二歳から十五歳までの幼年者の労働制限を決め、これを監督する工場監督官制度が導入された。一八八五年六月二日法では、十五歳から十七歳までの未成年と婦人の夜間労働が禁止された。そして、一八八六年六月三日には二週間の解雇予告期間を定めた雇用規制法が制定されるとともに、ストライキにたいする刑事罰が定められた。企業家にも念願の関税引き上げが一八八二年、八四年、八五年と連続して与えられた。

これらの政策は体制のある種の安定をもたらした。しかし、ユダヤ人は抑圧策に絶望して、大量に出国し、アメリカへの移住をめざした。一八七〇年代のユダヤ人の出国者数は四万人であったものが、八〇年代には一三万五〇〇〇人、さらに九〇年代には二七万九八一一人と急増していく。ある者はパレスチナにユダヤ人の地をつくるというシオニズムに向かった。オデッサの医師レオン・ピンスケルはシオニズム提唱の書『自力解放』を一八八二年に刊行し、「シオンを愛する者」の運動をオデッサで組織した。ロシアに残る者のなかからは革命運動に参加する者が輩出した。壊滅していく「人民の意志」党の再建をはかる幹部はほとんどがユダヤ人であったが、のちに世紀末に生まれる革命党派の幹部にもユダヤ人は多い。

体制の引き締めは続き、一八八九年、九〇年には大改革期に生まれた司法制度と地方制度を権力的統制の強化の方向で修正する、いわゆる「反改革」がおこなわれた。治安判事制は廃止され、貴族地主から選ばれるゼムスキー・ナチャーリニク(地方監督官)が、農民自治機関の監督とともに治安判事が担当していた民事・刑事の軽罪裁判を担当するようになった。

アレクサンドル三世治下の一八八〇年代は「貴族反動」の時代だといわれることがあるが、安定した帝権のもとで、近代ロシアの機構が本格的に働き出した時期であったということができる。資本主義的な工業がかたちをととのえた結果、ロシアはこの時期に自国の鉄道の需要を国内で生産した機関車とレールでまかなえるようになった。バクー石油業の発展の結果、ランプに使う灯油も自給することができるようになった。

工業での資本主義とならんで、農業では農民が借りた土地、金の代償として地主の土地を自分の馬と農具で耕す制度、雇役制が中心部の農村に定着した。地主は広大な土地を所有し続け、土地不足に悩む農民と対面していた。農奴解放後、人口は急増し、土地不足は深刻化した。農村の構造は工業に安価な出稼ぎ労働力を保証した。資本主義工業は発展しても、農村の古い構造、共同体は壊れずに残っていくことになった。政府は一八八六年三月十九日法により農民家族分割を制限したが、共同体の存続には経済的メカニズムも働いていた。

この時代に国外へ亡命したナロードニキのなかからプレハーノフなど、マルクス主義を受け入れる者があらわれた。一八八五年の著作『われわれの意見の不一致』のなかでプレハーノフは「歴史の流れに沿って泳ぐ」ことを呼びかけた。資本主義の発展とともに、労働者階級が形成されるところに、社会主義の実現の希望があるとしたのである。他方、「人民の意志」党の理論家で、フランスに亡命していたチホミーロフはテロルで専制権力と対決した運動の行き詰まりのなかで、君主主義に転向した。彼が書いた『私はなぜ革命家たることをやめたか』というパンフレットは一八八八年に出版された。そのなかで彼は、つぎのように主張した。ツァーリ権力は「ロシア史の結果」「国民の歴史的意志」である。「あらゆる国は何よりもまず堅固、かつ強力な政府を必要とする。国民的課題が未達成で、国内要求も多く満たされていないロシアはなおさらである」。アレクサンドル三世に嘆願書を書いて許された彼は帰国し、政府系新聞『モスクワ報知』の寄稿者となった。

革命運動は崩壊した。一八八七年三月一日に皇帝の暗殺を狙ったとして多くの青年が逮捕された事件があったが、首謀者として全責任を取り、処刑されたアレクサンドル・ウリヤーノフが弟のウラジーミルに残した記憶、逮捕され流刑されたブロニスワフ・ピウスツキが巻き込んだ弟ユーゼフに残した印象を除けば、政治的にはいかなる意味ももたないエピソードにすぎなかった。ウラジーミルはのちのレーニン、ユーゼフはのちのポーランド建国の父である。

この時代は暗い時代としてしばしば描かれている。しかし、実際はそうではない。自分の職業を通じて国民に奉仕しようと考える人間が出た時代である。「法の枠をこえずに、しかも当局の許可を得る慈善事業を続けながら、自己の職務を忠実に履行せよ」「誠実に治療せよ、橋梁を建設するなら、手を抜くな」――それが一八八〇年代人のモットーだといわれる。作家チェーホフもその世代の一人であった。新ロシアのタガンロークで生まれた彼はモスクワ帝国大学医学部を卒業して、作家としてデビューしたが、一八九一年にはサハリン島の囚人たちを視察に行き、戻ってからゼムストヴォ病院の医師として働いた。そして彼はロシア社会のなかに生きる人々の姿を描き続けた。作曲家チャイコフスキーの音楽も『眠れる森の美女』(一八八八年)、『スペードの女王』(一八九〇年)、『交響曲第六番』(一八九三年)と最後の光を放った。

外交的には、アレクサンドル三世はベルリン会議後のドイツへの反発を抑えて、ドイツ、オーストリア゠ハンガリーとの三帝同盟を復活させた。ところが、ロシアの庇護下に入ったブルガリアの流動的な情勢は、皇帝の望んだ安定を壊した。ブルガリアから切り離された東ルーメリアでブルガリアとの統一革命が起こった。ブルガリアのナショナリズムは今や反ロシアの指向性をもち、対立の結果、ロシアは一八八六年十一月についにブルガリアと断交した。その直後、ブルガリアはオーストリアから侯を招くにいたった。ロシアはオーストリア批判を深めた。一八八七年、ビスマルクの努力で三国間に再保障条約が結ばれたが、九〇年にはそれも更新されなかった。ロシアはドイツからフランスに同盟先をかえようとしていた。

バルカン半島以外では、ロシア外交の主たる関心はイギリスとの対抗であった。そして極東では朝鮮で日本との関係が微妙になり始めていた。ロシアは一八八四年に朝鮮王国と条約を結び、国交を樹立したが、日本の積極的な進出の圧力を受ける朝鮮王はロシアへの接近を策し、保護を要請してきた。しかし、ロシアは日本の動きを考えて、慎重に行動せざるを得なかった。

ウィッテ体制とニコライ二世

一八九一年はロシアにとって転機となる年である。まず三月十七日、世界一周旅行中の皇太子にあてた勅書で、皇帝はシベリア鉄道の起工を宣言した。イギリスの技師が清朝政府の要請で南満洲での鉄道建設のための調査をおこなったという情報を得て、それに対抗しようとしたのである。その皇太子ニコライが最後の訪問国日本に足を踏み入れて二週間後、四月二十九日(五月十一日)、大津で日本人巡査に切りつけられるという事件が起こった。ニコライは以後の予定を切り上げて、帰国の途につき、五月十五日、ウラジヴォストークでシベリア鉄道の起工式に臨んだ。ロシアからすれば、これはイギリスとの世界規模での対抗の重要な一石であった。さらにこの年の六月十一日、ロシアは高率の保護関税を定めた。これはドイツの産業からロシアの産業を守るためのものである。そしてロシアとフランスは、八月、第三国からの攻撃に際して、共同で対抗策をとるとの合意に達した。露仏同盟の成立である。

だが、ロシアは大国とはいえ、みかけほど強力ではないということが、この年の飢饉によって示された。穀物輸出奨励策によるロシアの穀物輸出は、飢餓輸出の様相を呈していた。そこへ一六年ぶりの凶作にみまわれ、飢饉が現実化した。ヴォルガ川流域を中心に四〇万人程の死者が出たと推定されている。飢饉は知識人に衝撃を与えた。飢民救済の運動のなかから、トルストイは飢饉が起こるのは、「われわれがあまりに満腹しすぎているからだ」と書くにいたった。

この状況のなかで選びとられたのが新蔵相ウィッテの工業化政策である。オランダ人の技術者とロシア名門貴族の娘とのあいだに生まれたウィッテは、オデッサの新ロシア大学物理・数学部を卒業して、民間鉄道に入り、経営者として頭角をあらわした。その後、大蔵省鉄道事業局長に迎えられ、一八九二年にまず交通相、ついで蔵相に任命された。彼は合理主義的ナショナリストで、ドイツの経済学者リストの弟子として、自国の工業をもたない国は先進国に従属するという考えから外国資本の導入に基づく工業化を進めた。フランスから資金を入れ、ドイツから機械を買い入れ、アジアに向かって巨大なシベリア鉄道を敷設するのを挺子《てこ》に、工業発展が促進された。南ロシアに外資系の鉄鋼業、石炭業が発展した。ロシアの鉄鋼業は一九〇〇年には世界第四位となった。石油産業の伸びも顕著であった。一九〇〇年には世界の産油量の半分をロシアが占めていた。重工業の発展にともない、軽工業の発展も急速であった。一九〇〇年の鉱工業の労働者数は二二七万人に達した。

アレクサンドル3世一家　左から長男ニコライ，皇帝，長女クセニヤ，皇后マリヤ・フョードロヴナ，次男ゲオルギー。

　一八九〇年代にはナロードニキとマルクス主義者の論争が続いた。ミハイロフスキー、ダニエリソーンらのナロードニキ系の大家にストルーヴェ、レーニンらの青年マルクス主義者たちが鋭い批判を加えた。

さてアレクサンドル三世が一八九四年に四十九歳で没したとき、皇太子ニコライはまだ二十六歳で、結婚もしていなかった。新帝ニコライ二世は、即位と父帝の葬儀のあとで、婚約者であるドイツ、ヘッセン・ダルムシタット公の娘、ヴィクトリア女王の孫娘アリックスと結婚したのである。改宗して皇后アレクサンドラ・フョードロヴナとなったこの女性は強い性格の持ち主で、夫を支配するタイプであった。

ニコライ二世の治世は最初から平安なものではなかった。彼はゼムストヴォ代表の国政参加に道を開く改革を期待する世論に直面し、「ばかげた夢想」だと公開の席で宣言しなければならなかった。一八九六年五月十四日、モスクワで戴冠式がおこなわれたが、十八日、ホドゥインカ原での祝賀集会に集まった人々が押されて倒れ、一三八九人もの死者が出た。もとよりこれは皇帝の責任ではない。しかしその夜、何事もなかったように祝賀舞踏会がおこなわれたことは批判を浴びた。

戴冠式祝賀の休業分の賃金支払いをめぐって首都の一部の労働者が五月二十三日にストを始め、それが六月三日には首都の繊維労働者一六工場、一万六一五五人が「労働時間を一〇時間半に短縮せよ」との共通要求を掲げてストをおこなうまでに進んだ。翌年政府は一一時間半の労働時間法を制定した。レーニンはシベリア流刑中の一八九九年に『ロシアにおける資本主義の発達』という大著を書き上げ、出版したが、すでに現実の工業発展はマルクス主義者の側に軍配をあげていた。

若い皇帝は、当初はウィッテら有力大臣の助言に従っていた。しかし、世紀末の複雑な東アジア情勢のなかで進路をめぐって大臣たちの意見が分かれると、もっとも危険な意見に耳を傾けるようになった。

世紀末のロシア

日清戦争で勝利した日本にたいして、ロシアはドイツ・フランスとともに圧力をかけて遼東半島を返させた。この三国干渉を主導したウィッテは、一八九六年四月、清国から満洲を横断する鉄道のための用地を治外法権の地として獲得することに成功した。ウィッテの路線は経済的な、したがって、平和的な進出をめざすものだといっても、各国を強く刺激したことは間違いない。新任の外務大臣ムラヴィヨフは、一八九七年にドイツが清国に租借地を要求すると、ロシアも旅順を占領することを提案した。ウィッテは反対したが、皇帝はそれを無視して、外務大臣の意見を採用するのである。一八九八年、ロシアは清国に旅順と大連の二五年間の租借を認めさせた。

社会的には、世紀末の文学界では、リアリズムからシンボリズムへの移行の傾向がみられた。メレジコフスキーの一八九三年の評論「現代ロシア文学の衰退の原因と新しい潮流について」はシンボリズムの宣言であった。モスクワのブルジョワジーのなかからこの新潮流を援助する動きが起こった。

旅順港　遼東半島の南端にある。清国の要塞があったところにロシアが新しい保塁をつくり，人口３万4000人の市街地もつくった。

他方で、演劇の世界では、モスクワ商人の名門アレクセーエフ家のスタニスラフスキーが綿業界の代表者サッヴァ・モローゾフの援助で、一八九八年にモスクワ芸術座を設立した。チェーホフの戯曲『かもめ』(一八九六年)はここの舞台で成功し、かもめはこの劇場のマークとなった。

一八九九年、兵役を拒否する新宗派ドゥホボール信徒の国外移住資金をつくるため、トルストイは長編小説『復活』を発表して、ロシア社会を糾弾した。

一八九七年におこなわれたロシア最初の人口調査によると、ロシア帝国の総人口は一億二五六四万四〇二一人になっていた。世襲貴族が一二二万人で、一代貴族、非貴族官吏六三万人を含めて、一・五%弱となる。中間の聖職者が五八万九〇〇〇人、名誉市民が三四万三〇〇〇人、商人身分が二八万一〇〇〇人である。底辺の町人身分が一三三八万六〇〇〇人(一〇・七%)で、農民身分九六九〇万人が全人口の四分の三をこえる。産業労働者は農民と町人の両身分に含まれる。注目すべきはカザークが二九二万九〇〇〇人（二一・三％）と多いことである。中央アジアのイスラム教徒、ユダヤ人などを含む異族人は八二九万八〇〇人、六・六％を占めている。帝国の身分制の枠組みは、進む近代化のなかで矛盾を深めていた。

執筆組当：第４章２，３節，第５章

石井 規衛　いしい　のりえ

1948年生まれ。東京大学大学院人文科学研究科博士課程単位取得退学
東京大学名誉教授
主要著書・訳書：『文明としてのソ連――初期現代の終焉』山川出版社 1995)，『ロシア史を読む』(訳，マルク・ラエフ，名古屋大学出版会 2001)
執筆担当：第８章，第９章

塩川 伸明　しおかわ　のぶあき

1948年生まれ。東京大学大学院社会学研究科博士課程単位取得退学
東京大学名誉教授
主要著書：『終焉のなかのソ連史』(朝日新聞社 1993)，『現存した社会主義――リヴァイアサンの素顔』(勁草書房 1999)，『多民族国家ソ連の興亡』(全３巻，岩波書店 2004-2007)，『民族とネイション』(岩波新書 2008)，『民族浄化・人道的介入・新しい冷戦――冷戦後の国際政治』(有志舎 2011)，『歴史の中のロシア革命とソ連』(有志舎 2020)，『国家の解体――ペレストロイカとソ連の最期』(全３冊，東京大学出版会 2021)
執筆担当：第10章，第11章，第12章，補章

■索　　引

人名索引

●サ－ソ

●タ－ト

●ナ－ノ

●ハ－ホ

●マ－モ

●ヤ－ヨ

●ラ―ロ

事項索引

●ア－オ

●カ―コ

●サーソ

●タート

●ナ−ノ

●ハ−ホ

●マーモ

●ヤーヨ

●ラーロ・ワ

■写真引用一覧

1 ……*История Киева: Древний и средневековый Киев,* т. 1, Киев, Наукова думка, 1982.

2 ……Толочко П. П., *Древний Киев*, Киев, Наукова Думка, 1983.

3 ……Борис Флоря, *Иван Грозный*, Москва, Молодая гвардия, 1999.

4 ……David Warnes, *Chronicle of the Russian Tsars: The Reign-by-Reign Record of the Rulers of Imperial Russia*, London, Thames & Hudson, 1999.

5 ……Николай Борисов, *Иван Калита*, Москва, Молодая гвардия, 1997.

6 ……Лощиц Ю., *Дмитрий Донской*, Москва, Молодая гвардия, 1983.

7 ……Ronald Hingley, *The Tsars: Russian Autocrats 1533-1917*, London, Weidenfeld & Nicholson, 1968.

8 ……Буганов В. И., *Булавин*, Москва, Молодая гвардия, 1988.

9 ……Скрынников Р. Г., *Минин и Пожарский*, Москва, Молодая гвардия, 1981.

10……Микитич Л. Д., *Литературный Петербург, Петроград: Альбом*, Москва, Советская Россия, 1991.

11……Корх А. С., *Пётр I. Северная война 1700-1721*, Москва, ГИМ, 1990.

12……*Очерки истории СССР. Период феодализма. Россия во Второй четверти 18 в.*, Москва, Издательство Академия Наук СССР, 1957.

13……Брикнер А. Г., *История Екатерины Второй*, т. 2, Современник; Товарищество Русских Художников, Москва, 1991.

14……Государственный Русский Музей, *Цареубийство 11 Марта 1801 года*, Санкт-Петербург, Palace Editions, 2001.

15……Marc Raeff, *Michael Speransky: Statesman of Imperial Russia 1772-1859*, The Hague, Martinus Nijhoff, 1957.

16……*Иллюстрированная История СССР*, Москва, Мысль, 1987.

17……Чичагова М. Н., *Шамиль на Кавказе и в России*, Санкт -Петербург, 1991.

p.30――1, p.59
p.41――2, p.227
p.43――1, p.117
p.49――2, p.233
p.67――2, p.249
p.77――3, pp.288-289
p.87――4, p.12
p.97――5, pp.224-225
p.102上――6, pp.224-225
p.102中――6, pp.304-305
p.102下――6, pp.304-305
p.110――4, p.27
p.113――4, p.16
p.119――3, pp.160-161
p.127――3, pp.288-289
p.129――4, p.45
p.133――4, p.26
p.144――4, p.27
p.150――4, p.51
p.157――7, p.86
p.161――8, pp.96-97
p.168上――9, pp.224-225
p.168下――7, p.108
p.177――10, p.31
p.195――11, p.79
p.202――12, p.177
p.204――13, p.629
p.209――13中表紙裏
p.221――13, p.535
p.226――14, p.134
p.229――15, p.2
p.232――16, p.102
p.237――16, p.112
p.243――17, p.5
p.259――16, p.148
p.270――19, p.92
p.279――20, p.10
p.282――16, p.196

執筆者紹介（執筆順）

和田 春樹　わだ はるき

1938年生まれ。東京大学文学部西洋史学科卒業
東京大学名誉教授
主要箸書：『ニコライ・ラッセル――国境を越えるナロードニキ』（上・下，中央公論社 1973），『歴史としての社会主義』（岩波新書 1992），『北方領土問題――過去と未来』（朝日新聞社 1999），『ヒストリカルガイド ロシア』（山川出版社 2001），『ロシア革命――ペトログラード 1917年2月』（作品社 2018），『日露戦争 起源と開戦』（上・下，岩波書店 2009-2010）
執筆担当：序章，第6章，第7章

故細川 滋　ほそかわ しげる

1948年生まれ。東京大学大学院人文科学研究科博士課程単位取得退学
元香川大学教授
主要著書：『西欧と世界』（共著，有斐閣 1981），『西洋中世像の革新』（共著，刀水書房 1995），『東欧世界の成立』（山川出版社 1997），『16世紀ロシアの修道院と人々』（信山社 2002）
執筆担当：第1章

栗生沢 猛夫　くりうざわ たけお

1944年生まれ。北海道大学大学院文学研究科博士課程単位取得退学
北海道大学名誉教授
主要著書：『ボリス・ゴドノフと偽のドミトリー――「動乱」時代のロシア』（山川出版社 1997），『タタールのくびき――ロシア史におけるモンゴル支配の研究』（東京大学出版 2007），『図説 ロシアの歴史』（河出書房新社 2010），『『ロシア原初年代記』を読む――キエフ・ルーシとヨーロッパ、あるいは「ロシアとヨーロッパ」についての覚書』（成文社 2015），『イヴァン雷帝の『絵入り年代記集成』――モスクワ国家の公式的大図解年代記研究序説』（成文社 2019），『『絵入り年代記集成』が描くアレクサンドル・ネフスキーとその時代』（全2巻，成文社 2022）
執筆担当：第2章，第3章，第4章1節

土肥 恒之　どひ つねゆき

1947年生まれ。一橋大学大学院社会学研究科博士課程単位取得退学
一橋大学名誉教授
主要著書：『ロシア近世農村社会史』（創文社 1987），『「死せる魂」の社会史』（日本エディタースクール出版部 1989），『ピョートル大帝とその時代』（中央公論社 1992），『岐路に立つ歴史家たち』（山川出版社 2000）

『新版　世界各国史二十二　ロシア史』
二〇〇二年八月　山川出版社刊

YAMAKAWA SELECTION

ロシア史《し》　上

2023年４月20日　第１版１刷　印刷
2023年４月30日　第１版１刷　発行

編者　和田春樹

発行者　野澤武史

発行所　株式会社山川出版社
〒101-0047 東京都千代田区内神田1-13-13
電話03(3293)8131(営業)8134(編集)
https://www.yamakawa.co.jp/
振替 00120-9-43993

印刷所　株式会社太平印刷社

製本所　株式会社ブロケード
装幀　水戸部功

 ISBN978-4-634-42399-2